Detlef Jena

Ach Luise ...

Die Freiherrn von Ziegesar, Rußland und der parlamentarische Konstitutionalismus in Sachsen-Weimar-Eisenach in der ersten Hälfte des 19. Jahrhunderts

Verlag Dr. Bussert & Stadeler

Jena 2001

Die Deutsche Bibliothek – CIP-Einheitsaufnahme
Jena, Detlef:
Ach Luise … : Die Freiherrn von Ziegesar, Rußland und der parlamentarische Konstitutionalismus in Sachsen-Weimar-Eisenach in der ersten Hälfte des 19. Jahrhunderts / Detlef Jena.
– Jena ; Quedlinburg : Bussert & Stadeler, 2001
ISBN 3-932906-29-2

Layout: Helmut Stadeler

Gesamtherstellung: Satzart Plauen
Printed in Germany

ISBN 3-932906-29-2

Inhalt

Zum Geleit

Die parlamentarische Demokratie besitzt in Thüringen tiefe historische Wurzeln. Wenn wir uns der demokratischen Traditionen des Landes Thüringen erinnern und mit diesen Traditionen die parlamentarische Demokratie im Freistaat Thüringen gestalten, vergessen wir nicht, daß es einer langen Zeit und ernsthafter politischer Auseinandersetzungen bedurfte, ehe die Staatsgewalt tatsächlich vom Volke ausgehen konnte.

Die Ursprünge des Thüringer Parlamentarismus und Konstitutionalismus reichen bis an den Beginn des 19. Jahrhunderts zurück. Nach der Auflösung des Heiligen Römischen Reiches im Jahre 1806 und nach der Gründung des Deutschen Bundes im Jahre 1815 strebten Großherzog Carl August von Sachsen-Weimar-Eisenach, aber auch die Fürsten in Rudolstadt, Meiningen, Gotha, Gera oder anderen Residenzstädten nach konstitutionell-parlamentarischen Ordnungen, die das monarchische Prinzip nicht antasteten, zugleich aber mit einem modernen parlamentarischen System verbanden. Zu den Persönlichkeiten, die dem Parlamentarismus in Thüringen in jenen Jahren den Weg ebneten, gehörten die Freiherrn August Friedrich Carl und Anton von Ziegesar.

Diese beiden Ziegesars stehen in der historischen Literatur bislang weitgehend im Schatten bedeutender Staatsminister oder Kanzler thüringischer Fürstentümer. Demokratie und Parlamentarismus beruhen auf der aktiven Mitwirkung vieler Menschen. August Friedrich Carl und Anton von Ziegesar waren als Generallandschaftsdirektoren quasi die ersten Präsidenten der Weimarer Landschaften, die sich nach 1809 über den Rahmen rein ständischer Vertretungen erhoben und bis 1816 zum Landtag entwickelten. Die beiden Freiherrn besaßen entscheidende Anteile an der Formulierung der Weimarer Verfassungen von 1809 und 1816. Sie beließen es nicht bei der ausschließlich parlamentarischen Tätigkeit, sondern waren auf vielfältige Weise an den politischen, juristischen und gesellschaftlichen Brennpunkten Thüringens zu finden.

Über viele der damit verbundenen Entwicklungen und Probleme berichtet das vorliegende Buch. Es ist das Werk eines Wissenschaftlers und Publizisten, der bereits durch sein viel gelesenes Buch »Maria Pawlowna – Großherzogin am Weimarer Musenhof« auf die Weimarer Jahrzehnte zwischen der »klassischen Zeit« und dem »Silbernen Zeitalter« aufmerksam gemacht hat.

Das hier erstmals aus dem Familienbesitz veröffentlichte Tagebuch Antons von Ziegesar über seine Reise von Weimar nach St. Petersburg im Jahre 1808 ermöglicht einen neuen und originellen Blick auf die umfassenden politischen Zusammenhänge, die die bunte thüringische Staatenwelt in jenen Jahren zum modernen Parlamentarismus und Konstitutionalismus geführt haben.

Das Buch veranschaulicht durch bislang unbekannte Quellen die Ursprünge parlamentarischer Arbeit und das Wirken der danach handelnden Persönlichkeiten. Der Thüringer Landtag hat in den zurückliegenden zehn Jahren zahlreiche Schriften und Publikationen zur Geschichte des Parlamentarismus in Thüringen veröffentlicht. Auch dieses Werk erweitert unser Wissen über die Anfänge parlamentarischer Arbeit in Thüringen. Es zeigt Menschen, die Anteil an der Herausbildung einer parlamentarischen Tradition hatten.

Ich empfehle das Buch der Aufmerksamkeit einer interessierten Leserschaft.

Christine Lieberknecht

Präsidentin des Thüringer Landtags

Vorwort

Im Jahre 1808 begleitete Anton Freiherr von Ziegesar, Kammerherr am Hofe des Erbprinzen Carl Friedrich von Sachsen-Weimar-Eisenach, seinen Dienstherrn und dessen Gemahlin, die russische Großfürstin Maria Pawlowna, auf einer Reise nach St. Petersburg. Anton von Ziegesar schrieb während dieser Reise 19 Briefe an seine Gemahlin Luise. Diese Briefe sind in der Familie von Ziegésar erhalten geblieben.

Anton (III.) Freiherr von Ziegésar, im Jahre 1999 Oberhaupt seiner Familie, hat mir, vermittelt durch den Jenaer Germanisten Helmut Brandt, alle Rechte und Freiheiten zur Veröffentlichung der Briefe seines hochverdienten und verehrten Vorfahren, der eine bedeutende Rolle in der Weimarer Gesetzgebung, Rechtsprechung und Politik während der ersten Hälfte des 19. Jahrhunderts gespielt hat, eingeräumt und selbst einen ersten Entwurf für die Veröffentlichung der Briefe erarbeitet, auf den ich mit großem Dank für die geleisteten Mühen zurückgreife.

Die Briefe Anton von Ziegesars sind ein einmaliges Zeitdokument, das einen interessanten Blick in die Persönlichkeit des Schreibers und der Adressatin, in den Zeitgeist des klassischen Weimar, in die deutsch-russischen Beziehungen und in das geistige, kulturelle und gesellschaftliche Leben am russischen Kaiserhof während der Herrschaft Alexanders I. Pawlowitsch erlaubt. Der Leser erhält bemerkenswerte Einblicke in die europäische Adelskultur des beginnenden 19. Jahrhunderts. Das allein rechtfertigt bereits eine Veröffentlichung der Texte.

Die Persönlichkeit Anton von Ziegesars ist überdies geeignet, in einem Essay weiterführende Gedanken über das klassische Weimar, Rußland und den Lebensweg des Protagonisten voranzustellen. Der damalige junge Kammerherr hat im späteren Leben Aufgaben in zentralen Landesinstitutionen erfüllt. Er war Abgeordneter des Weimarer Landtags, Präsident des Oberappellationsgerichts in Jena, Kurator der Universität Jena, Berater des »Patriotischen Instituts der Frauenvereine«, Mitglied des Frankfurter Bundesschiedsgerichts und Rittergutsbesitzer auf Drackendorf.

Eine solche vielseitige und vertrauenswürdige Persönlichkeit ist nicht nur geeignet, den Spuren der Familiengeschichte des alten Geschlechts der Ziegésars in Brandenburg, Nassau, Württemberg oder in Thüringen zu folgen. Im 18. und 19. Jahrhundert haben die Ziegesars in Thüringen an verantwortlicher Stelle politische Geschichte geschrieben. Ohne Übertreibung darf die These aufgestellt werden: Die Geschichte der Verfassung, des Parlaments und des Rechtsstaats ist in Thüringen auf einmalige und originelle Weise mit den Namen des Vaters August Friedrich Carl von Ziegesar und Anton von Ziegesar verbunden.

So ergibt sich die glückliche Konstellation, daß ein sehr persönlich gehaltenes Familiendokument der Ziegesars einen umfassenden Blick auf den parlamentarischen und rechtsstaatlichen Aspekt der politischen Geschichte Thüringens, Deutschlands und Rußlands im 19. Jahrhundert ermöglicht.

Diese beiden Komponenten miteinander zu vereinen ist das Anliegen des Herausgebers und Autors. Ebenso wie ich Anton Freiherr von Ziegésar für das Originaldokument und die Vorarbeiten zu herzlichem Dank verpflichtet bin, gilt mein besonderer Dank dem Jenaer Historiker Gerhard Müller, der durch die Erlaubnis zur Einsicht in persönliche Forschungsmaterialien, Beratung, Durchsicht des Manuskripts und als anregender Partner in der Diskussion wesentlich zur Entstehung dieses Buches beigetragen hat.

Dieses Buch konnte nur dank der großzügigen Förderung durch den Thüringer Landtag veröffentlicht werden. Mein besonderer Dank gilt der Präsidentin des Thüringer Landtags, Frau Christine Lieberknecht.

Luise und Anton von Ziegesar sind auf dem Friedhof des damaligen Familienguts der Ziegesars in Drackendorf bei Jena beigesetzt worden. Im Jahre 1999 wurden ihre Gräber durch das Herausbrechen der Grabkreuze geschändet. Ein derartiger Vandalismus steht so völlig im Widerspruch zum Leben und Schaffen dieser beiden friedfertigen Menschen.

Eine Würdigung des Lebens Antons von Ziegesar ist daher nicht nur ein Akt historischer Gerechtigkeit, sondern auch eine humanistische Geste, die ewige Ruhe der Toten zu achten und zu wahren, auch, nachdem die Gräber inzwischen wieder in ihren alten Zustand versetzt werden konnten.

Anton (III.) von Ziegésar verstarb am 25. Juni 2000 Dieses Buch ist seinem Andenken gewidmet.

Rockau im Frühjahr 2001

Detlef Jena

Ach, Luise … !

Gedanken über Weimar, das Russische Reich,
Anton von Ziegesar und seine Reise nach
St. Petersburg im Jahre 1808

Ein Essay

Weimar und St. Petersburg arrangieren sich – zum Mißfallen Napoleon Bonapartes

Am 1. Juni des Jahres 1808 begab sich eine kleine Reisegesellschaft von Weimar aus auf den langen Weg nach St. Petersburg. Sachsen-Weimars Erbherzog Carl Friedrich und dessen gleichermaßen junge wie schöne russische Gemahlin Maria Pawlowna traten mit wenigen Begleitern ihres bescheidenen Hofstaates und den standesgemäßen Bediensteten eine relativ ungewisse und außerdem nicht ganz ungefährliche Fahrt an. Es herrschte in jenem Jahr ein launischer Sommer mit Tagen voll unerträglicher Hitze, aber auch mit kühlem Wind, Hagelschauern und Angst verbreitenden Gewitterschlägen.

Die Weimarer Kutschen erwiesen sich auf den langen Wegen als unbequem – wie Kutschen zu jener Zeit eben unbequem waren. Über den damaligen allgemeinen Zustand von Straßen und Wegen muß man kein Wort verlieren: Jammervoll! Petersburg sollte die Gruppe erst nach vier quälenden Wochen erreichen, und vor der einstweilen fernen russischen Grenze lagen die aufreizend grundlosen und staubigen Straßen durch das von Kaiser Napoleon Bonaparte und dessen Soldaten gedemütigte und besetzte Preußen – bis hinauf nach Ostpreußen und an die Kurische Nehrung.

Die meist noch recht jungen und wenig lebenserfahrenen Männer und Frauen mußten eine gehörige psychische und physische Kondition aufbieten, wollten sie all die Strapazen glücklich überstehen. Tatsächlich sollte ihre Widerstandsfähigkeit über jeden Zweifel erhaben sein: von der in Petersburger Salons und Palästen verwöhnten Großfürstin bis zum robusten Pferdeknecht aus strohgedeckten Weimarer Vorstadthäusern.

Für diese zwar nicht gänzlich abenteuerliche, aber immerhin recht waghalsige Reise gab es eine Reihe von zwingenden Gründen. Die lagen sowohl im internen dynastischen Kalkül der russisch-kaiserlichen und der herzoglich-weimarischen Familien, vor allem jedoch im militärpolitischen Umfeld Mitteleuropas. Im Grunde genommen spielten alle damaligen politischen Ereignisse in und um Rußland und Sachsen-Weimar-Eisenach in die Motivation für die Reise hinein, ebenso, wie jedes der damit verbundenen Ereignisse eine eigene Vorgeschichte besitzt. Am Beginn steht natürlich die Geschichte von den unmittelbaren weimarisch-russischen Beziehungen.

Herzog Carl August von Sachsen-Weimar und Eisenach, zum Zeitpunkt des Anfangs unserer Geschichte General in preußischen Diensten, hatte seit dem Jahre 1799 um die Hand der Tochter des russischen Kaisers Paul I., Maria Pawlowna, werben lassen. Wilhelm von Wolzogen, der Schwager Friedrich Schillers, befähigter Weimarer Staatsmann und Vertrauter seines Herzogs, führte die Verhandlungen in St. Petersburg mit Geschick, Umsicht und zum Wohle der Staatskasse seines regierenden fürstlichen Hauses.

Die Brautwerbung glich einem ermüdenden Hindernislauf über offene und versteckte Hürden. Kaiser Paul I., der den Antrag aus Weimar spontan gebilligt hatte, weil sich seine eigene, aus Württemberg stammende Gemahlin Maria Fjodorowna gerade anschickte, ihre Kinder zum Segen des Russischen Reichs über Europa zu verteilen, fiel einer Adelsverschwörung zum Opfer und wurde meuchlings ermordet. Der Sohn Alexander I. bestieg 1801 den Kaiserthron. Trotz banger Ungewißheiten in Weimar, verbunden mit der Furcht, der junge Kaiser könnte die Zusage seines Vaters revidieren, bestätigte dieser als wohlerzogener Sohn den Wunsch seiner Mutter, der Kaiserinwitwe, und forcierte die Vertragsverhandlungen derart, daß der Ehevertrag im Sommer 1801 binnen weniger Wochen unter Dach und Fach gelangte. Zwei Jahre mußte man anschließend in Petersburg auf den jungen Bräutigam warten – erst ein preußischer Kredit von 100.000 Talern (auf ein halbes Jahr und mit den sowohl stattlichen wie üblichen 5 % verzinst!) sicherte die dringend notwendigen Reisespesen, damit Carl Friedrich vor den künftigen Schwiegereltern standesgemäß bestehen konnte.

Der Erbherzog fuhr im Sommer 1803 auf ein ganzes Jahr nach St. Petersburg, bestand die kritische Visitation seiner

Person durch den kaiserlichen Hof – vor allem durch Maria Fjodorowna – heiratete seine Maria im August 1804 und zog im November des gleichen Jahres mit der Gemahlin unter dem überschwenglichen Beifall und Jubel des gesamten kleinen Herzogtums in Weimar ein. Obwohl der gemeine Mann weder die Motive für diese Eheschließung auf russischer, noch die auf Weimarer Seite genau kannte, erschien die junge russische Frau Großfürstin allgemein als Glückstreffer und Hoffnungsträger. Dafür hatte die öffentliche Präsentation ihrer mobilen Mitgift im Fürstenhaus zu Weimar einen Monat vor der leiblichen Ankunft bereits hinreichend gesorgt – obwohl der überwiegende pekuniäre Teil der Mitgift in Höhe von etwas mehr als zwei und einer halben Million Talern selbstverständlich nicht offen zur Schau gestellt wurde.

Die Ehe zwischen Weimar und St. Petersburg besaß eine Reihe handfester Motive sehr praktischer Natur, wiewohl der realpolitische Sinn einer Verbindung zwischen dem russischen Riesen und dem thüringischen Zwerg auf den ersten Blick kaum plausibel erscheint. Die Initiative zu dem Ehekontrakt war ganz eindeutig von Thüringen ausgegangen! Der Herzog von Sachsen-Weimar-Eisenach hatte nach diskreten Empfehlungen aus Württemberg um diese Ehe gebeten. Sein Land befand sich seit 1795 zwar in einem Zustand politischer Neutralität, aber die Soldaten aus dem revolutionären Frankreich schwärmten bedrohlich nach Mitteleuropa aus. Wer konnte schon wissen, wie lange der Frieden von Basel, der Weimars Musenhof offensichtlich nicht schlecht bekam, tragen würde. Wie so viele deutsche Fürsten kleinerer und mittlerer Hoheitsgebiete sah Carl August im russischen Kaiserhaus die wichtigste oder sogar die einzige Bastion vor der revolutionären Gefahr aus Frankreich. So erschien der elementare Schutz des eigenen regierenden Hauses als durchaus verständlicher Grund für eine Anlehnung an Rußland. Aber der Herzog verfolgte auch eigene machtpolitische Ziele, die gar nicht sonderlich bescheiden wirkten. Sein Ambitionismus bezüglich einer übergreifenden Führungsrolle im deutschen Adelsbund hatte durch Preußen einen herben Dämpfer erfahren, und auch die äußerst vage

Hoffnung und Versuchung auf die ungarische Königskrone hatte sich nicht erfüllt. Wenn Carl August unter den deutschen Fürsten nach einer dominierenden Rolle strebte, benötigte er einen starken Partner, der ihm trotz der geringen politischen Spielräume, denen sich die deutschen Kleinstaaten in jenen Jahren unterwerfen mußten, helfen konnte, das kleine Herrschaftsgebiet zu erweitern und eine Rangerhöhung in der Adelshierarchie zu erreichen. Und schließlich: Das Weimarer Herzogtum litt unter chronischem Geldmangel. Eine russische Großfürstin konnte bei der Sanierung der Staatsfinanzen aktiv helfen und jene Mittel realisieren, die der Herzog für die Reputation seines inzwischen europabekannten Musenhofs benötigte.

Wilhelm von Wolzogen hatte 1799 sofort und genau erkundet, daß die Gelder, die bei der Verheiratung der Schwester Marias, Jelena Pawlowna, mit dem Schweriner Erbherzog nach Mecklenburg flossen, so bemessen waren, daß deren Höhe auch für Weimar lukrativ erschien. In den eigenen Verhandlungen konnte man vielleicht sogar noch einige Zulagen erhandeln, die auch gegenüber dem Hause Mecklenburg-Schwerin die Dominanz der ernestinischen Wettiner in Weimar betonten. Nur: Eine Ausstrahlung des literarischen Ruhmes Weimars nach Osteuropa ist mit dem Ehevertrag nicht beabsichtigt gewesen. Die geistigen Leistungen des Musenhofs spielten in den Eheverhandlungen nicht einmal eine ernsthafte Rolle. Erst als der Vertrag perfekt und besiegelt war und es darum ging, daß die Brautleute sich einander mit ihren Lebenssphären bekannt machten, wurden alle beiderseitigen Vorteile gebührend begutachtet und gewürdigt. Dabei lagen die Vorteile auf russischer Seite. Die Kaiserinwitwe stammte aus Württemberg-Mömpelgard, sie kannte ihren Schiller und der General in russischen Diensten Friedrich Alexander Klinger war nicht nur ein Jugendfreund Schillers, sondern auch der namengebende deutsche Dichter des »Sturm und Drang«.

In Weimar mußte man sich weit mühsamer in die russischen Verhältnisse einarbeiten. Da Herder mit seinem großen Interesse für die kulturgeschichtlichen Leistungen der Slawen im Jahre 1803 starb, nahm es Friedrich Schiller auf sich, an die Traditionen west-östlicher Bindungen anzuknüpfen. Mit dem »Demetrius« hätte er durchaus eine geistige Brücke schlagen können – der Tod nahm ihm im Mai 1805 buchstäblich die Feder aus der Hand.

Die Eheverhandlungen hatten sich unter mancherlei Mißlichkeiten fünf Jahre hingezogen, endeten letztlich jedoch erfolgreich, weil sie in das durchdachte Kalkül des kaiserlichen Hofes und in die Überlegungen der in dynastischen Ehefragen ausschlaggebenden Kaiserinwitwe Maria Fjodorowna paßten. Die dynastische Heiratspolitik des Hauses Romanow hatte über die Jahrhunderte hinweg einen komplizierten Weg genommen und blieb nach Anspruch und Wirksamkeit stets eng mit dem Aufstieg Rußlands zur Großmacht in Europa verbunden. Im 16. und beginnenden 17. Jahrhundert hatte die Gegnerschaft Moskaus zu Polen-Litauen und Schweden verhindert, daß die Zaren Ehen mit ausländischen Frauen eingehen konnten. Die Zarentöchter durften überhaupt nicht heiraten, da die Ehe mit einem Untertan des Selbstherrschers als Gefahr für die Dynastie empfunden wurde. Die strengen Ehebräuche folgten nicht nur machtpolitischen, sondern auch kulturellen und religiösen Traditionen. Erst Peter I. hatte Ehen seiner Kinder mit Prinzen oder Prinzessinnen westlicher Länder erlaubt und gefördert: Sie dienten vorerst ausschließlich zur Stärkung der Kriegsführung gegen Schweden und zur Sicherung der Thronfolge im eigenen Hause. Letzteres Prinzip blieb bis in die Herrschaft Katharinas II. gültig.

Bereits seit den siebziger Jahren des 18. Jahrhunderts vollzog die russische Reichspolitik eine Wendung vom »Nordischen System« zur »Orientalischen Frage« Bereits in jenen Jahren unternahm die russische Außenpolitik Anstrengungen, mittel- und süddeutsche Kleinstaaten unter dynastische Kontrolle zu bringen und in diesem Sinne stärker miteinander zu verbinden. Der aus dem Harz stammende Freiherr Ferdinand Achatz von der Asseburg reiste als russischer Gesandter mehrere Jahre durch Süd- und Mitteldeutschland, um eine rußlandfreundliche Koalition zu schmieden.

Erst die Französische Revolution von 1789 und die Abwehr der Truppen Napoleons, sowie die damit zeitgleich einher gehende Mission der russischen Kaiser, selbst die Initiative bei der politischen Neuordnung Europas übernehmen zu wollen, führten dazu, daß Kaiserin Maria Fjodorowna zielstrebig begann, alle ihre heiratsfähigen Kinder an europäischen Fürstenhöfen unterzubringen. Petersburg strebte nach festen dynastischen Bindungen und Dependenzen, um aktiven Einfluß auf die europäische Politik zu nehmen. Obwohl dieser Weg bereits grundsätzlich durch Peter den Großen eingeleitet worden war, nahm er jetzt erst eine zuvor nicht gesehene Breite ein: Mecklenburg, Holstein, Braunschweig, Württemberg, Hessen-Darmstadt, Preußen, Weimar und sogar Österreich und Holland gerieten nach und nach in das Netz der Romanowschen Ehegespinste. Stets lag das Interesse an der jeweiligen Verbindung auf beiden Seiten, und so blieb die Frage, wer die Initiative ergriff, letztlich von sekundärer Bedeutung. Irgendwie arrangierte man sich immer – wenn man nur wollte.

Herzog Carl August hatte mit seiner Offensive augenscheinlich klug gehandelt, sein Ansehen in Deutschland gestärkt und sogar ein gewisses politisches Gegengewicht zu Preußen geschaffen. Allerdings geriet diese ganze schöne Mächtekombination in dem Maße ins Wanken, wie Kaiser Napoleon die französische Armee erobernd über die Felder des Heiligen Römischen Reichs Deutscher Nation marschieren ließ und nach wachsenden eigenen Erfolgen auch den Konflikt mit Rußland suchte. Napoleons Bemühungen um eine französisch-russischen Einheitsfront waren bereits im Jahre 1803 gescheitert, als sich die Vorstellungen Napoleons und Alexanders I. hinsichtlich der künftigen Gestaltung Europas als miteinander unvereinbar erwiesen hatten. Napoleon erstrebte die alleinige und reale Macht über Europa – Alexander wollte ein nach christlich-ethischen Prinzipien gereinigtes und geläutertes Europa, in dem das heilige Rußland wie selbstverständlich dominieren sollte.

Auf diese Weise geriet Carl August unversehens in ein dreifaches Dilemma. Die französische Großmacht bedrohte die Existenz der deutschen kleinen Fürstenhäuser. Zwischen Frankreich und Preußen nahmen Konflikte schärfere Konturen an, aus denen sich auch der preußische General Carl August nicht heraushalten konnte. Mit dem Krieg gegen England und Österreich gewannen die französisch-russischen Beziehungen an Spannung. Carl August saß nun etwas irritiert auf seinem nach Rußland orientierten Vorposten, abwartend, wo sich die nächsten europäischen Gewitter entladen würden.

Im Dezember 1805 prallten die französischen, österreichischen und russischen Truppen bei Austerlitz aufeinander. Der Ausgang dieser Schlacht gab dem europäischen Krieg eine Wendung: Österreich bat Napoleon um einen zumindest relativ ehrenvollen Frieden und erhielt ihn in Schönbrunn. Rußland kämpfte unverdrossen weiter, obwohl seine Truppen empfindlich angeschlagen wirkten. Zar Alexander I. klammerte sich an die legendäre Militärmacht Preußens. Gleichzeitig rüsteten Frankreich und Preußen im Jahre 1806 zum Krieg gegeneinander. Die Geschichte strebte im Eilmarsch nach Thüringen!

Bis zu diesem Zeitpunkt im Herbst und Winter 1806 hatte das dynastische Bündnis mit Rußland für Weimar in militärpolitischer Hinsicht weder Vorteile noch Rettung gebracht. Im Gegenteil. Napoleon Bonaparte, der am 15. Oktober 1806 im Weimarer Schloß gegenüber der tapfer und einsam um ihren Gemahl und das Herzogtum kämpfenden Herzogin Louise mit weltmännisch-imperialer Großmannssucht aufgetreten war, legte gegenüber dem Weimarer Hof ein besonders großes Mißtrauen an den Tag. Das konnte nicht einmal der Napoleon-Verehrer Goethe verhindern. Im Gegenteil: Die Eigenliebe ging ihm in diesem Falle über die Staatsraison. Eitel wie ein verwöhnter Dichter, schlug er den Empfang beim Kaiser aus – vorerst.

Seit November 1804 hatte sich die Kaiserliche Hoheit Maria Pawlowna in Weimar häuslich-herrschaftlich eingerichtet. Sie organisierte ihren eigenen bescheidenen Hofstaat, ging mit Eifer ihrer orthodoxen Religion in eigenen Kapellen nach, schloß mit den großen geistigen Köpfen Weimars eine geistig enge, persönlich jedoch distanzierte Freundschaft, besichtigte das kleine Land, war gut zu den Menschen und achtete auf den sparsamen Umgang mit ihrer reichen Mitgift. Sie schloß sich in freundlicher Zurückhaltung der vorerst friedlichen und erhabenen Idylle Weimars an und blieb doch stets ein Kind ihrer autokratischen Herkunft, das sich insgeheim über die provinzielle Großmannssucht Goethes oder Wielands amüsierte.

Hof und Bevölkerung verbanden mit Maria Pawlowna nach wie vor Hoffnungen auf politische, finanzielle und auch militärische Sicherheit. Man sah in der russischen Großfürstin einen beträchtlich überdimensionierten Schutzengel, der sie angesichts der relativ geringen realen Bedeutung ihrer Person im europäischen Kräftespiel überhaupt nicht gerecht werden konnte. Es würde schwer fallen, nachzuweisen, daß dynastische Verbindungen zwischen Thronfolgern und nachgeordneten Prinzessinnen große Kriege in der Geschichte verhindert haben. In diesem Falle war jedoch die Hoffnung und der Glaube der Weimaraner wichtiger. Tatsächlich sollte sich Maria Pawlowna auf lange Sicht gesehen als ein Glücksfall für das Weimarer Großherzogtum erweisen

Im Herbst 1806 brach das Unheil über das Land, die herzogliche Familie und die Bürger und Bauern herein. Die Kriegshydra besaß viele Köpfe. Sachsen-Weimar-Eisenach wurde verwüstet und geplündert. Die herzogliche Familie mußte zeitweilig fliehen, und Maria Pawlowna begab sich für nahezu ein Jahr in das dänische Exil nach Schleswig. Herzog Carl August, einer der wenigen Verbündeten Preußens bei Jena und Auerstedt, mußte wie die übrigen thüringischen Fürsten dem Rheinbund beitreten. Er hatte Glück, daß er sein Herzogtum behalten durfte. Das verdankte er jedoch weniger der mutigen Widerspenstigkeit seiner Gemahlin Louise, die dem Korsen diese Zusage abgerungen hatte, sondern vielmehr der Verbindungslinie Weimars nach St. Petersburg: Noch war für Napoleon nicht der Tag der Abrechnung mit Rußland gekommen, noch war der Gegner still zu halten. Es genügte, Sachsen-Weimar-Eisenach in die Phalanx der Kriegsgegner Rußlands einzuordnen. Weimar mußte Kontributionen zahlen und Soldaten stellen. Mit einem Schlage wurde die neue Heimat Maria Pawlownas für das Reich, das ihr Herkunft und Rang gegeben hatte, zum Feindesland. Weimars Soldaten und Offiziere zogen in die schrecklichen Winter- und Frühjahrsschlachten, die Frankreich 1807 in Ostpreußen gegen Rußland schlug: bei Preußisch Eylau oder bei Friedland. In all den Monaten saß Maria Pawlowna in Schleswig und wartete ungeduldig auf den Ausgang des Kräfteringens. Napoleon verlangte ihre Rückkehr nach Weimar, Carl Friedrich und die Herzogin Louise besuchten sie, aber sie selbst mußte sich zur Ruhe zwingen.

Eine vorübergehende Beruhigung brachte erst der Sommer 1807, als sich Napoleon und Alexander I. im Juni/Juli in Tilsit trafen und einen Vertrag schlossen, in dem sie sich über die Prinzipien der künftigen Gestaltung Europas einigten und in dem Alexander I. den verhängnisvollen Fehler beging, sein Land der von Napoleon verhängten Kontinentalsperre gegen England anzuschließen. In Tilsit, fern von Weimar, lag zugleich der eigentliche und direkte Ausgangspunkt für die Reise Carl Friedrichs und Maria Pawlownas nach Petersburg, die sie im Juni 1808 antraten und über die der Kammerherr Anton von Ziegesar so eifrig an seine Gemahlin berichten sollte. Am 7. Juli 1807 unterzeichneten Napoleon und Alexander die Verträge. Ein russisch-französischer Friedensvertrag stand im Mittelpunkt. Während die beiden Kaiser ihren Hauptstädten in West und Ost zueilten, reiste das preußische Königspaar, das in Tilsit eine deprimierende Nebenrolle spielen mußte, enttäuscht und verbittert nach Memel zurück. Nach Berlin wollten die armen Majestäten nicht, dort regierte die französische Armee.

Der Vertrag mit Napoleon, dem Thronräuber aus Paris, erregte im russischen Herrscherhaus den gleichen Widerwillen wie das allzu nahe persönliche Verhältnis Alexanders I. zum preußischen König – und dessen schöner Gemahlin Louise. Die Kontinentalsperre rief den Ärger des Adels, der Unternehmer und Kaufleute im Baltikum und in den angrenzenden Gouvernements hervor. Alexander ertrug diese Kränkung mit selbstbewußter Eleganz. Er hatte nach den Niederlagen von Austerlitz, Preußisch Eylau und Friedland erreicht, daß kein russisches Territorium an Frankreich abgetreten werden mußte. Der Frieden von Tilsit erschien ihm ehrenvoll. Der Kaiser setzte seine Auffassung trotz aller inneren Widerstände durch. Das verschaffte ihm zwar weder Popularität noch Zustimmung, aber Respekt, selbst bei der in politischen Fragen sehr wachsamen, aktiven und kritischen Mutter Maria Fjodorowna.

Der Kriegsverlauf und der Frieden von Tilsit besaßen natürlich auch für Sachsen-Weimar-Eisenach außerordentlich große und einschneidende Bedeutung. Nachdem am 28. Dezember 1806 auf dem Rathause zu Weimar der Abschluß des Friedens mit Frankreich bekanntgegeben worden war, hatte man zunächst erst einmal die Kriegsschäden besichtigt. Bis Ende Januar 1807 wußte man, daß dem Lande an barem Gelde bislang etwa 1.750.000 Taler geraubt worden waren. Dazu kam der Wert von 655.000 Talern an Mobilien und eine halbe Million Taler an Kriegskontributionen. Es war eine nicht unbegründete Vorsichtsmaßnahme, daß Maria Pawlowna im Jahre 1807 ihre persönlichen Wertsachen von Weimar nach Rußland auslagern ließ. Darunter befanden sich wertvolle Möbel, kostbares Geschirr, Schmuck, Wäsche und diverse andere Einrichtungsgegenstände. Der ganze Hausrat kam erst nach dem Wiener Kongreß im Jahre 1815 aus der sicheren Verwahrung in Rußland wieder nach Weimar zurück. Allerdings – die Devotionalien der Griechischen Kapelle ließ die Großfürstin bei Kriegsbeginn heimlich in der Erde Weimars vergraben.

Die einfachen Menschen mußten schon froh sein, daß Carl August Ende Januar 1807 nach Hause zurückkehrte. Dafür zogen Anfang März des gleichen Jahres die 800 Soldaten und Offiziere des Weimarer Bataillons nach Ostpreußen in den Krieg. Tiefe Trauer herrschte in Weimar, als am 10. April 1807 Anna Amalia starb. Ihr Ableben war durchaus ein Einschnitt in der Geschichte Weimars, obwohl sie schon mehr als dreißig Jahre nicht mehr regierte. Anna Amalia repräsentierte die Wurzeln dessen, was sich als klassisches Weimar verstand, was im Frieden wie im Kriege wuchs, unbeschadet von den Widrigkeiten der Zeit. Es schien erstaunlich, daß Literatur und Kunst fortlebten, ohne Rücksicht darauf, ob Friede über den Feldern lag oder das Dröhnen der Kanonen die Stille der Wälder und das Nachdenken der Dichter und Poeten zerriß. Anna Amalia schien ein Fixpunkt gewesen zu sein. Jetzt lebte sie nicht mehr und der starke Halt, den diese kleine Frau vermittelt hatte, ging verloren – unwiederbringlich. Das ganze Herzogtum trug sie in einem großen Begräbnis zu Grabe.

Im Juni 1807 rekrutierte Frankreichs Große Armee weitere 160 Soldaten bei dem Weimarer Verbündeten. Um die eigenen Landeskinder zu schonen, warb man gegen ein Handgeld fremde junge Männer an. In Stadt und Land verfolgten die Menschen aufmerksam den Kriegsverlauf in Ostpreußen. Nach dem Frieden von Tilsit gab es verständlicherweise auch in Weimar eine allgemeine Erleichterung. Der Herzog überlegte, wie neben den allgemeinen Landesproblemen auch die Frage einer Rückkehr Marias nach Weimar gelöst werden könnte. Für die Beratung dieses wichtigen Problems mit Napoleon boten sich zwei Gelegenheiten. Am 18. Juli 1807 traf Carl August in Dresden auf Napoleon. Die Begegnung verlief frostig, Carl August machte aus seiner Abneigung gegen die französische Besatzung keinerlei Hehl. Fünf Tage später, am 23. Juli, kam Napoleon durch Weimar, und der Herzog mußte ihm wohl oder übel das Ehrengeleit geben. Es erscheint unwahrscheinlich, daß Napoleon Marias wegen die neue Freundschaft mit dem russischen Kaiser durch einen Schatten verdunkelt hätte.

Maria hielt sich immer noch in Schleswig auf und wartete mit wachsender Ungeduld auf die baldige Rückkehr nach Weimar. Auch in Schleswig blieb der Grundtenor ihres Ansehens – wie auch der ihres Gatten, der sie gelegentlich besuchte – überaus freundlich. Am 17. März 1807 schrieb der dänische Kronprinz Friedrich, der 1808 den Thron als Frederik VI. von Dänemark bestieg, an Herzog Friedrich Christian von Schleswig-Holstein-Sonderburg-Augustenburg: » … es ist würchlich zwei sehr gute Personen sie ist ein warer Engel von Güte, wen Sie ihr Einmal seen werden, so hoffe ich daß Sie ihr das nehmliche Uhrteil geben werden … « Voller Neid blickte der Kronprinz auf die jungen Leute aus Weimar und wünschte sich, daß sein eigener Sproß Christian nur ein Zehntel von den guten Eigenschaften Marias haben möge. Man hatte Maria, die damals im Bjelkeschen

Palais zu Schleswig lebte, vorgeschlagen, nach Kopenhagen zu gehen. Das wollte sie nicht, weil sie sich dadurch noch weiter von Weimar entfernt hätte.

Unmittelbar nach dem Abschluß des Tilsiter Friedens reiste Herzogin Louise mit ihrer Tochter Caroline zu Maria Pawlowna nach Schleswig. Gemeinsam bereiteten sie die Rückkehr vor und drängten zur Eile. Über dem Königreich Dänemark zogen düstere Gewitterwolken auf. Das Land hatte bis dahin politische und militärische Neutralität gewahrt. Mit fortschreitendem Krieg wuchs der Druck, entweder Englands oder Frankreichs Partei ergreifen zu müssen. Dänemark, zu dem damals Schleswig und Holstein gehörten, wurde von Christian VII. aus dem Hause Oldenburg regiert. England beschleunigte dessen Entscheidungnot: Am 5. September 1807 nahmen britische Truppen nach dreitägigem Bombardement die Hauptstadt Kopenhagen ein und beraubten Dänemark seiner Flotte. Das mit Waffengewalt gedemütigte Land geriet nahezu zwangsläufig an die Seite Frankreichs und hielt Napoleon auch bis zum Jahre 1814 die Treue. Nicht nur der Frieden von Tilsit erlaubte Maria die Rückkehr nach Weimar, sondern der Dänemark drohende Krieg forderte gebieterisch ihre Abreise in das bereits als neue Heimat empfundene Thüringen.

Am 12. September 1807 zog Maria Pawlowna mit ihrem Gatten Carl Friedrich zum zweiten Mal feierlich in Weimar ein. Den von Napoleon erhaltenen Paß hatte sie verächtlich mit Füßen getreten. Beim ersten Einzug Maria Pawlownas und Carl Friedrichs im Jahre 1804 hatte Schiller durch die »Huldigung der Künste« brilliert, während Goethe ein wenig in den Hintergrund getreten war. Nun verfaßte Goethe 1807 ein eigenes Vorspiel zur Huldigung an Maria Pawlowna, das am 19. September 1807 aufgeführt wurde. Goethe feierte etwas voreilig die Wiederherstellung des Landesfriedens und fragte in der Euphorie wenig nach dem Preis, den die Landeskinder für einen baldigen Frieden zahlen mußten. Die Großfürstin würdigte er vollkommen berechtigt als eine Hoffnung für das ganze Land und dessen bessere Zukunft.

Es war eine Erwartung in unruhiger Zeit. Wenn Goethe vielleicht wie viele andere Weimarer gedacht haben mag, daß die Anwesenheit Marias dem Herzogtum unter französischer Vormundschaft Schutz verleihen könnte, mußte er bald erkennen, daß dies nur im Rahmen des nach wie vor labilen französisch-russischen Verhältnisses möglich war. Überdies beschwerten Maria noch andere, ganz persönliche Probleme. Sie kam aus Schleswig mit der frohen Erwartung eines zweiten Kindes zurück. Sie wurde im September 1807 in Weimar jedoch ebenso herzlich aufgenommen wie seinerzeit im November 1804. Und das beruhigte ihre Seele.

Der zweite Empfang geriet schön wie der erste. Im Vergleich zum November 1804 gab es allerdings einen gravierenden Unterschied. Der Krieg hatte alles verändert. Damals kam eine glückliche und reiche junge Braut voller Hoffnungen und zurückhaltender Neugier an den bescheidenen, aber weitgerühmten Musenhof. Nunmehr kehrte die persönlich gereifte Emigrantin in ein vom Krieg in Mitleidenschaft gezogenes und ausgeplündertes Land zurück. Es ist verständlich, daß die Menschen in Weimar jetzt nicht so sehr aus dem Wunsch heraus, die Kunst zu fördern, auf die heimkehrende russische Großfürstin blickten. Der Kampf um das schiere Überleben prägte den traurigen Alltag.

In der Tat, der Charakter der karitativen Leistungen Marias veränderte sich. Wohltätigkeit für die Armen galt als fürstliches Prinzip und Maria praktizierte diesen Grundsatz mit Hingabe. Im Jahre 1807 konzentrierte sie ihre Aufmerksamkeit vor allem auf die von Verwahrlosung bedrohten Kinder, für die sie Heimstellen stiftete und finanzierte – und auf die leidenden Soldaten. Es war für Maria nicht leicht, mitansehen zu müssen, daß Sachsen-Weimar-Eisenachs Soldaten in Ostpreußen gegen Russen in die Schlacht zogen. Als die malträtierten, verwundeten und geschundenen Scharfschützen Weimars im Dezember nach Hause kamen, schenkte Maria jedem Soldaten zwei Taler und eine Flasche Wein – der Unteroffizier erhielt sogar vier Taler. Von den insgesamt 960 ausgezogenen Söhnen kehrten lediglich 450 in die Vaterstadt zurück. Weitere 180 lagen noch verwundet in Jena. Die restlichen 330 ruhten zwischen Preußisch Eylau und Friedland in ostpreußischer Erde.

Maria tat was sie konnte. Sie dachte gemeinsam mit ihrem Gemahl, und in enger Verbindung zu Carl August und der kaiserlichen Familie voraus, an eine friedliche Zukunft, an das Glück der Familie, Rußlands und Weimars. Rußland hielt sich an die Abmachungen von Tilsit. Es begann einen Krieg gegen Schweden. Der führte zur Einverleibung Finnlands in das Russische Reich. Als Napoleon einen gemeinsamen Feldzug über Konstantinopel nach Asien vorschlug, sah Rußlands Kaiser die Gelegenheit für weitere Konsultationen gekommen und schlug ein neues Treffen vor, um aktuelle und neu heranreifende Fragen zu beraten. Das Treffen sollte im September 1808 in Erfurt stattfinden – unmittelbar vor den Toren Weimars.

Napoleon wollte seinen kaiserlichen Bruder mit einer prachtvollen Gala der Rheinbundstaaten überraschen. Die politische Situation hatte sich allerdings seit Tilsit erheblich verändert. Alexander mußte im Sommer 1808 nicht mehr um einen günstigen Frieden nachsuchen. Er hatte sich in Rußland trotz aller Widersprüche auch gegen die eigene Familie behauptet. Napoleon war dagegen in Not geraten. Auf der iberischen Halbinsel war ein Volksaufstand gegen die französischen Eroberer entbrannt. Österreich und Preußen schöpften neue Hoffnung. Alexander hatte es verstanden, Napoleon über die innerrussische Ablehnung des Friedens von Tilsit im Unklaren zu lassen. Der Kaiser der Franzosen ging mit einem falschen Bild nach Erfurt. Er glaubte, es sei ein leichtes Spiel, Alexander erneut auf seine Seite zu ziehen.

Das waren die Zeit und die Welt, aus der Maria mit ihrem Gemahl in Begleitung auch des Kammerherrn von Ziegesar und des russischen Geistlichen Jasnowski nach Petersburg aufbrach. Fast vier Wochen währte die strapaziöse Reise.

Eine hochpolitische Reise von Weimar nach St. Petersburg im Sommer 1808

In den politischen Überlegungen und Handlungen Carl Augusts und des Weimarer Hofs tauchte der Name Antons von Ziegesar bis zum Zeitpunkt der Reise nach St. Petersburg im Sommer 1808 primär höchstens in Verbindung mit dessen Vater August Friedrich Carl Freiherr von Ziegesar auf, obwohl der junge Freiherr damals bereits am Weimarer Hof in Lohn und Brot stand. Von beiden – Vater und Sohn Ziegesar – wird ausführlich zu berichten sein.

Anton von Ziegesar besaß von den hochpolitischen Hintergründen, die seinen Dienstherrn nebst Gemahlin im Sommer 1808 nach St. Petersburg trieben, sicherlich einige Kenntnisse, auf jeden Fall durch seinen Vater, der die Karriere des Sohnes bereits ebenso langfristig wie umsichtig vorbereitet hatte. Der im Dienste mehrerer thüringischer Fürsten stehende August Friedrich Karl konnte sich das leisten.

Die internen politischen Informationen dürften bei dem Sohn Ziegesar jedoch noch nicht sehr tiefgehend gewesen sein. Falls der junge Anton doch über das eigentliche Reiseanliegen detaillierter Bescheid wußte, so hat er sich dazu mit keiner Silbe erklärt. Der junge Mann von 25 Jahren erklomm im höfischen Dienst gerade die ersten Sprossen auf der Lebensleiter. Über die Anfänge respektierlicher Verwaltungstätigkeit war er noch nicht hinausgelangt. Er wußte selbstverständlich von Kindertagen an, daß Verschwiegenheit und Disziplin, sowie Loyalität gegenüber dem Dienstherrn zu den Grundvoraussetzungen jedweder höfischen Karriere gehörten.

Die ersten Anzeichen sprachen dafür, daß sich Anton von Ziegesar im Dienste Sachsen-Weimar-Eisenachs zu einem dynamischen und anpassungsfähigen Staatsdiener, Juristen und Politiker entwickeln könnte, der auf der bevorstehenden Reise nach St. Petersburg die Kunst erlernen sollte, mit den eigenen persönlichen Aufzeichnungen politisch interessante Tatbestände umschreiben zu können, bzw. in einer politisch zugespitzten Situation den Eindruck alltäglicher und ganz normaler Routine zu erwecken. Dafür gab es keine didaktisch geprägte Instruktion mit auf den Weg, sondern die Aufgabe resultierte aus dem Bewußtsein und der Verantwortung gegenüber der eigenen Stellung am Hofe. Vielleicht war Anton von Ziegesar aber auch ganz einfach noch unbedarft oder er folgte seinem Naturell, das dazu neigte, Konflikte, wenn man sie schon nicht umgehen konnte, durch liberale Großzügigkeit zu entschärfen.

Diese Anmerkung muß vorausgeschickt werden, um bei der Suche nach objektiven Belegen für die Reise und deren Hintergründen nicht in die Irre zu gehen und keine Erwartungen zu wecken, die zumindest Anton von Ziegesar beim besten Willen nicht erfüllen konnte. Es ist ohnehin nicht ganz einfach, Dokumente zu finden, die Aussagen über die politischen Inhalte der Reise enthalten. Man vergegenwärtige sich noch einmal die Situation: Der Erbprinz eines von Kaiser Napoleon geduldeten kleinen Fürstentums fuhr durch das französisch besetzte Preußen nach Rußland – in jenes Reich, dem Napoleon trotz der Verträge von Tilsit mißtraute und das er unabänderlich als künftigen Kriegsgegner betrachtete. Die Gemahlin des Erbprinzen war nicht nur Russin, sondern Schwester des Kaisers, mit dem sich Napoleon in wenigen Wochen in Erfurt treffen wollte und von dem er tatkräftige Unterstützung bei der Niederschlagung von Volksaufständen auf der Iberischen Halbinsel erwartete.

Die Reise war an sich bereits ein Politikum, weil Maria Pawlowna erneut dem Wunsch Napoleons nach ständiger Anwesenheit in Weimar widerstand. In ganz Deutschland, aber auch in Paris selbst beobachtete man gespannt, ob Maria Pawlowna zu dem Treffen in Erfurt und Weimar zurückkehren werde, offenbar in der Annahme, daraus ein unterschiedlich interpretierbares vages Signal für die Position Alexanders I. gegenüber Napoleon schließen zu können. Ein Signal, ob in Europa künftig Krieg oder Friede herrschen werde. Obendrein stieß die kleine Reisegesellschaft unterwegs in Memel auf das preußische Königspaar. Das Treffen war kein blinder Zufall, sondern sorgfältig arrangiert. Es ist als sicher anzunehmen, daß französische Spione jeden Schritt auf dem Wege nach St. Petersburg überwachten. Im Jahre 1807 hatte Napoleon sogar eine französische Gesandtschaft in Weimar einrichten lassen, damit er den widerspenstigen Herzog besser im Auge haben konnte. Jetzt, etwa vier Monate vor dem geplanten großen Treffen, reiste das erbherzogliche Paar – demonstrativ – aus Weimar ab. Das mußte jedem Agenten der französischen kaiserlichen Majestät auffallen. Dafür gilt es noch Beweise zu erbringen, aber diese Vermutung liegt durchaus in der Logik der Sache selbst.

Es wäre aus diesem Grunde auch nicht sehr passend gewesen, wenn Carl Friedrich und Maria Pawlowna politische Papiere, Direktiven oder Staatsdokumente mit sich geführt hätten. Ohnehin fanden alle Gespräche im vertrauten familiären Kreise statt, da gab es weder Protokolle noch Notizen. Nur eines konnten sich Weimarer Intellektuelle im Hinblick auf die bevorstehende Fürstenversammlung in Erfurt und die französische Überwachung nicht versagen. Das in Weimar erscheinende »Journal des Luxus und der Moden« teilte unter dem 30. Juni 1808 triumphierend und durchaus provokant mit: »Der 15te Junius alten Styls führte nach einer Reise von 27 Tagen unsere geliebte Großfürstin M a r i a P a w l o w n a , Erbprinzessin von Sachsen Weimar mit Ihrem Durchlaucht. Gemahl glücklich und wohl in die Arme Ihrer kaiserlichen Familie, die der beinahe 4 Jahre theuren Abwesenden 2 Stationen entgegen gefahren war. Wer wagt die Scene des Wiedersehens zu beschreiben, und die Gefühle zu schildern, die aus dem Herzen der Mutter und Tochter wechselseitig sich entgegen strömten! Von der Station begab sich die kaiserliche Familie mit den neu Angekommenen nach P a w l o w s k , einem 27 Werste von St. Petersburg gelegenem Schlosse, dem gewöhnlichen Sommeraufenthalte Ihro kaiserl. Majestät, der verwittweten Kaiserin, wohin Höchstdieselben schon einige Wochen vorher sich begeben hatten. Einige Tage darauf beehrten die Kaiserin Mutter mit den hohen Angekommenen St. Petersburg mit Ihrer Gegenwart. Ihro kaiserl. Majestät stiegen mit der geliebten Tochter in der Kathedral-Kirche, der Mutter Gottes zu Casan, ab, wo in feurigen Gebeten der Dank für die glückliche Ankunft der Geliebten zum Himmel stieg.

Der Aufenthalt in St. Petersburg dauerte nur wenige Tage. Man eilte nach Pawlowsk zurück, wo Scherz, Munterkeit und Freude herrschen.

Heute, wie es heißt, wird die kaiserliche Familie wieder in St. Petersburg erwartet, da morgen ein in der Admiralität erbautes Linienschiff von 120 Kanonen von Stapel gelassen werden soll.« Alle diese Daten und Ereignisse kehrten auch in den persönlichen Briefen Ziegesars an seine Luise wieder und sind durch diese belegbar. Die öffentliche Mitteilung von der erfolgreichen Reise und dem unbeschwerten Leben der kaiserlichen Familie besaß keine geringere psychologische Wirkung auf die Franzosen als der Hinweis auf den Stapellauf eines großen Kriegsschiffes. Russische Fürsten konnten sich noch immer ungehindert in Europa bewegen, und Rußland präsentierte sich obendrein als eigenständige und selbstbewußte Seemacht! Mit einiger Phantasie konnte ein Politiker vom Format Tayllerands daraus auch einen Fingerzeig auf die innerhalb Rußlands umstrittene Haltung zur Kontinentalsperre folgern – vor dem Erfurter Fürstentag! Nein, Rußland ging nicht als demütiger Bittsteller nach Erfurt. Die Reise der Weimarer Gesellschaft nach Petersburg durfte in Paris in mancher Hinsicht als russische Kampfansage gewertet werden. Dem großen Kaiser Napoleon erschien der Gegenstand jedoch zu gering, und er schenkte ihm keine übertriebene Aufmerksamkeit. Die europäischen Diplomaten verstanden dagegen das Signal und verfolgten sorgfältig jeden Schritt der Reisenden.

So wächst ein Bild über die Reise Carl Friedrichs und Maria Pawlownas, das in erster Linie durch die Fakten selbst, deren normative Kraft und durch die übergreifenden politischen Zusammenhänge Europas und Thüringens in ein bestimmtes Koordinatensystem gebracht werden kann. Wir verfügen offenbar nur über wenige Dokumente, die Gesprächsinhalte wiedergeben oder politische Absichten, Ziele und Ergebnisse direkt zum Ausdruck bringen. Die Privatbriefe Anton von Ziegesars gehören zu diesen seltenen Zeugnissen. Selbst der politische Schriftwechsel Herzog Carl Augusts aus jenen Tagen und Wochen reflektiert nur wenige ursächliche Zusammenhänge über die Reise des Jahres 1808.

Erst am 20. August 1808 – die Rückkehr Carl Friedrichs nach Weimar sollte wenige Tage später folgen – schrieb Herzog Carl August aus dem böhmischen Bad Teplitz einen Brief an Maria Pawlowna, der insofern einen unmittelbaren Bezug zu dem geplanten Erfurter Treffen besaß, als Carl August darin auf die drohenden Gefahren vor einem Wiederaufleben des französisch-österreichischen Krieges hinwies. Dieser Konflikt sollte in Erfurt verhindert werden. Drei Wochen später, am 13./14. September brachte sich der Herzog noch einmal bei den Petersburger Verwandten in Erinnerung. Während man in Weimar etwas abgehoben darauf hoffte, mit dem Erfurter Treffen werde das Ende der »Epoche« kommen, »welche die Revolution für Europa schließt« , ließ er über Maria Pawlowna Grüße an Kaiser Alexander übermitteln. In politischen Fragen blieb der Herzog gegenüber dem russischen Kaiser zurückhaltend.

Carl August ging es in dem Augenblick nicht so sehr um große europäische Probleme, sondern vielmehr um die Erfüllung seines alten Wunsches nach dem Besitz Erfurts. Dieses Begehren konnte jedoch nur durch Napoleon realisiert werden. Das Geheime Konsilium debattierte in Weimar darüber, ob man das Anliegen über Alexander I. an Napoleon herantragen sollte. Wilhelm von Wolzogen riet davon ab, weil man Rußlands Kaiser nur kompromittieren könnte, wenn er bei Napoleon um eine Bitte für Verwandte nachkommen müßte. Außerdem wäre der Besitz Erfurts dann von den Schwankungen in der russischen Politik abhängig und obendrein: Die Wahrscheinlichkeit, daß Weimar in den Besitz Erfurts gelangen könnte, war so gering, daß es besser wäre still abzuwarten, wie sich die Dinge entwickelten, denn die französische Regierung sei bestens über Weimars Anliegen informiert. Carl August folgte diesem Ratschlag und sah keine Veranlassung, darüber noch einmal mit seiner Schwiegertochter in Petersburg zu korrespondieren. Er wußte selbst, welch großen Wert Napoleon darauf legte, Erfurt als militärisch wichtigen Stützpunkt selbst in der Hand zu behalten. So beschränkte sich Carl August denn darauf, unmittelbar nach dem Abschluß des Erfurter Fürstentages anerkennende Worte über das Auftreten Alexanders I. in Erfurt und Weimar an Maria Pawlowna zu schreiben. Aber in keinem einzigen Brief ist unmittelbar und direkt auf die Motive eingegangen worden, die Maria Pawlowna veranlaßten, vorerst weiter in Rußland zu bleiben.

Wenn jedoch im Jahre 1808 eine russische kaiserliche Schwester und der Erbherzog eines bedeutenden deutschen Fürstenhauses quer durch das kontinentale Europa fuhren, dann muß das auch direkte Spuren hinterlassen haben. Zumindest mußte die Reise bezahlt werden, und wo Geld von einer Hand in die andere wechselte, blieben auch unterschiedlichste Schriftstücke, Quittungen und Belege zurück, deren Art und Struktur wiederum allgemeine Rückschlüsse auf nicht unwesentliche Lebensinhalte der beteiligten Persönlichkeiten erlaubten.

Tatsächlich vermeldete das Fourierbuch des Erbherzoglichen Hofes für das Jahr 1808 gewissenhaft, daß der Erbprinzliche Hof am 1. Juni 1808 am frühen Morgen (nach 5 Uhr) nach St. Petersburg abgereist ist. Weitere Tagebuchaussagen, Briefe oder Berichte fehlen jedoch bislang zu dieser politisch nun wahrhaftig nicht unkomplizierten Reise.

Dafür sind zahlreiche finanzielle Daten erhalten geblieben, die zwar keine unmittelbaren Schlußfolgerungen auf Gesprächsinhalte erlauben, aber sie vermitteln einen interessanten Einblick in die Finanzabläufe an den Weimarer und Petersburger Höfen. Und sie stehen sogar in einem gewissen politischen Zusammenhang. Die gesamte Reiseabrechnung bezog sich auf den Zeitraum vom 1. Juni 1808 bis zum 15. Juni 1809. In diesen Monaten vollzogen sich mehrere familientouristische Bewegungen. Zunächst fuhren Carl Friedrich und Maria Pawlowna mit Angehörigen ihres Hofstaates gemeinsam nach St. Petersburg. Diese Reise und der Aufenthalt bestimmten den Inhalt der Briefe Anton von Ziegesars. Am 1. September reisten Carl Friedrich und Ziegesar nach Weimar zurück und kamen dort am 19. September 1808 an. Nachdem der Erfurter Fürstentag und die damit für den Weimarer Hof verbundenen Aufgaben vorüber waren, trat Carl Friedrich noch einmal den beschwerlichen Reiseweg zu seiner Gemahlin nach St. Petersburg an. Er fuhr am 23. November 1808 in Weimar ab und kam am 23. Dezember 1808 in Petersburg an.

Es ist bislang nicht geklärt, ob Anton von Ziegesar an dieser zweiten Reise nach St. Petersburg erneut teilgenommen hat. Es existieren Indizien, die sowohl dafür als auch dagegen sprechen. Ein adäquates briefliches Tagebuch an die Gemahlin, wie wir es vom Sommer 1808 kennen, existiert nicht. Goethe notierte im März 1809, daß ihn »Ziegesar und Sohn« besucht hätten. Man sprach über Petersburg »und die dortigen Feste.« Der Erbherzog kam erst im Juni 1809 mit seiner Gemahlin nach Weimar zurück. Der Chronist Franz David Gesky vermerkte unter dem 15. Juni 1809: »Donnerstag: Mittags ein Uhr traf S. Durchlaucht, der Erbprinz nebst Gemahlin, von Rußland hier in aller Stille ein. Sie kamen von Querfurt und Weißensee, indem ein Korps Österreichischer Truppen am 12. in Dresden eingerückt war. Deshalb mußten die Herrschaften einen Umweg nehmen.« Am 30. Juni 1809 schrieb der Weimarer Minister Voigt an den Gothaer Kanzler Frankenberg: »Antonius (Anton von Ziegesar – Anm. des Autors) ist glücklich zurückgekommen ... H. v. Ziegsar hat seine Sache recht gut gemacht; mit etwas Bescheidenheit, mit Sprachfähigkeit verbunden, hat ihn empfohlen, und seine Person ist schon imposant, besonders bey dem Militär.« Das alles sind keine endgültigen Beweise, aber die Möglichkeit einer weiteren Reise Ziegesars nach Petersburg ist immerhin gegeben.

Was die Mitteilsamkeit über politische Hintergründe zu wünschen übrig ließ, erfüllte die Buchhaltung des Hofes. Auf der ganzen Reise geschah nichts, was nicht auch bezahlt werden mußte: in Dukaten, Talern und Rubeln. Da waren zunächst die Postgelder, d.h. die Löhne und Trinkgelder für die Postillione, die die Weimarer Reisekutschen von Station zu Station brachten. Auf dem Wege zur jeweils nächsten Poststation waren, da es auch im französisch besetzen Deutschland noch keine Zollunion oder multilaterale Zahlungsvereinbarungen gab, zahlreiche Brücken-, Damm- und Wegegelder zu entrichten, mit denen Kommunen oder auch das Land die Gelder für die Unterhaltung der Verkehrswege aufzubringen suchten. Die Wagen mußten über ganz reale Schmiergelder in Fahrt gehalten werden. Und natürlich kosteten vor allem die Zugpferde eine beträchtliche Summe. Damit auf jeder Station tatsächlich gute Pferde bereitstanden, ritten Stafetten den Reisenden voraus und meldeten den erforderlichen Bedarf an. Das alles kostete viel Geld. Vergleichsweise niedrig blieben die Aufwendungen für Reparaturen an den Wagen. Anton von Ziegesar bestätigte die gute Arbeit der Weimarer Kutschenbauer, wenn er von der Reise berichtete, daß alles ohne größere Schäden abging.

Kamen die Reisenden in eine Herberge oder Poststation, durfte sofort wieder der Geldbeutel gezückt werden: Kost und Logis mußten auch bei wiederholt mehr als bescheidener Qualität bezahlt werden. Die kriegsbedingte soziale Not, besonders in Ostpreußen, ließ die Preise selbst für eine dürftige Minimalversorgung in die Höhe klettern. Der erwerbsmäßige Wucher erreichte so schwindelnde Höhen, daß die Reisenden darüber mehrfach in Rage gerieten und ihrem Unmut lautstark Luft machten. In der Erregung gebrauchte Ziegesar in einem Falle sogar eine unsachliche antijüdische Äußerung.

Die steigenden Preise erforderten, daß der Dienerschaft zusätzliche Kostgelder zur Verfügung gestellt werden mußten. Und schließlich: Das in Richtung Osteuropa ausufernde Trinkgelder-Unwesen zwang, bei jeder Gelegenheit Geschenke zur Hand zu haben. Geschenke in Geld und Sachwerten benötigte man jedoch auch bei anderen Anlässen: Besonders in Ostpreußen und in den baltischen Regionen Livlands und Kurlands kannten die Reisenden zahlreiche Menschen: adlige Verwandte, verbeamtete Studienkollegen, ehemalige Freunde – sie alle wurden besucht und beschenkt. Zudem gab man in einigen Städten, wie in Memel oder Riga, offizielle Empfänge für das Erbherzogliche Paar, und man mußte sich für die Ehre erkenntlich zeigen. In Rußland, auf dem Wege von Narwa nach Pawlowsk, hielt ohnehin jeder Gardist, der einen Wasserkrug zureichte, nach landesüblicher Sitte die Hand auf. Nach den allgemeinen Spielregeln verwundert es nicht, daß die Mittel für Geschenke in Höhe von 3318 Talern nicht wesentlich unter den 3814 Talern rangierten, die für die elementaren Transportkosten beglichen werden mußten. Insgesamt kostete die Hinreise von Weimar nach Pawlowsk im Sommer 1808 10.373 Taler. So weisen es die im Thüringer Hauptstaatsarchiv Weimar verwahrten Abrechnungen und Belege aus.

Mit der Ankunft in der russischen Hauptstadt wandelte sich die Finanzierungs- und Ausgabenstruktur. Bezogen auf die Zeit bis zum Juni 1809 wurden namentlich von der Großfürstin Maria Pawlowna noch einmal 15.466 Taler ausgegeben. Eine detaillierte Untergliederung der Kosten ist schwierig, weil die Abrechnung nicht einheitlich in Talern erfolgte, sonder Dukaten, Rubel und Taler munter durcheinander gerechnet wurden, ohne daß vergleichsfähige Wechselkurse dafür angegeben worden sind. So bleibt die durchaus verallgemeinerungsfähige Aussage, daß in jenem Jahr die umfangreichsten Mittel für Geschenke und für Besoldungszuschüsse an die eigene Dienerschaft aufgewendet werden mußten. Gelder für Briefporto, Schreibmaterialien oder Livreen der Dienerschaft verschwanden dahinter als relativ unbedeutende Posten.

Geschenke: Das Wort stand nicht nur für edelsteinbesetzte Tabakdosen oder wertvolle Ringe und Armbänder an gleichgeordnete Damen und Herren des Hofs und der Gesandtschaften. Maria Pawlowna setzte mit ihren Leistungen in der Armenpflege und öffentlichen Wohltätigkeit die Tradition ihrer Mutter und auch des deutschen Adels fort. Von den in Petersburg angelegten Konten für die Großfürsten gingen während des Besuchs gehörige Geschenke an Waisenhäuser, Krankenanstalten, Obdachlosenasyle oder Bildungseinrichtungen für junge Mädchen. Diese Gelder belasteten die schmale Weimarer Hofkasse allerdings nicht, sondern sie kamen aus der Privatschatulle und von den russischen Konten Maria Pawlownas und Carl Friedrichs. Die für den Zeitraum vom Juni bis Dezember 1808 nachgewiesenen 8.031 Rubel erreichten allerdings das Niveau der jährlichen

Einnahmen, die Maria Pawlowna aus dem elterlichen Hause zuflossen, auf keinen Fall.

Der durchschnittliche Ausgabenstandard wurde bei der eiligen Rückreise Carl Friedrichs und Anton von Ziegesars im September 1808 sogar noch unterboten. Wenn Männer alleine reisen ... Nach dem Rechnungsbuch der Gemeinschaftlichen Hofkasse kostete die Fahrt zurück zum Erfurter Fürstentag 2.176 Taler. Als Carl Friedrich im November/Dezember 1808 abermals zu seiner Gemahlin nach Pawlowsk fuhr, rechnete die Hofkasse 3.488 Taler ab. Als das erbherzogliche Paar im Sommer 1809 gemeinsam nach Weimar zurückkehrte, gab es für diese Heimfahrt noch einmal 64 Louisdor, 2.107 Dukaten und 3.143 Rubel aus.

Obwohl das ganze Reiseunternehmen aus verschiedenen Konten und Währungen, verbunden mit unterschiedlichen Abrechnungen, finanziert werden mußte, geht man sicherlich nicht fehl, wenn man den Gesamtaufwand mit etwa 30.000 bis 35.000 Talern veranschlagt. Das war für damalige Verhältnisse eine gewaltige Summe. Sie wurde nicht leichtsinnig ausgegeben, der politische Zweck heiligte in diesem Falle auch die Mittel. Und außerdem – trotz des Krieges konnte Maria Pawlowna das Unternehmen ohne Probleme selbst finanzieren. Es ist auch für unsere Geschichte überhaupt nicht so wichtig, ob die Reise 10 Taler mehr oder weniger gekostet hat. Viel entscheidender ist die Tatsache, daß die fürstlichen Herrschaften nicht einfach in Saus und Braus dahin gelebt haben und ihr Geld vielleicht sogar verschleuderten. Jede Ausgabe galt es wohl zu bedenken, sie mußte streng und gewissenhaft abgerechnet werden. Das war ein Gebot der Stunde, aber auch ein lange geübtes Prinzip.

Daran hat sich auch der Kammerherr Anton von Ziegesar gehalten. Mindestens einmal hat er auf der Reise einen sorgfältigen Kassensturz vorgenommen und konnte mit dem Ergebnis durchaus zufrieden sein. Im Allgemeinen hat ihn dieses Thema jedoch nicht sonderlich interessiert. Für die Geldangelegenheiten besaß er keine Zuständigkeit. Er kümmerte sich um seinen Erbherzog, begleitete diesen auf

Schritt und Tritt und – dachte sehnsuchtsvoll an seine Luise, daheim in Weimar, Hummelshain oder Drackendorf bei Jena, an die Eltern, Geschwister und Freunde, die seinen bisherigen kurzen Lebensweg begleitet hatten.

Kinder aus altem märkischem Adel: August Friedrich Carl von Ziegesar und Anton von Ziegesars Weg ins Leben

Anton von Ziegesar stammte aus einem traditionsreichen wie respektierlichen Elternhause. Die Familie besaß eine geradezu faszinierend lange und gleichermaßen wechselvolle geschichtliche Tradition, die allerdings in ihrer längsten Zeitspanne wenig mit den Thüringer Fürstentümern zu tun hatte. Anton von Ziegesar gehörte zur 16.(!) Generation eines alten deutschen Adelsgeschlechts, das seinen Aufstieg mit der politischen, geistigen und kulturellen Entwicklung Brandenburgs genommen hatte. Als ältester (nicht ganz sicherer) Ahnherr der Ziegesars gilt Otto de Segesare, der aus einer inzwischen verbrannten Urkunde aus dem Jahre 1204 bekannt ist. Spätere Chronisten haben das Stammschloß der Familie in der Burg von Ziesar in der Mittelmark vermutet. Der erste »echte« und urkundlich sicher belegbare Namensträger derer von Ziegesar bleibt nach vielen gründlichen Nachforschungen Henricus de Jesere, ein Mitglied des Prämonstratenserordens und Dompropst des Bistums Brandenburg aus der ersten Hälfte des 13. Jahrhunderts. Sein Name und Wirken ist aus Urkunden der Jahre 1227, 1238 und 1242 bekannt: »Hinricus de Jezere quondam praepositus.« (Heinrich von Ziegesar, der vormalige Propst).

Für das 13. Jahrhundert sind neben dem Dompropst Heinrich drei weitere Ziegesars durch exakte historische Quellen belegt: Otto auf Wachow, Johannes und Heinrich der Vogt. Aber die Zeugnisse sind noch spärlich. Aus dem darauffolgenden 14. Jahrhundert kennen wir sogar fünf weitere Vorväter der heutigen Ziegesars. Einer von ihnen, Henning der Ältere de Tzigesar (auch: Zieser, Zeyeser), trat sowohl im Gefolge des Bischofs von Brandenburg, als auch des Markgrafen von Meißen, der Herzöge von Sachsen-Wittenberg und der Grafen von Lindow auf. Der genealogische Stamm wuchs in die Breite. Henning der Ältere besaß das Lehen Neuendorf bei Brück, direkt an der Grenze zwischen der Mark Brandenburg und dem Herzogtum Sachsen-Wittenberg gelegen. Der Besitz wurde vor 1375 erworben und verblieb in den folgenden 200 Jahren bei der Familie Ziegesar. Erst im Jahre 1582 mußte er zur Deckung von Schulden verkauft werden. Der Besitz umfaßte etwa 3.000 Morgen. Das Land war zum großen Teil von Kiefernwäldern bedeckt, sumpfig, morastig und voller Sand, aber auch fruchtbar für den Getreideanbau. Henning de Tzigesar hat Acker und Wald nicht selbst bewirtschaftet, sondern nur die Einnahmen aus einer Verpachtung bezogen. Die Pacht dürfte nicht ganz schlecht gewesen sein, denn die Pächter lieferten Nutzholz, Holzkohle, Teer, Harz, Honig, Wachs, Wild, Fische, Wolle und Getreide an ihre Abnehmer. Es gab sogar einen Weinberg. Die Einkünfte erlaubten Henning zumindest den Kauf der Wasserburg Beuthen im Teltower Land.

Henning von Ziegesar und dessen Söhne standen Raubrittern wie den berüchtigten Quitzows oder Treskows bei der Durchsetzung persönlicher Ziele in keiner Weise an Gewalttätigkeit nach. Sie verdienten ihren Unterhalt mit wechselndem Glück und Erfolg. Die rücksichtslosen Gewaltausbrüche nahmen im märkischen Adel erst ab, nachdem Friedrich von Hohenzollern 1411 zum Statthalter der Mark Brandenburg ernannt worden war. Er sollte das Raubrittertum zerschlagen und dem Landesherrn zu seinen Einkünften verhelfen. Als Markgraf und Kurfürst (1415) von Brandenburg zog Friedrich mit bewaffneter Macht erfolgreich gegen die Quitzows, Ziegesars und anderen abspenstigen Ritterfamilien.

Das Ende der wilden Ritterjahre bedeutete jedoch für die Ziegesars (vor allem für Hennings Enkel Cuno) keinen Untergang. Im Gegenteil. Sie verloren zwar Beuthen, erhielten jedoch im Jahre 1416 die Herrschaft Buckow. Man staune: 27.600 Morgen Land bekamen die Ziegesars in der später von Theodor Fontane so geliebten Märkischen Schweiz rund um den Scharmützelsee. Niemals, weder vorher noch später hat die Familie so viel Land und Reichtum besessen! Cunos Sohn Jobst von Ziegesar (Czigeser) brachte es bis zum »Ritter zu Buckow«, Kurfürstlichen Rat und Burghauptmann des Bischofs von Lebus – ein angesehener Mann, dank persönlicher Fähigkeiten, Durchsetzungsvermögens und offensichtlich guter Beziehungen.

Mehrere Generationen lang wurden die Ziegesars mit der Herrschaft Buckow belehnt. Aber damit nicht genug. Bis an das Ende des 16. Jahrhunderts und darüber hinaus lebten und herrschten die Ziegesars als Ritter, Grundbesitzer, Geistliche, kurfürstliche Würdenträger oder als Vertreter des Adelsstandes im Kurfürstentum Brandenburg, in Anhaltinischen Herzogtümern und in den Grenzgebieten zu Kursachsen. Ortsnamen wie Buckow, Belzig, Treuenbrietzen, aber auch Neuendorf, Brück, Lienewitz, Sandberg, Benken oder Lübnitz und sogar Wörlitz dokumentierten den Besitz einer weitgefächerten Familie mit beachtlichem politischem und wirtschaftlichem Einfluß. Diese Familie hat die Mark Brandenburg und daran grenzende Gebiete aus dem Mittelalter über die Reformation in die frühe Neuzeit geführt. Sie hat in erheblichem Maße zum Aufstieg des Kurfürstentums Brandenburg beigetragen.

Die lange Kette der Ahnen reichte von Otto auf Wachow (1204) bis hin zu Hans III auf Lübnitz (1572 – nach 1584). Aber die Familie derer von Ziegesar ereilte letztlich doch das gleiche Schicksal wie viele andere deutsche Ritter- und Adelsfamilien. Obgleich mit dem märkischen Adel auf schier unentwirrbare Weise verschwägert, blieb sie nicht davon verschont, wiederholt nahezu auszusterben oder auf Grund des Rückgang ihrer Gliederzahl in der Bedeutungslosigkeit zu verschwinden, bzw. das Wirkungsfeld auf andere Gebiete oder in andere Regionen zu verlagern.

Am Ende des 16. Jahrhunderts waren trotz einer weitverzweigten Großfamilie nur noch wenige »echte« Ziegesars in Neuendorf und Lübnitz am Leben. Der Glanz der Familie in ihrer Eigenschaft als märkische Grundherren gehörte bereits der Vergangenheit an. Im Jahre 1578 verkaufte man Benken und Klein-Briesen. 1582 kam Neuendorf an die Reihe, und 1601 ging auch noch Lübnitz durch Verkauf verloren. Damit war die Herrschaft der Ziegesars in Belzig und an der Zauche vorüber – offenbar nicht ohne eigenes Verschulden. Die Familiengeschichte weist zumindest nach Herkunft, Lebensweg und Erbe recht widersprüchliche Persönlichkeiten aus. In der Burg von Ziesar und an der Straße zwischen Görzke und Belzig, auf der Reise durch die Mittelmark, erinnern

Dörfer wie Benken oder Lübnitz zwischen Sand und Wäldern, mit scheinbar endlosen Getreidefeldern, mit niedrigen Häusern und alten Gutsmauern noch immer daran, daß hier auch die Ziegesars vor Jahrhunderten heimisch gewesen sind.

Auf der Suche nach den direkten Vorfahren Antons von Ziegesar taucht z.B. Christoph II. von Ziegesar auf, der von 1532 bis 1579 gelebt haben soll. Im Vergleich zu möglichen Brüdern oder Vettern gleichen Namens zeichnete er sich durch einige familiengeschichtliche Novitäten aus. Er ging als Soldat in die Fremde, brachte es als Söldner bis zum Obristen, verhielt sich gegenüber dem historisch gewachsenen Besitz relativ rücksichtslos – ihm war der Verkauf angestammter Güter und Dörfer zu »danken«. Er erwarb jedoch andererseits auch das Gut Königsborn im Erzstift Magdeburg.

Mit diesem Christoph II. begann eine neue familiengeschichtliche Entwicklung, die auf Grund der Ereignisse um den Dreißigjährigen Krieg zwar mit vielen genealogischen Fragen oder gar Zweifeln und Unsicherheiten behaftet bleibt, aber auch relativ logisch und durchschaubar bis nach Gotha und Weimar führte. Christophs II. Sohn, der um 1574 geborene Andreas Georg erbte Königsborn und erschien 1609 als Geheimer Rat und Amtshauptmann von Alvensleben in der überregionalen Geschichte seiner Zeit. Im Frühjahr 1614 nahm Andreas Georg von Ziegesar an einer Fürstenversammlung in Naumburg teil, bei welcher die Kurfürsten von Brandenburg und Sachsen, sowie der Landgraf von Hessen-Kassel gegenseitige Besitz- und Erbansprüche abglichen. Andreas Georg von Ziegesar stieg in der Hierarchie des diensttuenden Adels auf und deutete damit eine Wende im Verhältnis der Familie zum alten Grundadel an. Es war allerdings nur ein erster Schritt, den Andreas Georg in diese Richtung ging.

An dem Fürstentag in Naumburg nahm im Jahre 1614 auch ein Hans IV. von Ziegesar teil, der jedoch nicht zur Linie Christophs II. gehörte, sondern Sohn des Hans III. gewesen ist. Dieser Mann wurde im Jahre 1626 als »Cursächsischer Landjägermeister Hans von Ziegesar auf Lübnitz in Meissen« Mitglied der »Fruchtbringenden Gesellschaft«, die sich 1651 in den »Palmenorden« umbenannte. Die Fruchtbringende Gesellschaft war im Jahre 1617 in Weimar unter der Ägide der Herzöge von Sachsen Weimar durch Herzog Ludwig von Anhalt-Köthen gegründet worden. Die Gesellschaft setzte sich aktiv für die Pflege und Reinheit der deutschen Sprache ein. Als der »Palmbaum« 1680 aufgelöst wurde, zählte auch der »Große Kurfürst« Friedrich Wilhelm von Brandenburg zu den 890 Mitgliedern. Hans IV. von Ziegesar besaß als »Der Vermischte« die Mitgliedsnummer 135.

Unabhängig davon, daß nicht ganz plausibel erscheint, warum sich Hans IV. im Jahre 1626 noch immer als »Herr auf Lübnitz« betrachten durfte, stand er als Curfürstlich sächsischer Landjägermeister am Hofe der Albertiner zu Dresden auf einer beachtlich hohen Rangstufe, wenn man bedenkt, welch großes Maß an Aufmerksamkeit dem Weidwerk und der Jagd damals zugemessen wurde und wenn man gleichzeitig nicht vergißt, daß besagter Hans von Ziegesar eine schuldenbeladene Last seiner Vorfahren mit sich tragen mußte. Aber dieser Tatbestand zählt zu den vielen familiengeschichtlichen Ungewißheiten, die namentlich für die Zeit des Dreißigjährigen Krieges charakteristisch scheinen. Trotz der ungezählten Vorfahren der Ziegesars aus dem 12. bis 16. Jahrhundert gab es an der Wende zum 17. Jahrhundert in dieser Familie faktisch einen genealogischen Neubeginn.

In dessen Mittelpunkt steht der 1578 geborene Siegmund Adolph von Ziegesar, der vielleicht ein Bruder von Hans IV. gewesen ist. Siegmund Adolph gilt gemeinhin als Stammvater aller heute noch lebenden Ziegesars. Daraus resultiert die interessante Tatsache, daß die neuzeitlichen und modernen Ziegesars eine nahezu fünfhundertjährige ebenso reichhaltige wie bedeutende und amorphe Vorgeschichte namentlich im märkischen Adel besitzen, die sich im 17. Jahrhundert (ein wenig zugespitzt formuliert) in einer Person bündelte, in Siegmund Adolph, der zum Stammvater einer historisch wachsenden »zweiten Welle« der Familie avancierte.

Siegmund Adolph diente 1609 – 1614 als Hofjägermeister in Dresden und brachte es nach wenigen Jahren zum Oberhofjägermeister. Auch Siegmund Adolph hatte 1614 an dem Naumburger Treffen teilgenommen. Seine Verdienste um das kurfürstliche Jagdwesen brachten ihm für fünf Jahre die Amtshauptmannschaft in Nossen ein – verbunden mit reichen Pfründen. Dreimal hatte er sich verheiratet – das letzte Mal ein Jahr vor dem Tode, der ihn im 87. Lebensjahr ereilte. Er starb im Jahre 1665 am 11. Dezember in Dresden. Sein ältester Sohn aus der zweiten Ehe, Hans Adolph (1633 – 1698) trat in die väterlichen Fußstapfen und brachte es noch kurz vor seinem Tode bis zum Oberlandjägermeister. Er trug die Verantwortung für die kurfürstlichen Jagdreviere zwischen Wittenberg und Liebenwerda (Kurkreis), zwischen Torgau und Pirna (Meißnischer Kreis) und beiderseits der Mulde (Leipziger Kreis)

Mit diesen jagdlichen Dienstverhältnissen rückten die Ziegesars bereits nahe an die Herrschaftsgebiete der Ernestiner in Thüringen heran und es hätte eine gewisse Logik in der familiengeschichtlichen Entwicklung liegen können, wenn über die professionellen Anbindungen in Dresden eine Brücke zu den sächsisch-thüringischen Besitzungen geschlagen worden wäre. Die Geschichte der Familie Ziegesar und der Weg nach Weimar sind indes ganz anders verlaufen. Nachdem der mittelalterliche und frühneuzeitliche märkische Boden einmal verlassen worden war, breitete sich die Familie in zahllosen Verästelungen über das ganze Heilige Römische Reich deutscher Nation aus. Die Leitlinien der Familiengeschichte besagen, daß es sächsische Ziegesars gegeben hat, einen niedersächsischen Zweig mit starker Affinität zum Militärdienst, württembergische Ziegesars – und die Ziegesars der reichsunmittelbaren Herrschaft Eschenau in der Nähe von Heilbronn. So sonderbar es vom geographischen Standpunkt auch erscheinen mag, gerade über die Freien Reichsherren von Eschenau schließt sich der Kreis von den sächsischen zu den thüringischen Ziegesars: Die thüringischen Ziegesars bildeten in gewisser Weise eine Secundogenitur der württembergischen. Das erscheint dem wenig mit der spezifischen genealogischen Materie verbundenen Leser sicherlich verworren. Der Gegenstand ist auch kompliziert und kann an dieser Stelle nur in seiner auf Thüringen zielenden Hauptlinie nachvollzogen werden.

Auf den sächsischen Oberlandjägermeister Hans Adolph von Ziegesar ist bereits eingegangen worden. Dessen ältester Sohn, Carl Sigmund, wurde im Mai 1665 (er lebte bis 1728) in Dresden geboren. Er diente in der sächsischen Armee, nahm aus dieser im Jahre 1691 seinen Abschied und ging nach Stuttgart, weil er sich dort bessere Lebens- und Einkommensbedingungen erhoffte. Noch im gleichen Jahr erhielt er tatsächlich das Patent eines Hauptmanns in der württembergischen Infanterie. Vor allem gelang ihm jedoch eine glänzende Heirat. 1692 ehelichte er in Eschenau Maria Magdalena, die 17-jährige Tochter des Reichsfreiherrn Bernhard Friedrich Moser von Filseck, des Herrn von und zu Eschenau. Nach mehrfachen unerquicklichen Erbstreitigkeiten und dem für ihn günstigen Ableben der erbberechtigten Kinder Filsecks gelangte Carl Sigmund von Ziegesar im Jahre 1706 in den Besitz der Herrschaft Eschenau. Der nunmehrige Reichsfreiherr von und zu Eschenau durfte etwa 1.000 ha landwirtschaftlicher Nutzfläche sein Eigen nennen. Nach dem sozialen Abstieg der märkischen Junker und den nun schon längere Zeit anhaltenden dienstadligen Einkommensverhältnissen tat sich hier ein neuer grundherrlicher Hoffnungsschimmer auf.

Aus der Ehe Carl Sigmunds mit Maria Magdalena gingen zehn Kinder hervor, von denen der 1696 geborene Sohn Carl Sigmund II. für den vorliegenden Zusammenhang von wahrhaft fundamentalem Interesse ist. Er hat – um die Dinge auf den wesentlichen Punkt zu konzentrieren und dem Ziel, unserer Geschichte einen kräftigen Schritt näher zu kommen – die »Thüringische Linie« der Ziegesars gestiftet. Carl Sigmund II. gelangte mit Hilfe der Beziehungen seines Vaters in jungen Jahren als Page an den Hof des Markgrafen Georg Wilhelm von Brandenburg-Bayreuth. 1717 zog er weiter nach Karlsruhe an die Residenz der Markgrafen von Baden-Durlach. Der Markgraf Carl III. Wilhelm berief den jungen Ziegesar zum »Würklichen Kammerjunker und Hofrat«.

Das war noch nicht die tatsächlich erhoffte ganz große Karriere im höfischen Dienst.

1722 löste Ziegesar das Arbeitsverhältnis und trat in die Dienste des katholischen Fürsten Friedrich Wilhelm von Hohenzollern-Hechingen. Über seine Arbeit im Dienste dieses Fürsten existieren leider nur sehr fragmentarische Kenntnisse, u.a., daß er seinen Herrn zeitweilig am Kaiserhof in Wien vertreten hat. Das ist schon ein beachtlicher, mit hohem Range verbundener Vertrauensbeweis gewesen. Die näheren Dienstumstände sind aber ebenso unbekannt wie die Gründe dafür, warum ihn Herzog Ernst August von Sachsen-Weimar im Jahre 1742 als »Berater« nach Weimar berufen hat. Carl Sigmund II. von Ziegesar wurde in Weimar neben seinen Aufgaben als Berater außerdem Oberjägermeister. Er muß einen guten Ruf als Verwaltungsfachmann besessen haben, denn Sachsen-Weimar befand sich damals in einem nicht gerade vorbildlich geordnetem Zustand. Carl Sigmund II. erschien offenbar als Retter in der Not, konnte sich aber dennoch mit seinen Vorschlägen zur Sanierung der Staatsverwaltung nicht durchsetzen. Herzog Ernst August besaß kein besonders überschäumendes Interesse, seine gleichermaßen despotische wie ruinöse Willkürherrschaft irgendwie einschränken zu lassen. Immerhin entließ er den fähigen Ziegesar nicht sofort wieder.

Zum Glück für Weimar! Nachdem Ernst August 1748 gestorben war, berief man Carl Sigmund II. von Ziegesar zum »Obervormundschaftlichen Geheimde Rath« für den Erbprinzen Ernst August Constantin. Diese Aufgabe erfüllte er bis zu seinem Tode im Jahre 1754. Zwar konnte er nicht mehr die Verheiratung Ernst August Constantins erleben, auch nicht die Ankunft Anna Amalias und erst recht nicht den langsamen, aber stetigen Aufstieg Weimars zum klassischen Zentrum deutscher Literatur. Dennoch hinterließ Carl Sigmund II. in Weimar und Jena sehr lebendige Spuren, die sich nicht nur auf Reformbemühungen in der Landesverwaltung oder auf die Prinzenerziehung am Weimarer Hof beschränkten. Carl Sigmund II. heiratete im April 1745 (er war damals 48 Jahre alt) die 1722 in Drackendorf bei Jena geborene Christiane Sophie von Griesheim auf Drackendorf. Bis in diesen wunderschönen Naturzipfel, unmittelbar vor den Toren Jenas gelegen, reichte damals das Herrschaftsgebiet der Herzöge von Sachsen-Gotha-Altenburg. Christiane Sophies Vater diente sogar als Beamter mit vielen Verantwortungsbereichen in dem kleinen und nur relativ kurzzeitig existierenden Herzogtum Sachsen-Zeitz.

Das Gut Drackendorf, das in Anton von Ziegesars Briefen aus dem Jahre 1808 wiederholt als Familienheimstatt eine Rolle spielte, das für die »Thüringer« Ziegesars generell eine große Bedeutung als gesellschaftlichem Sammelpunkt besaß, hatte seine eigene wechselvolle Geschichte. Malerisch lagen Gut und Dorf Drackendorf seit Jahrhunderten zu Füßen der Lobdeburg. Im Jahre 1591 verkaufte der damalige Eigentümer, Bernhard von Puster, das Gut an Marcus Gerstenbergh, der seit dem Jahre 1587 als Kanzler in Weimar und ab 1603 mit gleicher Aufgabe in Altenburg wirkte. Als Marcus von Gerstenbergh 1613 starb, fiel das Gut an dessen Sohn gleichen Namens. Dieser wiederum vererbte es 1640 an seine Tochter Elisabeth Sophie, die im gleichen Jahr den Dr. Sebastian Beer heiratete. Beer leitete von 1647 bis 1659 das Altenburger Konsistorium. Die Tochter aus beider Ehe, Eva Sophie, übernahm das Gut 1670 und ehelichte im gleichen Jahr den Kursächsischen Hauptmann Hans Rudolph von Schönfeld. Deren Sohn Johann Adolph mußte Drackendorf 1697 völlig verarmt für 20.000 Gulden weit unter dem realen Wert verkaufen.

Neuer Besitzer wurde nun der Geheimrat Christian Friedrich von Brandt auf Schöngleina. Er bewirtschaftete das Gut nicht selbst, sondern verpachtete es 1708 an Hieronymus Benno von Dieskau. Der aber starb 1716, und Brandt verkaufte Drackendorf anschließend für 47.000 Gulden an August von Griesheim.

Das friedliche und abgelegene Drackendorf besaß tatsächlich eine sehr farbige Geschichte, ehe es in die Hände der Familie von Ziegesar gelangte – eine Geschichte, die vielleicht ähnlich jener der Familie von Ziegesar selbst die historische Entwicklung der deutschen Ritter und des Adels reflektierte. Das Eigentum an dem Gut Drackendorf geriet der Familie jedoch ohne langfristige Vorherbestimmung und ohne jegliches historisches Pathos in die Hände. Christiane Sophie von Griesheim war beim Tode ihres Vaters August im Jahre 1733 erst elf Jahre alt. Ihr Onkel, Christian von Griesheim auf Langen-Elxleben bei Erfurt, übernahm die Vormundschaft. Er wollte unbedingt, daß das landschaftlich so reizvoll gelegene Drackendorf der Familie erhalten blieb. Christiane Sophie sollte darum ihren Vetter Carl Anton von Griesheim heiraten. Vollkommen überstürzt und zugleich selbstentschlossen kam das Mädchen diesem Wunsche im Jahre 1736 nach und heiratete den etwa 20-jährigen Cousin. Die Ehe ging in jeder Hinsicht schief. Beide Söhne starben noch als Kleinkinder, der Gemahl muß ein rechter Lotterbube gewesen sein. Jedenfalls ließ sich Christiane im Jahre 1742 scheiden und hielt anschließend nach einem Manne Ausschau, der lieb sein sollte, Geld und Gut zusammenhielt und ihr einen festen Halt bedeuten konnte. Ein wahrer Mustergatte wurde gesucht!

Den fand Christiane in unserem Stammvater Carl Sigmund II. von Ziegesar. Die Ehe ließ sich auch tatsächlich nicht übel an. Nach der fröhlichen Hochzeit im Jahre 1745 folgte pünktlich am 5. April 1746 der Stammhalter August Friedrich Carl. Leider hielt das Glück der Ehe Christianes mit Carl Sigmund II. nicht lange. Die junge Frau starb im darauffolgenden Jahre 1747 bei einer Fehlgeburt, verbunden mit einer Erkrankung an den Masern. Carl Sigmund II. heiratete ein Jahr später noch einmal: Christiana Sophie Louisa Freiin von Buttlar-Grumbach, eine ehemalige Hofdame der Herzogin Charlotte von Sachsen-Weimar. Aus dieser Ehe gingen vier Söhne und eine Tochter hervor. Carl Sigmund II. starb im Jahre 1754. Das Leben des ersten Erb-, Lehns- und Gerichtsherrn aus der Familie der »Thüringischen« Ziegesars auf Drackendorf hatte sich vollendet. Ein an sich altes, für Thüringen aber noch junges Adelsgeschlecht ging erste Schritte in das öffentliche Leben der Region.

Der Sohn August Friedrich Carl sollte alle Erwartungen erfüllen, die in der Zeit der Aufklärung gegenüber einem tatkräftigen Angehörigen des grundbesitzenden Hof- und

Dienstadels nur gehegt werden konnten. »Nulla dies sine linea« – das war der Leitspruch eines Mannes, dessen Namen sich tief in die Verwaltungs-, Rechts- und Verfassungsgeschichte der Staaten Thüringens eingegraben hat, ohne daß diesem ein euphorischer Hymnus gesungen werden müßte: August Friedrich Carl von Ziegesar – kein Tag durfte in seinem Leben nutzlos verstreichen. Aber persönliche Integrität, Ehrlichkeit, Aufrichtigkeit und ein tadelsfreies Benehmen bilden nur charakterliche Eigenschaften, die zu den Grundlagen einer wertschöpfenden geschichtlichen Leistung beitragen können und diese selbst noch nicht ausmachen. Sonst gäbe es ja auch zu viele Edle auf dieser traurigen Weltkugel.

August Friedrich Carl von Ziegesars Leben und Werk standen mit der Reise seines Sohnes Anton nach Petersburg im Jahre 1808 in einem ganz besonderen Zusammenhang und gaben dieser Ausfahrt einen bislang von keinem Historiker beachteten inhaltlichen Aspekt. Wir stehen vor keinem Zufall: August Friedrich Carl quittierte im selben Jahre mit aktiver Hilfe aus Weimar den Dienst als Kanzler in Sachsen-Gotha-Altenburg und gab dem Sohn Anton damit eine sehr gute Chance, in die Fußstapfen seines Vaters zu treten. Es erscheint selbstverständlich: Dieser ganze Zusammenhang bedarf einer aufhellenden Erklärung.

Es waren vor allem die bemerkenswerten und herausragenden Leistungen August Friedrich Carls von Ziegesar für das gesamte ernestinische Staatswesen in Thüringen, für die Herausbildung von Konstitutionalismus und Parlamentarismus in der mitteldeutschen Region, die seiner Persönlichkeit – auch für die weimarisch-russischen Beziehungen – ein besonderes Gewicht verliehen haben. Die Anstrengungen des »alten« Ziegesars (August Friedrich Carl), der Staatsregierung und Herzog Carl Augusts von Sachsen-Weimar-Eisenach zur Ausarbeitung einer Verfassung erreichten im Frühjahr 1808 einen ersten signifikanten Höhepunkt. Es bedarf keiner besonderen Phantasie zu der These, daß die napoleonische Herrschaft, die innenpolitischen Entwicklungen in Thüringen, das Verhältnis zwischen Weimar und St. Petersburg und der bevorstehende Fürstentag in Erfurt in einem inneren Zusammenhang zueinander standen, der auch zu erhöhten Aktivitäten August Friedrich Carl von Ziegesars in jenen Arbeitsbereichen führte, die seinen Lebensinhalt bestimmten.

August Friedrich Carl von Ziegesars Lebensweg hatte bis zu diesem Zeitpunkt eine beachtenswerte Höherentwicklung genommen, sie erfaßte so viele Aufgabenbereiche, daß allein deren quantitative Übersicht Staunen erregen muß. Nach dem Tode seines Vaters hatte man August Friedrich Carl im Jahre 1754 zur Bildung und Erziehung in die Obhut des Jenaer Rechtsgelehrten Hellfeld gegeben. Ziegesar studierte an der Jenaer Universität Alte Sprachen und Jurisprudenz. Hellfeld sprach sich gegen eine Promotion aus, und Ziegesar hat nie den Titel eines Dr. jur. getragen – das schickte sich nicht für einen Angehörigen des Adels, und wir wissen nicht genau, ob er diesen Titel überhaupt erworben hat. Dafür liebte er sein Leben lang die alten lateinischen Dichter und – die Mathematik.

Dennoch schlug Ziegesar sofort nach den Studien im Jahre 1765 die Karriere eines Verwaltungsbeamten ein. Sein Berufsweg führte im Herzogtum Sachsen-Gotha-Altenburg, aber auch in Sachsen-Weimar-Eisenach steil nach oben und überstieg hinsichtlich der Leistungen und Wirkungen den rein administrativen Verwaltungsrahmen. August Friedrich Carl von Ziegesar darf, unabhängig von seinen zahlreichen professionellen Diensträngen, mit Fug und Recht als bedeutender thüringischer Jurist und Politiker seiner Zeit betrachtet werden. Die dafür erforderlichen Qualitäten bewies er als Minister und Kanzler in Sachsen-Gotha-Altenburg ebenso, wie bei der Ausarbeitung der ersten Verfassung für Sachsen-Weimar-Eisenach. Als im Jahre 1792 erste Gerüchte über ein beabsichtigtes Ausscheiden Ziegesars aus Gothaer Diensten ruchbar wurden, registrierte man diese Nachrichten in Weimar mit gespannter Aufmerksamkeit, und Christian Gottlob Voigt kommentierte am 28. August jenen Jahres, das Ausscheiden Ziegesars »sollte mir leid thun, da wir an ihm einen wohlgesinnten Mann in jenen Diensten haben.«

Geradezu symbolhaft für die geschichtliche Bedeutung Ziegesars war dessen Berufung zum Hofrichter am gemeinschaftlichen herzoglich-sächsischen Hofgericht in Jena im Jahre 1793, der einzigen juristischen Institution, die sich noch aus der Zeit vor den ernestinischen Teilungen erhalten hatte. Länderübergreifende Aufgaben erfüllte er seit 1801 auch als gemeinschaftlicher Kommissar der Herzöge von Weimar und Gotha. In dieser Eigenschaft unternahm August Friedrich Carl von Ziegesar große Anstrengungen zur finanziellen und wirtschaftlichen Sanierung der Universität in Jena, um allen Tendenzen entgegenzuwirken, den Ruf dieser Universität zu ruinieren. Er stellte die Universität faktisch unter Kuratel und nahm ihr sogar die wirtschaftliche Autonomie, um zumindest die extremsten Fälle von Korruption und Mißwirtschaft durch den akademischen Provisionskollektor zu unterbinden. Ziegesar stemmte sich gegen den Ausverkauf der Universität Jena. Dieses energisch betriebene Vorgehen zum Erhalt der Universität Jena führte wie selbstverständlich zu intensiven Kontakten mit den Weimarer Ministern Goethe und Voigt. Man kannte sich aus der gemeinsamen Arbeit, aber seit 1802 weilte Goethe besonders häufig in Drackendorf – allerdings auch, um der Tochter Sylvie vornehm, väterlich, mit Grazie und aus rein poetischen Interessen den Hof zu machen.

Ziegesars konsequentes Eintreten für die wissenschaftlich-geistigen Traditionen und Werte der Jenaer Universität entsprach im Grunde den Anstrengungen des Reformpolitikers Ziegesar und führte direkt zu seinen Verdiensten um die erste Verfassung Weimars im Jahre 1809. Der Freiherr besaß nichts von einem Umstürzler an sich, auch den republikanischen Ideen der Französischen Revolution brachte er keinerlei Sympathien entgegen. Seine politischen Wünsche tendierten in die Richtung eines vorsichtig modernisierten ständischen Repräsentativsystems. Bereits in den 90-er Jahren des 18. Jahrhunderts interessierte sich Ziegesar für die als dringend notwendig empfundenen Veränderungen im überkommenen Ständewesen.

Dieses Interesse ist keine allgemeine Annahme, sondern wissenschaftlich belegbar. Der Jenaer Historiker Gerhard

Müller hat in der Universitätsbibliothek Jena ein Exemplar des Buches »Freymüthige Gedanken über die allerwichtigste Angelegenheit Deutschlands. Germanien 1794« gefunden. Das Buch, anonym herausgegeben, entstammte der Feder Franz Josias von Hendrich und befand sich im Privatbesitz August Friedrich Carls von Ziegesar. Ein Kapitel befaßte sich mit der Wiederherstellung althergebrachter ständischer Vertretungen. Hendrich gehörte wie Ziegesar dem Jenaer ernestinischen Hofgericht an und man darf davon ausgehen, daß Ziegesar den Band nicht nur oberflächlich gelesen, sondern mit dem Autor und vielleicht sogar im Kreise seiner Kollegen diskutiert hat.

Im Übrigen zwangen die geschichtlichen Ereignisse jener Jahre dazu, das Verhältnis von absolutistischer Herrschaft und ständischer Vertretung nicht nur gedanklich zu erörtern. Die Thüringer Staaten lebten seit dem Sonderfrieden von Basel im Jahre 1794 zwar in politischer Neutralität, die Politik machte jedoch keinen Bogen um Thüringen. Nachdem im Juli 1806 die in Paris unterzeichnete Rheinbundakte 16 deutsche Reichsstände unter dem Protektorat Napoleons zusammengefaßt hatte, legte Kaiser Franz II. im August des gleichen Jahres die Krone nieder: Das Heilige Römische Reich deutscher Nation existierte nicht mehr.

Im Oktober 1806 folgte die Schlacht bei Jena und Auerstedt. Kaiser Napoleon diktierte jetzt die Staatsordnungen. Aber anders als in den neuen Flächenstaaten Württemberg oder Baden, die unter der Oberaufsicht durch Napoleon mit bürokratisch-absolutistischen Methoden regiert wurden, blieb die Vielfalt der Kleinstaaten in Thüringen auch während deren Mitgliedschaft im Rheinbund seit dem Dezember 1806 bestehen. Im Unterschied zu anderen Landesfürsten machten sich Persönlichkeiten wie Carl August, Voigt oder Ziegesar darüber Gedanken, den Rheinbund nicht schlechthin als Ersatz für die alte Reichsordnung zu betrachten, sondern nach Wegen zu suchen, die alte Ständeordnung auch bei Wahrung des »monarchischen Prinzips« mit einer modernen Repräsentativkörperschaft und einer Konstitution zu verbinden.

Im September 1807 weilte der preußische Reformpolitiker Freiherr vom und zum Stein für einige Tage in Weimar. Carl August konnte mit dem durch Napoleon geächteten Mann über konstitutionellen Ideen und Leitbilder sprechen. Beide waren sich in wesentlichen Punkten einig. Die erstrebte Erneuerung der »Landschaften« – der Stände – sollte das öffentliche Bewußtsein dafür stärken, daß die Regelung von Landesangelegenheiten keine Privatsache oder subjektive Laune des Herzogs und die Landeskassen nicht dessen persönlicher Daseinsborn waren. Die neue landständische Ordnung durfte auch nicht allein vom regierenden Fürsten dekretiert, sondern sie sollte auf einem Verfassungskonvent diskutiert und erst danach im gegenseitigem Einverständnis verabschiedet und umgesetzt werden. Auf diesem Wege konnte vielleicht ein relativ bruchloser Übergang vom Ständewesen des 18. zum konstitutionellen Parlamentarismus eingeschlagen werden, der in Deutschland seinesgleichen suchen würde. August Friedrich Carl von Ziegesar nahm an den Diskussionen teil und gehörte durch seine Anregungen zu den Wegbereitern eines modernen Verfassungsstaates.

Unmittelbar nach der Reichsauflösung mahnte August Friedrich Carl von Ziegesar in einer Denkschrift an den Herzog August von Sachsen-Gotha-Altenburg eine landesherrliche Garantie für ständische Rechte und Einrichtungen an, die bislang reichsrechtlich geschützt worden waren. Der Herzog kam dem Vorschlag nach und bestätigte dem Altenburger Landtag 1807 jene Rechte der Stände – vor allem die landschaftlichen Kassen – die zuvor das Reichsrecht geschützt hatte.

In Weimar sperrte sich Herzog Carl August gegen eine ähnliche Erklärung. Er hatte mehr im Sinn und zögerte noch. Ziegesar ergriff die Initiative. Der Weimar-Jenaische Deputationstag vom Februar 1808, maßgeblich durch August Friedrich Carl von Ziegesar vorbereitet und einberufen, forderte die Garantieerklärung auf geradezu ultimative Weise: Landschaftliche Obligationen und Verbindlichkeiten sollten künftig von einer Garantie für grundsätzliche ständische Rechte abhängig gemacht werden. Von Beginn der Diskussionen an, stand somit die Einführung bürgerlicher Grundrechte in die künftige Verfassung im Kreis der behandelten Themen.

Der Deputationstag beflügelte eine Entwicklung, die Ziegesars ständischen Wünschen nur Recht sein konnte. Es ging um mehr als nur um eine landesherrliche Garantie bereits bestehender Rechte. August Friedrich Carl von Ziegesar übte einen solchen Einfluß und vielleicht sogar auch persönlichen Druck auf Herzog Carl August aus, daß dieser im April 1808 den ersten Entwurf für eine Verfassung vorlegte. Minister Voigt brachte das Projekt in eine rechtlich akzeptable Fassung. An dieser Stelle taucht erstmals auch der Name Anton von Ziegesars in einem politischen Sachzusammenhang auf. Zwar diente er nur als Bote, denn er sollte den Konstitutionsentwurf lediglich an seinen Vater nach Drackendorf weiterreichen, damit dieser eine schriftliche Stellungnahme abgeben könnte, aber es ist durchaus anzunehmen, daß Vater und Sohn Ziegesar miteinander über das Projekt gesprochen haben.

Während sich Anton im Mai 1808 auf die Reise nach Petersburg vorbereitete, arbeitete sein Vater auf Drackendorf den Konstitutionsentwurf durch und legte seinen Standpunkt in einem 10-Punkte-Programm dar. Er stimmte weitgehend mit den Vorschlägen Carl Augusts und Voigts überein, es gab jedoch auch Meinungsverschiedenheiten, die hauptsächlich dem Wunsche Ziegesars entsprangen, die verfassungsrechtlichen Verhältnisse zumindest in Sachsen-Weimar-Eisenach und in Sachsen-Gotha-Altenburg einander anzunähern. Carl August wollte in der Konstitution das bereits bestehende ständische Steuerbewilligungsrecht nicht mehr ausdrücklich bestätigen. Er zielte ferner darauf, den Status der Universität als einer ständischen Korporation abzuschaffen und die alma mater in eine Landesinstitution umzuwandeln.

Carl August wußte natürlich um den starken Einfluß August Friedrich Carl von Ziegesars in den anderen thüringischen Staaten und auf die Stände. Er wußte aber auch, daß Ziegesar leider sehr krank war und daß der Herr auf Drakkendorf außerdem in Gotha zunehmende Querelen mit dem dortigen Minister Frankenberg auszustehen hatte. Ziegesar war daher für Herzog Carl August eine in mehrfacher Hinsicht interessante Persönlichkeit. Aus diesem Grunde wollte der Herzog auch die Meinungsverschiedenheiten so schnell wie möglich ausräumen und eine für beide beteiligten Seiten akzeptable Hinwendung Ziegsars ausschließlich auf Weimar erreichen. Grob formuliert: Carl August wollte Ziegesar aus Gotha abwerben und vor den Karren des eigenen Parlaments spannen, die Autorität der eigenen Konstitution durch den allgemein anerkannten Sachverstand Ziegesars stützen und sich selbst dadurch eine dominierende Position in der thüringischen konstitutionellen Bewegung verschaffen! Wenn das dem Ausbau bürgerlicher Freiheiten diente, mag man darüber nicht allzu hart kritteln.

Vier Tage bevor Anton von Ziegesar auf die Rußlandreise hin zu den Verlockungen des nordeuropäischen Venedigs ging, fuhren Carl August und der Minister Voigt persönlich nach Drackendorf. In einem langen Gespräch erzielten sie in den umstrittenen Fragen der parlamentarischen Steuerbewilligung einen akzeptablen Kompromiß und – August Friedrich Carl von Ziegesar erhielt das handfeste Angebot, im Falle einer künftigen Verfassung die Funktion eines weimarischen Generallandschaftsdirektors – im modernen Sprachgebrauch den Status des Parlamentspräsidenten – zu übernehmen. Die herzogliche Visite in Drackendorf zeitigte eine nicht völlig überraschende durchschlagende Wirkung. Noch im selben Jahre 1808 schied der Kanzler von Ziegesar aus gothaischen herzoglichen Diensten aus. Ein Mann, ein Wort!

Bevor jedoch im Jahre 1809 die erste Weimarer Verfassung unter maßgeblicher Mitwirkung Ziegesars verabschiedet werden konnte, gingen noch aufregende Monate ins Land. Es erfolgten zahlreiche intensive Gespräche und Korrespondenzen in der Sache selbst. August Friedrich Carl reiste mit seiner Gemahlin und der Tochter Sylvie zur Kur nach Karlsbad. In Weimar und Erfurt funkelte der mondäne Fürstentag. Und, nicht zu vergessen – Anton von Ziegesar absolvierte die Reise nach Rußland. Im Interesse eines geschichtskritischen Blicks auf all diese spannenden und schillernden

Ereignisse und besonders auf die Reise Antons von Ziegesar, deren Ursachen und Folgen, ist es durchaus statthaft, an dieser Stelle den Handlungsfaden in Sachen Weimarer Verfassung ausnahmsweise zu unterbrechen und zunächst in gebotener Kürze auf die Person Antons von Ziegesar und dessen Entwicklung bis zum Jahre 1808 einzugehen.

Der Lebensweg August Friedrich Carls von Ziegesar sollte für dessen Sohn Anton richtungsweisend werden. Besitzstand, Berufswahl, politische Beziehungen und familiäre Bindungen – das alles schien in Antons Leben so recht nach dem Vorbild väterlicher Prägung geraten zu wollen. Bis zum Jahre 1808 waren bei dem jungen Mann freilich nur erste Ansätze der künftigen Evolution erkennbar. Anton von Ziegesar mußte sich noch die »Sporen« für den eigenen späteren Platz in der Gesellschaft verdienen.

Er war am 26. Juni 1783 in Gotha geboren worden. Zunächst erteilte ein Hauslehrer den Unterricht zu elementaren Wissensgebieten. Seit dem 12. Lebensjahr lernte Anton am Gymnasium Ernestinum in Gotha. Mit 17 Jahren bezog er 1800 die Universität Jena und studierte wie weiland der Vater Rechtswissenschaften. Ein Wechsel an die damals aufstrebende und der Jenaer Universität bereits den Rang ablaufende alma mater in Göttingen im Jahre 1802 verbesserte die Berufschancen, die von Vater und Sohn ganz eindeutig im staatlichen Verwaltungs- und Rechtsdienst gesehen wurden.

Gerade zu jenem Zeitpunkt, da der Vater als Herzoglicher Kommissar energische Anstrengungen zur Sanierung der Jenaer Universität unternahm, wechselte dessen Sohn an die Konkurrenz-Universität in Göttingen. Der Schritt kann in unterschiedliche Richtungen interpretiert werden. Vielleicht erkannte der Vater Ziegesar die anhaltende Schwäche der Jenaer Universität und riet dem Sohn zum Übertritt an die leistungsstärkere Göttinger Bildungseinrichtung um der Qualität der Studien willen. Vielleicht sah die Familie, daß die Anwesenheit des Sohnes für die streng zu handhabenden Aufgaben des Vaters ein psychologisches Hinderungsmoment sein konnte. Vielleicht waren die Beteiligten aber auch nur von der steten Nützlichkeit eines Hochschulwechsels überzeugt.

Wie dem auch gewesen sein mag. Anton beendete die Studien bereits 1803 mit der Promotion zum Doktor der Rechte! Er muß beachtliche Studienleistungen in einem hohen Tempo erreicht haben. Im Unterschied zu seinem Vater trug Anton von Ziegesar den Titel des Doktors der Rechte in aller Öffentlichkeit und mit persönlichem Stolz. Das ist zweifellos ein Novum für die Familiengeschichte und das traditionelle Standesbewußtsein der Ziegesars gewesen.

Herzog Carl August hatte den Eleven bereits auf dessen väterlichem Gut in Drackendorf kennengelernt und stellte ihn im Jahre 1804 – Anton zählte gerade 21 Lenze – als Regierungsassessor und Hofjunker der Herzogin Anna Amalia ein. Der Herzog traf diese Entscheidung nicht aus einer puren Laune heraus und die dramatischen Ereignisse von 1806 und 1808 lagen gleichfalls nicht in unerahnter weiter Ferne. Bei der Anstellung des Junkers hatten die engen persönlichen Beziehungen zwischen dem Vater Ziegesar und dem Weimarer Minister Voigt einen wohltuenden und fördernden Einfluß ausgeübt, denn am 20. September 1804 bedankte sich Vater Ziegesar bei Voigt für die Einstellung seines Sohnes und fügte den freundlich-diskreten Hinweis hinzu, daß man den jungen Anton ganz glücklich machen könnte, wenn man ihn dem Hofstaat des Erbprinzen zuteilen würde. Geld und Stellen waren am Weimarer Hof rar, aber man hatte mit sicherem personalpolitischem Gespür eine greifbare Chance erkannt. Der Einzug der reichen russischen Großfürstin würde zu einer allgemeinen Belebung der Aufgaben am Hofe führen – und damit auch zu einträglicheren Posten! Nicht einmal der Kanzler in Gotha war vor derartigen Kniefällen gefeit.

Seinem innigen Wunsche konnte zumindest teilweise entsprochen werden. Im Jahre 1804, in dem selben Jahre, in dem der Erbherzog Carl Friedrich die russische Großfürstin Maria Pawlowna ehelichte und beide sich in Weimar niederließen, übernahm Anton von Ziegesar – im Range eines Regierungsassessors – die Leitung der Kanzlei des Herzogtums Sachsen-Weimar-Eisenach: Ein nicht unwichtiger und vertraulicher Verwaltungsposten. Er erfüllte die Aufgaben des Kanzleivorstehers mit Umsicht und offenbar zur Zufriedenheit des Landesherrn. Außerdem: Schwere Zeiten fordern bekanntlich große Entschlüsse und überzeugende Persönlichkeiten. Nach der Schlacht von Jena und Auerstedt vertraute man dem jungen Mann die Leitung der Militärlazarettverwaltung in Jena an. Er schonte sich nicht, konnte auch mit der Besatzungsmacht umgehen und setzte Mut, Verstand und Überlegung für die leidenden Menschen und seinen Dienstherrn ein. Die Beförderung zum Kammerherrn bedeutete den verdienten Lohn für gute Taten.

Offenbar erregte er auch durch Gewissenhaftigkeit, Einsatzfreude und Fleiß weiteres Aufsehen. 1807 ordnete man ihn dem Oberhofmeister der Herzoginwitwe Anna Amalia, Herrn von Einsiedel, zur Unterstützung zu. Diese Versetzung in eine nicht unkomplizierte Vertrauensstellung mag mit dem Alter der gleichermaßen strengen wie gütigen alten Dame in Verbindung gestanden haben. Anna Amalia bestimmte den juristisch gebildeten jungen Mann zu ihrem Testamentsvollstrecker. Die Zuordnung erfolgte gerade noch rechtzeitig – Anna Amalia starb im April 1807.

Anton von Ziegesar kehrte nach Erfüllung der Pflichten des Nachlaßverwalters nicht wieder an seinen vorherigen Arbeitsplatz in die Hofkanzlei zurück. Obwohl sich die politischen Verhältnisse im Staat unter französischer Besetzung und durch die Mitgliedschaft im Rheinbund ganz natürlich verändert hatten, erlitt der aufstrebende Kammerherr keinen erkennbaren »Karriereknick«. 1807 ernannte ihn der Herzog zum Regierungsrat und attachierte ihn wie gewünscht dem Erbprinzen Carl Friedrich. In Verbindung mit der Reise nach Petersburg und bei den Vorbereitungen auf den Erfurter Fürstentag konnte Anton von Ziegesar nun auch noch internationale Erfahrungen sammeln.

In seinen persönlichen Verhältnissen und Beziehungen ging es in dieser schweren Zeit ebenfalls vorwärts. Maria Pawlowna hatte aus Petersburg einige junge Hofdamen meist baltischer Herkunft mitgebracht, die in Deutschland und Rußland erzogen worden waren. Die mit der dynastischen Ehe eingegangene höchste Verbindung zwischen Weimar und St. Petersburg erfuhr über den Dienstadel eine sehr praktische Untersetzung und schuf eine ganz arteigene neue kulturelle Linie zwischen dem Adel Thüringens und dem der baltischen Provinzen Kurland und Livland. Dieses Phänomen war für die weiteren kulturellen Beziehungen zwischen Weimar und Osteuropa von nicht unerheblicher Bedeutung.

Im konkreten Fall heiratete Anton von Ziegesar am 26. Oktober 1807 Luise von Stein, die in Regensburg und Petersburg aufgewachsen war und der Großfürstin in Weimar als Hofdame diente, nachdem sie zuvor zum Hof Anna Amalias gehört hatte. Luise war das jüngste von 16 Kindern, die aus der Ehe Dietrich Philipp Augusts von Stein-Nordheim im Grabfeld mit Susanne von der Tann hervorgingen. Auch Antons Bruder Friedrich (»Fritz«), der dem Kammerherrn sehr nahe stand und viele Jahre als Altenburgischer Oberforstmeister in Hummelshain wirkte, hatte im Jahre 1806 mit Marie von Berg ebenfalls eine baltische Adlige aus dem Hofstaat Maria Pawlownas geheiratet. (Marie starb bereits im Jahre 1821 und Friedrich von Ziegesar heiratete in dritter Ehe deren Schwester Eleonore). Die Ziegesars sind allerdings nicht die einzigen Vorreiter einer weimarisch-baltischen Kulturgemeinschaft gewesen, und es lohnte sich, diesem Thema weiter nachzugehen.

Alle sehr positiven Vorbedingungen und Entwicklungen enthielten eine eindeutige Aussage: Anton von Ziegesar stammte aus einer der ältesten Adelsfamilien Deutschlands. Der väterliche Gothaer Kanzler und einflußreiche Berater Carl Augusts, einer der Inspiratoren für eine künftige Verfassung in Weimar, bot beste Voraussetzungen für die hohe Verwaltungslaufbahn. Der junge Anton hatte im Studium und in ersten Aufgaben seine Fähigkeiten für den Staatsdienst demonstriert: Loyalität, Fleiß, Aufmerksamkeit, Disziplin und Verschwiegenheit zeichneten ihn aus. Er wußte sowohl um die Unantastbarkeit des »monarchischen Prinzips« als auch um die konstitutionellen Tendenzen in den Thüringer Kleinstaaten. Der Vater war krank und würde in absehbarer Zeit auf den aktiven Staatsdienst verzichten müssen. Die Ehe war »standesgemäß« und trug den dynastischen Intensionen des Weimarer Hofes nach einer stabilen Verbindung mit dem russischen Kaiserhause Rechnung: Während der junge Ehemann durch Europa reiste, erwartete Luise daheim ihr erstes Kind, ein Umstand, der für den Gemütszustand Antons entscheidend sein sollte. Anton von Ziegesar konnte sich auf der Reise nach Petersburg und beim Erfurter Fürstentag in klarer Erkenntnis seiner aktuellen Möglichkeiten für weitere und höhere Aufgaben empfehlen. Was wollte er mehr?

Aus diesem optimistisch stimmendem Resultat des ersten Lebensabschnittes ist zugleich die interessante Frage ableitbar, ob die Briefe an die daheim wartende Luise diesen Lebensansprüchen genügten, ihnen Rechnung trugen und vielleicht sogar Elemente enthielten, die den künftigen Mitgestalter der Weimarer Verfassung vorherahnen ließen. Wir müssen aber auch darauf vorbereitet sein: Vielleicht ist nichts von alledem in den Episteln zu finden und sie wären reine private Liebesbriefe?!

Anton von Ziegesar schreibt an die Gemahlin:

»Ach, Luise ... «

Das Resultat der Briefe kann kurz und bündig formuliert werden: Anton von Ziegesar gilt mit seinen 193 Zentimetern als ein sehr groß gewachsener Mann. Er reitet gern, liebt das Meer und ist ein guter Tänzer. Er spielt gern Karten, malträtiert die Querflöte und raucht Pfeife! Diese äußerlichen und zweifelsohne lapidaren Erscheinungen sagen zunächst wenig über den Inhalt der Reise und den Geist des Mannes selbst aus.

Die Rußlandfahrt vom Sommer 1808 besaß einen politischen Inhalt und ein politisches Ziel: Die Abstimmung zwischen den Höfen in Weimar und St. Petersburg über die Haltung auf dem kommenden Fürstentag. Die demonstrative Abreise und Abwesenheit der russischen Großfürstin von Weimar – als Affront der russischen kaiserlichen Familie gegen den Usurpator Napoleon.

Anton von Ziegesars Briefe haben diese wirklichen Inhalte und Ziele nur partiell, indirekt oder gar nicht reflektiert. Der Briefautor hat sich auch nicht über die innere Entwicklung im kleinen Weimarer Staatswesen geäußert. Aber dennoch sind die Briefe – so merkwürdig das auch klingen mag – zweifelsohne ein Politikum und auch aus diesem Grunde ein veröffentlichungswertes Dokument. Persönliche Briefe und Tagebuchaufzeichnungen können in einem sehr differenzierten Verhältnis zu der jeweiligen betreffenden Gesamtpersönlichkeit des Schreibers stehen. Sie können einen bewußten Gegenpol zu sonstigen schriftlichen Zeugnissen bilden, diese erläutern und untersetzen, verfälschende Absichten beinhalten, innerste Gedanken offenbaren, die sonst nicht wiederkehren, nüchterne Berichte über Alltagsereignisse beinhalten oder viele andere subjektive Interessen vertreten, die mitunter nur schwer zu entschlüsseln sein mögen.

Anton von Ziegesars Briefe besitzen einen in doppelter Hinsicht originalen Wert. Sie sind ein eindrucksvolles Zeugnis über den Charakter und das Wesen des Briefeschreibers selbst, über dessen Bildungsstand – und sie sind die einzige bislang überhaupt bekannte inhaltlich umfassende und aussagefähige direkte Quelle über die Reise von Weimar nach St. Petersburg im Sommer 1808. Der Briefwechsel Carl Augusts mit Maria Pawlowna aus jenen Tagen und Wochen enthält nur einzelne politische Gedanken oder Gesprächsgegenstände, die zudem zeitlich recht weit voneinander getrennt liegen. Die überkommenen finanziellen Rechnungen besitzen einen nur eingeschränkten Aussagewert über die politischen und geistigen Inhalte der Reise. Aber die Briefe Ziegesars blättern vor dem Leser ein durchaus interessantes kultur- und geistesgeschichtliches Panorama auf.

Als Carl Friedrich mit Maria Pawlowna und der kleinen Gesellschaft am 1. Juni 1808 nach Petersburg aufbrach, war Anton von Ziegesar jung verheiratet und obendrein erwartete seine Luise daheim für Mitte Juli ihr erstes Kind. Selbst der erbherzogliche Dienstherr konnte absehen, daß der gefühlvolle Ehemann und werdende Vater bis zu diesem Termin auf keinen Fall aus dem fernen Rußland zurückgekehrt sein würde. Diese sehr persönlichen Voraussetzungen drückten den Briefen Anton von Ziegesars von vornherein ihren prägenden Stempel auf. Aber sie veranlaßten ihn natürlich nicht, die einmal übertragenen Pflichten irgendwie zu vernachlässigen.

Insgesamt 19 Briefe hat Anton von Ziegesar seiner Frau Luise von dieser Reise geschrieben. Er verfaßte die Schreiben nicht in regelmäßigen Abständen. Sie trugen nur teilweise den Charakter von Tagebuchnotizen und gingen aus Herzberg, Frankfurt an der Oder, Navkel, Preußisch Mark, Memel, Pawlowsk, St. Petersburg und Peterhof auf die Reise nach Weimar. Am russischen Kaiserhof scheint der Sonnabend der »Posttag« gewesen zu sein, an dem die Kurierpost ausgehändigt wurde. Dieser Rhythmus galt für den Briefschreiber als gewisse Orientierung, die jedoch allein dadurch ins Wanken geriet, daß die Post auf unterschiedlichen Kurierwegen befördert werden mußte, so daß sowohl Anton als auch Luise die beiderseitigen Briefe nicht in der Reihenfolge erhielten, in der sie tatsächlich geschrieben worden sind. Das führte mitunter zu Mißverständnissen, ganz abgesehen von der Tatsache, daß die Schreiben jeweils mehrere Wochen unterwegs waren, ehe sie den Adressaten tatsächlich erreichten. Die russische Briefzensur konnte schließlich auch nicht pausenlos arbeiten, und auf dem langen Weg von Weimar nach St. Petersburg gab es viele Interessenten, die gerne wissen wollten, was die Thüringer einander mitzuteilen hatten: Franzosen, Preußen, Sachsen …

Die Briefe Luises an Anton sind leider nicht erhalten geblieben – zumindest sind sie nicht verfügbar. Anton hat die Mitteilungen seiner Gemahlin im Grunde selten oder nur kurz reflektiert. So wissen wir lediglich, daß Luise während dieser Trennungszeit wohl etwa zehn Briefe an ihren Mann geschickt hat, daß diese Briefe von Liebe und Sehnsucht erfüllt waren, sich in besonders starkem Maße um das werdende und dann geborene Leben rankten und mitunter auch aus der Trennung resultierende Eifersüchteleien und Verdächtigungen enthielten, auf die Anton betroffen oder rechtfertigend reagiert hat, obwohl er wirklich ein Mann ohne moralischen Fehl und Tadel war.

Überhaupt: Die Briefe Anton von Ziegesars waren in erster Linie Liebesbriefe eines jungen Mannes, die ein detailliertes Zeugnis darüber ablegen, wie schwer ihm die Erfüllung der dienstlichen Verpflichtungen ob des persönlichen Zwangszustandes gefallen ist. Wir kennen ihn und seinen Vater aus den politischen Akten und vorwiegend in Verbindung mit der konstitutionellen, parlamentarischen, juristischen und Verwaltungsarbeit. Durch die Briefe offenbart sich der persönliche Charakter, das ganz private Wesen eines Menschen, der diese Seite ansonsten sorgsam vor der Öffentlichkeit verborgen hielt – anders als die großen Dichter am Weimarer Hof, mit denen er Kontakte pflegte.

Anton von Ziegesar war ganz ohne Zweifel von einer unstillbaren Sehnsucht nach seiner Frau, den Eltern, Freunden, der Heimat und bald auch nach seinem Kinde erfüllt. Der Leser kann die Briefe in drei chronologische Etappen gruppieren: Briefe, auf dem Wege nach Rußland geschrieben; Schreiben vor dem 8. August und nach dem 8. August, jenem Tag, an dem er die Nachricht erhielt, daß am 17. Juli 1808 eine Tochter in Drackendorf geboren worden war. Die Bemühungen, gegenüber der fernen Luise die große innere Sehnsucht auszudrücken, erfüllen einen Großteil aller Briefe, und allein Stil und Sprache erhellen, in welch starkem Maße das Gefühl des Briefschreibers bewegt war, wenn er seine Seele geöffnet hat. Diese Briefpassagen sind holperig geraten, enthalten zahlreiche stilistische und grammatische Mängel. Nicht immer wird deutlich, was Anton von Ziegesar eigentlich aussagen wollte. Er neigte in diesen gefühlsbetonten Abschnitten zu sprachlichen Absonderlichkeiten und konstruierte seine eigene Gefühlswelt mit bisweilen ungelenken Worten. Man kann auch mit strengem Blick sagen, daß er nicht das individuelle sprachliche Vermögen besessen hat, seine Sehnsucht in adäquate Worte zu kleiden. Das Gefühl beherrschte ihn ganz, und er konnte es durch die Sprache weder bändigen noch ihm eine bewußt kontrollierte Richtung geben.

Das ist nicht als Vorwurf zu verstehen, sondern dient lediglich der Charakterisierung eines Mannes, der damals noch jung und relativ unfertig war, der zwischen der ätherischen Luft des Weimarer Hofes und dem harten politischen Geschäft seines Vaters heranreifte, der den »Faust« Goethes im Gepäck hatte und doch nicht so recht etwas damit anfangen konnte. Er hat diese seine Unfertigkeiten durchaus gesehen und sogar in Einzelfällen kritisch betrachtet, wenn er an besonders anspruchsvollen Punkten einhielt und im Sinne der klassischen Worte vom »weiten Feld« bekannte, daß man sich über dieses und jenes Problem künftig tiefere Gedanken machen müßte, ohne sagen zu können, in welche Richtung diese Gedanken gehen sollten.

Die vorliegende Ausgabe der Briefe verzichtet nicht auf die sehr persönlichen, mitunter hilflosen und teilweise intimen Passagen der Briefe, weil sie zur ganzen Persönlichkeit des Anton von Ziegesar gehören, seinen Charakter, seine Bildung und seine Gefühlswelt dokumentieren und überdies einen deutlichen Kontrast zu jenen Teilen der Briefe bilden, die man als Reisenotizen und Informationen über das alltägliche Leben unterwegs und am Petersburger Hof bezeichnen darf.

Die Frage, worüber Ziegesar in den Briefen an seine Frau berichtet hat, ist mit interessanten Antworten verbunden. Grundsätzlich schrieb er persönliche Briefe, in denen eigentlich keinerlei Veranlassung bestand, über irgendwelche dienstliche Probleme zu sprechen. So erfährt der Leser zwar die Namen vieler Weimarer und Petersburger Höflinge, Politiker und Diplomaten, aber niemals, welche Sachinhalte mit diesen besprochen wurden. Anton von Ziegesar hatte den Erbprinzen Carl Friedrich bei allen Besuchen, Ausfahrten, Tafeln usw. zu begleiten, vermied es jedoch, auch nur andeutungsweise über eine einzige politische Frage eine Information zu geben oder gar eine eigene Meinung zu äußern. Das hätte seinem Stand, der Funktion und auch den Lehren, die ihm der Vater über die Grundsätze des Staatsdienstes vermittelt hatte, widersprochen.

Wenn man noch einmal darüber nachdenkt, daß Maria Pawlownas Stellung am Weimarer Hof, der aktuelle Stand in den weimarisch-russischen Beziehungen und die Vorbereitungen auf den Erfurter Fürstentag die unmittelbaren Anlässe für die ganze Reise gegeben hatten, dann erstaunt es doch ein wenig, daß die Großfürstin in den Briefen Ziegesars kaum reflektiert wird und daß die Vorbereitungen auf den Erfurter Fürstentag als politische Frage überhaupt nicht erwähnt werden. Das wäre zunächst erst einmal als unkommentiertes Faktum zu registrieren, weil diese Fragen nicht zum unmittelbaren Aufgaben- und Verantwortungsbereich Anton von Ziegesars gehörten. Auch sein Vater befaßte sich in jenen Wochen primär mit den innenpolitischen Fragen der Verfassungsprojekte.

Die Vorbereitungen auf den Erfurter Fürstentag spielen in den Briefen nur insofern eine zwar indirekte, aber dennoch zwingende Rolle, als Anton bis zum Schluß keine definitiven Informationen darüber geben konnte, wann die Rückreise von Petersburg nach Weimar tatsächlich erfolgen sollte und wann die Großfürstin Maria Pawlowna nach Weimar zurückkehren werde. Über diese beiden Fragen schwirrten nur quälende Gerüchte umher. Da Carl Friedrich offizielle Aufgaben in Weimar übernehmen mußte (und nach seiner Rückkehr übernahm), erstaunt es etwas, daß diese Frage so lange derart unklar geblieben ist und daß die Rückreise des Erbherzogs mit seinem Kammerherrn erst im letzten Moment erfolgte, als der Fürstentag bereits unmittelbar bevorstand – aber sie kamen noch rechtzeitig in Weimar an. Ein plausibler sachlicher Grund ist für die späten Entscheidungen über den Termin der Rückreise nicht zu erkennen. Der ganze Vorgang kann allerdings auch ein Indiz dafür sein, wie wenig der Kammerherr von Ziegesar in die politischen Geschehnisse und Beratungen selbst seines unmittelbaren Dienstherrn einbezogen worden ist.

Wir haben weiter oben bereits gesehen, daß selbst in Paris in dieser Frage nur Vermutungen und Gerüchte durch die Luft geisterten. Es ist bei dem allgemein sehr offenen Charakter der Briefe auch als wenig wahrscheinlich anzunehmen, Anton von Ziegesars verschiedenartige Informationen und Spekulationen zum Termin der Rückreise hätten der bewußten Desinformation möglicher neugieriger Schnüffler gedient. Die Briefe erlauben nur den Schluß: Ziegesar interessierte der Termin der Rückreise nur im Hinblick auf die schnellstmögliche Heimkehr zu Weib und Kind. Der politische Hintergrund war eine Angelegenheit, die er weder zu beurteilen noch zu berücksichtigen hatte – er mußte sich in sein Schicksal fügen, so schwer ihm das auch fiel.

Neben dem verbalen Bekenntnis zu seiner übergroßen Sehnsucht nach Weib, Kind und Heimat, sowie der Abstinenz in politischen Fragen oder Anspielungen hat Anton von Ziegesar sehr flüssige und detaillierte Informationen über alle äußeren Handlungsabläufe seiner Reise vermittelt. Er schrieb auf, welche Personen er getroffen und kennengelernt hatte, welche Landschaften und Bauten er besichtigt hatte, wie das Wetter war und manchmal auch, welche Geschichten sich mit Häusern und Menschen verbanden. Auch diese Informationen und Berichte waren in politischer Hinsicht absolut unverfänglich und bar jeglicher wertenden Aussagen über das Leben in Rußland. Die Harmlosigkeit scheint auch aus einem anderen Grunde durchaus verständlich. Bereits der Außerordentliche Weimarer Minister Wilhelm von Wolzogen hatte im Jahre 1799 ganz praktisch erfahren, daß jeder Kurierbrief von Rußland in das Ausland durch die russische Seite kontrolliert und überprüft wurde. Man hütete sich also vor diskreten Informationen.

Dennoch enthalten die Schreiben natürlich eine Reihe von Hinweisen, die Prioritäten und Interessen Anton von Ziegesars erkennen lassen. Er war ein überaus religiöser Mensch, ein standhafter Protestant, der sich der Faszination orthodoxer Kirchen und Glaubensausübungen nicht entziehen konnte, wollte und mußte. Er ist ein lebendiges Beispiel dafür, daß es eigentlich gar nicht schwer fallen konnte, die zu verschiedenen Zeiten im 18. und 19. Jahrhundert nach Rußland verheirateten deutschen Prinzessinnen davon zu überzeugen, daß Protestantismus und Orthodoxie in ihren Grundlagen jenseits aller gegenseitigen Vorbehalte nicht weit voneinander entfernt stünden.

Das war natürlich eine Interpretation, die den Weimarer dynastischen Interessen diente und wenig mit christlicher Dogmatik zu tun hatte. Für Anton von Ziegesar glich jeder Kirchgang in Rußland einer gefühlvollen und rein persönlichen Offenbarung. Immer wieder beschrieb er seiner Luise die positiv-suggestive Wirkung orthodoxer Gottesdienste und namentlich der überaus beeindruckenden Kirchengesänge. Außerdem, so mag er hintersinnig gedacht haben, konnte es ja nichts schaden, der Gemahlin des eigenen Dienstherrn über die Schulter zu lugen und ein artiges Interesse für deren ureigenste Lebensformen an den Tag zu legen. Denn die Möglichkeit zum Besuch protestantischer Gottesdienste besaß Ziegesar in Petersburg auf jeden Fall. Petersburg verfügte durch die vielen deutschen Mitbürger über eine starke protestantische Gemeinde und eine gut ausgestattete evangelisch-lutherische Kirche.

Nicht weit von der Begeisterung für den Ritus der orthodoxen Kirche entfernt, dominierte bei Ziegesar die Hingabe an die Schönheiten der Architektur in den kaiserlichen Palästen von St. Petersburg, Pawlowsk, Gatschina, Peterhof und Oranienbaum. Ziegesar liebte die Gärten und Parks, unternahm stundenlange Ausfahrten, Spazierritte und Ausflüge zu Fuß oder auch im Boot, um die unvergleichlichen Schönheiten der Architektur und Landschaftsgestaltung persönlich in Augenschein zu nehmen. Kein bedeutender Bau, den er nicht eigenfüßig durchschritten, dessen Maße er nicht möglichst exakt angegeben und deren Einrichtungen er nicht beschrieben hätte! Selbst die unvergängliche Geschichte von jenem legendären Engländer, der nur nach Petersburg gekommen war, um das weltberühmte Gitter des Sommergartens anzusehen und dann wieder abzureisen, die von Alexandre Dumas in seinem Bericht über die Reise durch Rußland erzählt wurde und die noch heute berichtet wird, spielte auch schon in Anton von Ziegesars Briefen aus dem Jahre 1808 eine Rolle.

Ziegesars besondere Liebe und Hingabe galt allem, was sich mit dem Wasser und der Seefahrt verband. Ziegesar beschrieb stimmungsvolle Sonnenuntergänge an der Ostsee und am Finnischen Meerbusen. Ihn faszinierten die berühmten Wasserspiele von Peterhof. Er unternahm Bootsfahrten, so oft er nur konnte, bestieg und besichtigte Schiffe, wo immer sich die Gelegenheit dafür bot. Seine Aufmerksamkeit galt dem Stapellauf von Kriegsschiffen und der russischen Seefestung Kronstadt, im Finnischen Meerbusen vor St. Petersburg gelegen. Obwohl in der offiziellen Berichterstattung über die Reise sehr wohl ausdrücklich auf den Stapellauf von Linienschiffen und Fregatten hingewiesen worden ist, darf kaum angenommen werden, daß dieses Ereignis für Anton von Ziegesar aus militärpolitischen Gründen interessant gewesen wäre. Allzu leicht konnte damals (aber auch später immer wieder) aus dererlei speziellen Beobachtungen der Vorwurf der Militärspionage für eine fremde Macht konstruiert werden.

Nichts dergleichen im vorliegenden Falle. Ziegesar zeigte an diesem Punkt den »echten« Binnenländer, der sich von allem, was nach Wasser und Wind riecht, mit geradezu kindlicher Freude faszinieren läßt. In dieser Hinsicht kam er bei der Reise voll auf seine Kosten, und er hat jede sich ihm bietende Möglichkeit genutzt, seine Sehnsucht nach dem

Wasser, die auch ein wenig von der Sehnsucht nach Frau, Kind und Heimat in sich barg, auszukosten.

Ansonsten nahm er die Dinge, wie sie kamen und gingen. Mit wacher Beobachtungsgabe registrierte Ziegesar alle ihm als wesentlich anmutenden Erscheinungen auf dem langen Reise- und Besuchsweg. Anton von Ziegesar sah sehr wohl, daß die französische Besetzung und der Krieg auch in Ostpreußen besondere Not und ein tiefes Elend hervorgerufen hatten. Wenn er auch lediglich über den daraus in den ländlichen Herbergen erwachsenden Geldwucher schimpfte, der die eigene Reisekasse schröpfte, so nahm er die allgemeine Not doch wahr und sprach darüber mit den Reisegefährten. Die mit der zunehmenden Entfernung von Weimar wachsende Heimatliebe stand mit den sichtbaren Zeichen der Kriegsnot durchaus im Zusammenhang.

Obwohl Ziegesar gerade in diesem Punkte überaus vorsichtig und zurückhaltend formulierte und sich jeglicher direkter Anspielungen auf die Franzosenherrschaft oder die sozialpolitische Lage Preußens enthielt, bleibt unübersehbar, daß er die Begleitung der Reisegesellschaft durch das preußische Königspaar auf dem Wege von Braunsberg nach Königsberg als erstrangiges Politikum verstehen konnte. Diese königliche Ehreneskorte war schließlich nur unter den gegebenen Umständen im Jahre 1808 möglich: Friedrich Wilhelm III. benötigte Rußlands Fürsprache auf dem Erfurter Fürstentag, und Alexander I. sollte vor dem Treffen in Erfurt noch einmal mit dem preußischen König zusammentreffen. Dafür konnten Maria Pawlowna und Carl Friedrich doch wohl in Petersburg beim Kaiser und der Kaiserinwitwe Maria Fjodorowna ein nützliches und helfendes Wort einlegen?

Anton von Ziegesar fürchtete sich ein wenig vor Rußland. Er hatte schon vor der Reise hinreichende Kontakte mit Russen besessen, und die fremde Ferne schreckte ihn weniger wegen der Ferne selbst. Den Grenzübertritt in Livland zelebrierte er geradezu andachtsvoll. Es hat den Anschein, als paarte sich hier in besonderer Weise die Furcht vor dem Unbekannten mit der Grenze als Scheidelinie, hinter der –

nun erst einmal unerreichbar – die Ehefrau und die Heimat existierten. Die Grenze, das war für ihn in erster Linie der Trennungsstrich zu dem Gewohnten, Geliebten und Bekannten, das er zurückgelassen hatte, nicht wissend, wann er es wiedersehen würde. Vor dem fremden Land hatte er keine Angst. Ziegesar wollte den letzten Zipfel Heimat in Ostpreußen nicht lassen. Die unausweichliche Aussicht auf das Unbekannte machte ihn bange. Aber was blieb ihm übrig? Also beschrieb er den Johannistag in Mitau, der Hauptstadt des damals schon historischen Herzogtums Kurland. Er freute sich über die Begegnung mit der Kaiserinwitwe Maria Fjodorowna in Narwa, lobte die guten russischen Reisewege, bewunderte die russische Eskorte und staunte nicht schlecht, welche Mengen von Südfrüchten an der kaiserlichen Tafel gereicht wurden. Wie sagt der Volksmund: Der Mensch ist ein Schuft, er gewöhnt sich an alles!

Der Alltag in den russischen Schlössern von Pawlowsk, Peterhof, St. Petersburg oder Gatschina und Oranienbaum besaß obendrein einen stets wiederkehrenden Ablauf. Ausfahrten, Spaziergänge, Visiten, Besichtigungen und Begegnungen mit Diplomaten und Würdenträgern wechselten mit dem Besuch von Theateraufführungen, Gottesdiensten, offiziellen Empfängen und den aussichtslosen Versuchen, den Erbherzog Carl Friedrich das Kartenspiel zu lehren. Im Zentrum aller Aktivitäten stand die »Tafel«, vor allem die kaiserliche »Tafel«. Nach ihr richtete sich der Tagesablauf und auch das Besuchsprogramm. Im Grunde lebte Anton von Ziegesar in der russischen Hauptstadt ein gänzlich unbeschwertes Leben voller nahrhafter und anregender Freuden, dessen Ablauf ihm vorgegeben wurde und bei dem er lediglich ein außerordentlich hohes Maß an physischer Kondition aufbringen mußte. Aber daran mangelte es dem jungen kräftigen Mann nun wahrlich nicht. Wenn er auch während des Aufenthalts in Peterhof erkrankte und für wenige Tage das Bett hüten mußte, so ertrug er doch mannhaft alle Reisestrapazen, zu denen ein oftmals mehr als geringer Nachtschlaf und eine mitunter unerträgliche öde Langeweile gehörten. Mit geistiger Nahrung schien man die Gäste in der Tat nicht zu überfüttern. Ziegesar empfand das als Mangel und kompensierte diesen durch ausgezeichnete Beobachtungen in seiner gesamten Umgebung.

Zu den dienstlichen Obliegenheiten gehörte auch der Besuch diverser Wohltätigkeitseinrichtungen. Die Kaiserinwitwe stand zahlreichen dieser Institutionen vor, die aktuelle Kaiserin besaß die offizielle Schirmherrschaft über alle Fragen wohltätiger Dienste und Leistungen. Auch Maria Pawlowna setzte einen Teil ihres Vermögens für wohltätige Zwecke in Weimar und in Rußland ein. Da erscheint es nahezu selbstverständlich, daß alle Mitglieder der Reisegruppe an den entsprechenden Visiten teilhatten, schließlich galt es von den russischen Erfahrungen zu lernen. Auch Anton von Ziegesar gab sich dieser Übung mit Fleiß und Aufmerksamkeit hin. Einige Jahre später sollte er dazu auserkoren werden, Maria Pawlowna als Berater im wohltätigen »Patriotischen Institut der Frauenvereine« zu assistieren. In Petersburg erhielt er den dafür notwendigen praktischen Anschauungsunterricht. Er lernte seine Lektionen mit Fleiß, Andacht und dem stets gebotenen Respekt vor der Autorität seiner Dienstherrn.

In diesem Zusammenhang fällt auf, daß Ziegesar, wenn er von der Kaiserin sprach, in nahezu jedem Falle die Kaiserinwitwe Maria Fjodorowna meinte. Das lag zum einen in der Natur des als privat geltenden Besuches. Andererseits waren die Bindungen Maria Pawlownas an ihre leibliche Mutter wesentlich enger als an die aus Baden angeheiratete Schwägerin Elisabeth. Die geringe Öffentlichkeitswirksamkeit der regierenden Kaiserin resultierte jedoch aus deren labilem Gesundheitszustand und aus der Tatsache, daß sich die Ehe zwischen Alexander I. und Elisabeth in einer permanenten Krise befand. Selbstverständlich vermied es Anton von Ziegesar, auch nur mit einer einzigen Silbe auf entsprechende Beobachtungen einzugehen.

Er war viel zu glücklich, über eine eigene intakte Familie zu verfügen. Seine Briefe nach dem 8. August, jenem für ihn entscheidenden Datum, an dem er von der Geburt der Tochter erfahren hatte, atmeten eigentlich nur noch den Drang, so schnell wie nur irgend möglich in die Arme seiner Frau und in den Schoß der Familie zurückzukehren. Bei all seinem diesbezüglichen Eifer fällt auf, daß er neben den vielen guten und verliebten Worten für Luise und das neugeborene Kind auf das Verhältnis zu den Eltern und den Geschwistern relativ wenig eingegangen ist. Gewiß, in kaum einem Brief vergaß er die Mahnung, den »lieben Eltern die Hände zu küssen« und sein herzliches Gedenken galt vor allem immer wieder dem hilfreichen Bruder »Fritz« in Hummelshain, dem er so viel zu erzählen haben würde – nach der Rückkehr aus dem fernen Rußland.

Dabei hätte es in jenen Wochen zahlreiche Berührungspunkte gegeben, die den Gedankenaustausch wert gewesen wären. Da existierten die Aktivitäten des Vaters in den drängenden Angelegenheiten der sächsischer Landespolitik und der geplanten Weimarer Konstitution, in die ja auch Anton ganz offensichtlich langsam hineinwuchs. Da gab es die Vorbereitungen auf den Fürstentag in Weimar und Erfurt, die sicherlich auch den Vater berührten. Und da erfolgte zudem noch die Reise der Eltern nach Karlsbad, gemeinsam mit Antons Schwester Sylvie, die sich seit Jahren der intensiven Aufmerksamkeit Goethes erfreute. Diese Reise nach Karlsbad sollte sogar den Höhepunkt in den Beziehungen zwischen Goethe und Sylvie von Ziegesar mit sich bringen. Darüber ist nun doch ein erklärenden Wort am Platze.

Anton von Ziegesar hatte insgesamt sechs Geschwister. Über Friederike Amalie Charlotte Ernestine Auguste, geboren in Gotha am 13. Dezember 1769 und gestorben in Karlsbad am 23. August 1825 wurde er mit den Familien von Scheliha und von Seebach verschwägert. Der Bruder Ernst Carl, geboren am 9. März 1771 in Gotha, gestorben am 28. Dezember 1796 in Paramaribo, war nach Südamerika ausgewandert und hatte von dort einmal einen ausführlichen Bittbrief an Goethe geschrieben. Die Schwester Luise Juliane Cäcilie, geboren am 19. September 1773, gestorben am 12. September 1831 in Großneuhausen, wurde in die Familie der Freiherrn von Werthern verheiratet. Die Schwester Charlotte Luise Auguste, geboren am 12. Juni 1775 in Gotha, gestorben am 8. November 1837 in Gotha, stellte die Verbindung zur Familie von Wangenheim-Winterstein her.

Besonders nahe standen Anton, folgt man allein den Briefen aus dem Jahre 1808, der Bruder Friedrich, geboren am 15. November 1779 in Gotha, gestorben am 30. Oktober 1832 in Hummelshain, und die Schwester Agnes Sylvia (Sylvie) Dorothea, geboren am 21. Juni 1785 in Gotha, gestorben am 13. Februar 1858 in Großneuhausen.

Weimars dichtender Minister Goethe hatte die Familie Ziegesar zum ersten Mal bereits im September 1776 in Drackendorf besucht. Goethe empfand die familiäre und landschaftliche Atmosphäre auf dem abseits gelegenen Gut als so reizvoll, daß dort er immer wieder und voller innerer Freude einkehrte. Die vielseitigen politischen Aktivitäten August Friedrich Carls von Ziegesar, namentlich in Verbindung mit der Jenaer Universität, besaßen für Goethe offensichtlich keine geringe Bedeutung.

Er sah die Kinder Ziegesars heranwachsen, und Sylvie erschien ihm, als sie 18 Jahre alt geworden war, in »liebliche[r], schlanke[r] Gestalt.« Goethe widmete seiner »liebsten Freundin« das Gedicht »Das Bergschloß«, das er »an Sylvies Nähtisch im großen durchsonnten Eckzimmer« des Drackendorfer Gutshauses schrieb. Der alternde Dichter und das junge frische Mädchen schmiedeten gemeinsam Pläne für die weitere Ausgestaltung des Drackendorfer Parks. Drei Jahre später, in jenem Jahr, in dem Goethe nach der Schlacht von Jena und Auerstedt Christiane Vulpius heiratete, richtete er direkt ein Gedicht »An Sylvie«. Im Jahre 1807 folgte das »Freundliche Begegnen«. Dazwischen lag die Flucht der Ziegesars aus Drackendorf: Am 11. Oktober 1806, an dem selben Tag, an dem die herzogliche Familie vor den heranrückenden französischen Truppen aus Weimar in Richtung Norden floh, reisten auch die Ziegesars überhastet ab. Bis zum Jahresende hielten sie sich auf dem niederschlesischen Gut der Schelihas auf und kehrten dann über Böhmen nach Hause zurück. Goethe blieb in den Schreckenstagen mehr oder weniger standhaft in Weimar zurück.

Im Mai 1808 fuhr Goethe aus dem unwirtlich gewordenen Weimar nach Karlsbad, in den geliebten böhmischen Kurort, dem traditionellen Treffpunkt gekrönter Häupter Europas.

Anton von Ziegesar, dem die Annäherung Goethes an Sylvie und deren schwärmerisch-geschmeichelte Zuneigung zu dem großen Dichter kaum entgangen sein dürfte, reiste am 1. Juni in Richtung Petersburg ab. Acht Tage später fuhr August Friedrich Carl von Ziegesar mit Frau und Tochter nach Karlsbad. Dort entwickelten sich die Beziehungen zwischen Goethe und Sylvie besonders eng – so berichtet die Goetheliteratur – aber stets unter den Augen ihrer wachsamen Eltern, denen Goethe seit Jahr und Tag vertraut war. Der »alte« Ziegesar schien zu diesem Zeitpunkt bereits sehr krank, Sylvie pflegte ihn. Die Ärzte rieten den Ziegesars zu einem Wechsel in das nahe Franzensbad. Am 1. Juli zog die Familie um – Goethe besuchte sie und mietete sich bei den kurzen Visiten im selben Hause wie die Familie Ziegesar ein. Gewiß gab es in dem beiderseitigen Verhältnis Goethes und Sylvies auch schwärmerische Momente. Im selben Jahre 1808 erschienen Goethes »Wahlverwandtschaften«. Sylvie von Ziegesar fand darin ebenso ihren Platz wie Charlotte von Stein, Christiane Vulpius oder Minchen Herzlieb, die Pflegetochter des Jenaer Buchhändlers Frommann. Wenn Goethe Sylvie »sein süßes Kind« oder »Äugelchen« nannte, war das noch lange kein Beleg für etwaige unschickliche Annäherungen.

Zahlreiche Dokumente und Notizen aus jenen Tagen und Wochen vermitteln Hinweise auf den wahren Charakter der Beziehungen Goethes zu Sylvie von Ziegesar. Goethe besuchte deren Familie durchaus nicht sofort in Franzensbad. Am 8. Juli schickte er Zucker, Schokolade und Oblaten, wollte aber noch nicht selbst kommen, da die Ziegesars von zahlreichen Freunden umgeben waren. Am 22. Juli kehrte er von einem Besuch bereits wieder nach Karlsbad zurück und empfahl sich in einem Brief an Sylvie »aufs allerschönste ihren verehrten Eltern und ihrer ganzen Umgebung.« In einem ausführlichen Brief vom 3. August erweckte Goethe den Eindruck, daß Sylvie ihm vor allem in Verbindung mit dem ihr heimatlichen Drackendorf eine Inspiration bedeutete. Zwei Tage später folgte ein weiterer Brief Goethes, der eher sachlichen Bericht erstattete als schwärmerische Zuneigung verhieß.

Die folgenden Wochen und Monate ließen in der Verbindung zwischen Goethe und Sylvie mehr und mehr Elemente einer vertrauten und offenen Freundschaft wachsen. Den entscheidenden Grund könnte man sehr wohl in den allgemeinen Sorgen der Zeit und in den damit verbundenen Aufgaben Goethes im eigenen Haus und Hof wie im Lande insgesamt sehen. Es verbietet sich zwar jeglicher systematische oder gar typologische Vergleich zwischen den Briefen Antons von Ziegesar an Luise und den Schreiben Goethes an Sylvie, aber die Tatsache ist unübersehbar, daß Goethes Notizen wesentlich ausführlicher von den politischen Vorgängen der Zeit sprachen als dies Antons Zeilen vermochten: »Ich hoffe Sie denken noch manchmal an Napoleons Unterredung [während der Begegnungen in Weimar anläßlich des Fürstentages – Anm. des Autors], an die Abfahrt des Königs v. Sachsen und an soviel Sterne und Lichter.«, schrieb Goethe am 12. Oktober 1808.

Sylvie dürfte vor allem durch die Krankheit ihrer beider Eltern sehr belastet worden sein. Anfang Januar 1809 räumten die Ärzte (u.a. Stark, wie Voigt in einem Brief an Frankenberg vom 4. Januar 1809 berichtete) der Frau von Ziegesar bereits nur noch wenig Lebenszeit ein. Am 24. März 1809 starb Sylvias und Antons Mutter. Ein Brief Goethes aus diesem Anlaß ist nicht bekannt. Aber als August Friedrich Carl von Ziegesar am 19. Dezember 1813 auf der Freitreppe des Weimarer Schlosses vom Schlag getroffen wurde und kurz darauf starb, schrieb Goethe am nächsten Tag an Sylvie: »Wie sehr mich der unerwartete traurige Fall erschreckt hat, und nunmehr in Hundert Betrachtungen schmerzt darf ich nicht sagen. Eine Zeile von Ihrer Hand, liebste Freundinn, wird mich trösten, wenn sie mir versichert, daß sie diesem harten Schlag nicht unterliegen.«

Damals zählte der Jenaer Theologieprofessor Friedrich August Köthe längst zu den ständigen Gästen in Drackendorf. Er besaß zu Vater und Tochter Ziegesar ein ausgezeichnetes Verhältnis und jeder Eingeweihte war sich über die künftige Verbindung zwischen Sylvie und Köthe klar. Der Tod des Vater besaß zwar eine aufschiebende Wirkung, aber im Juni 1814 heiratete Sylvie den Theologen. Wilhelm von

Kügelgen hat in den »Jugenderinnerungen eines alten Mannes« die Hochzeit Sylvies auf Drackendorf ausführlich und lebendig beschrieben. Goethe erscheint in diesen Erinnerungen nicht.

Friedrich August Köthe hat im Jahre 1822 einen umfangreichen Abriß über das Leben seines Schwiegervaters August Friedrich Carl von Ziegesar vorgelegt. Er geht darin auf die Beziehungen Sylvies zu Goethe nicht direkt ein, beschreibt aber, welche große Wirkung die Dichtung Goethes auf den »alten« Ziegesar ausgeübt hat. Allerdings, der biographische Aufsatz Köthes erscheint in mancher Passage hintersinnig und vielleicht sogar doppeldeutig. Ziegesar hatte Goethe bei vielen Gelegenheiten über Jahre hinweg getroffen und gesprochen. Aber Köthe erinnerte ausschließlich an die im Sommer 1808 in Karlsbad verlebten Wochen. Und er schilderte in aller Ausführlichkeit, wie August Friedrich Carl von Ziegesar den konsequenten Kampf gegen Korruption, Mißwirtschaft und Denunziantentum an der Jenaer Universität geführt hatte – einer Einrichtung, für die sich Goethe in besonderer Weise verantwortlich fühlte. Nein, Anton von Ziegesar mußte sich in Petersburg überhaupt keine Sorgen um die Ehre seiner kleinen Schwester Sylvie machen. Der Herr Geheimrat mag verzückt gewesen sein und seiner liebsten Freundin auch ein literarisches Denkmal gesetzt haben. Aber Sylvie ist damals offensichtlich bereits eine durch den realistischen Vater positiv beeinflußte praktische Frau gewesen, die durch die tätige Sorge um die Gesundheit der Eltern vor allerlei Flausen bewahrt worden ist.

Überdies war die Beziehung Goethes zu Sylvie von Ziegesar im Jahre 1808 im Verhältnis zu jenen Ereignissen, die den Weimarer Staat ebenso wie ganz Deutschland und Europa berührten und erschütterten nur eine rein persönliche Episode. Die Wallungen der Zeit fanden im Verhalten der Großfürstin von Rußland einen erheblich gewichtigeren Ausdruck. Maria Pawlowna fuhr nicht – wie in den Briefen Anton von Ziegesars immer wieder angedeutet – im Oktober 1808 nach Weimar zurück, sondern sie blieb bis weit in das Jahr 1809 hinein in St. Petersburg, sehr zum Leidwesen

Carl Augusts, der sie in dieser politisch schwierigen Situation gern an seiner Seite gesehen hätte.

So nahm Anton von Ziegesar an einer Reise in hochpolitischer Zeit teil, ohne davon in seinen Briefen etwas zu artikulieren. Er konnte und mußte sich in den Notizen für Luise vollkommen auf seine persönlichen Wünsche, Sehnsüchte und Hoffnungen konzentrieren. Dennoch war er in ein politisches Spiel eingebunden, dem er sich weder entziehen wollte noch durfte. Die Reise war aus politischen Gründen angetreten worden, und er kehrte aus einem politischen Anlaß nach Weimar zurück: Der Fürstentag von Erfurt stand vor den Toren. Anton von Ziegesar war auch als junger aufstrebender Mensch in die Staatspolitik eingebunden: durch den Vater, durch seine eigene Dienststellung und durch die Wünsche, die er hinsichtlich seiner weiteren Entwicklung selbst hegte.

Der Erfurter Fürstentag, Weimar und St. Petersburg bis zum Sommer 1809

Erbherzog Carl Friedrich und Anton von Ziegesar kehrten wenige Tage vor dem Beginn des Erfurter Fürstentages nach Weimar zurück. In Petersburg hatten sie sicherlich auch etwas von den innerfamiliären Auseinandersetzungen der Romanows über deren umstrittene Haltung zu Napoleon erfahren, obwohl Carl Friedrich und Maria Pawlowna – folgt man den Briefen Antons von Ziegesar – in verschiedenen Palästen der russischen Hauptstadt unabhängig voneinander ein relatives Eigenleben führten. Zumindest Maria Pawlowna wußte durch ihre Mutter, daß Alexander I. bis zum letzten Tage vor seiner Abreise nach Erfurt um die Anerkennung seiner eigenen Position kämpfen mußte. Die Tatsache, daß die Erbherzogin nicht nach Weimar zurückkehrte, war in erster Linie eine Folge aus der Ablehnung, die Maria Fjodorowna und ein Großteil des kaiserlichen Hofes Napoleon entgegenbrachten.

Alexander I. war jedoch kein Träumer, der dem Phantom Napoleon blind nachjagte. Er reiste durchaus als Realist nach Erfurt und Weimar. Ruhig und zielbewußt entgegnete er seinen Kritikern: Rußland »braucht eine gewisse Zeit, um frei atmen zu können, damit es in dieser Atempause seine Mittel und Kräfte sammeln kann. Wir sind gezwungen, in tiefster Stille zu arbeiten und keiner darf von unseren Rüstungen und Vorbereitungen wissen. Auch derjenige, den wir herauszufordern gedenken, darf öffentlich und laut nicht angegriffen werden ... Wenn es der Wille Gottes sein wird, können wir in aller Ruhe seinen Sturz abwarten ... Die Weisheit der Politik liegt im Abwarten, um dann im geeigneten Augenblick zu handeln.« Er überzeugte mit diesen Argumenten seine Widersacher zwar nicht, ließ sich jedoch auch nicht von seinem Tun abhalten. Das offizielle Rußland blickte mit kritischer Distanz auf seinen Kaiser, der noch im vorausgegangenen Jahr überschwenglich für Napoleon geschwärmt hatte und obendrein der Kontinentalsperre beigetreten war. Viele Russen betrachteten diesen Schritt nicht nur als überflüssig, sondern als schädlich für die Wirtschaft des eigenen Landes.

Auf der Reise nach Erfurt besuchte Alexander Preußens König Friedrich Wilhelm III. und Königin Louise in Königsberg. Friedrich Wilhelm wiederholte die bereits bekannten Klagen und Wünsche, der russische Kaiser möge sich doch für die Verbesserung der Lage in Preußen einsetzen. Die französischen Truppen sollten Berlin so schnell wie möglich räumen. Alexander weckte wie so oft vage Hoffnungen, konkrete Zusagen gab er nicht. Wesentlich tiefer beeindruckte ihn die Begegnung mit dem Freiherrn vom und zum Stein, der aus seinem Besuch im Herbst 1807 gut über die inneren Verhältnisse in Weimar informiert war und auch die konstitutionellen Absichten Carl Augusts kannte. Carl August und vom Stein stimmten darin überein, daß aus der Niederlage von Jena und Auerstedt eine auf Reformen basierende nationale Erneuerung der deutschen Staaten folgen mußte. Der Reichsfreiherr nahm in Königsberg kein Blatt vor den Mund. Trotz des Tilsiter Abkommens forderte er Kaiser Alexander auf, gemeinsam mit Preußen und Österreich einen neuen Krieg gegen Frankreich zu eröffnen. Alexander hüllte sich auch in diesem Falle in ein vieldeutiges Schweigen. Ihm stand vorerst noch der Sinn nach einer gütlichen Einigung mit Napoleon. Das eigene Land hatte zwischen 1805 und 1807 zu schwere Niederlagen hinnehmen müssen, als daß es den Konflikt mit Frankreich suchen konnte.

Das Programm für den Erfurter Fürstentag sah vor, den Weimarer Hof in die Festlichkeiten und Vergnügungen einzubeziehen. Auch das war ein Grund für die Abwesenheit Maria Pawlownas. Herzog Carl August hatte nach dem Frieden von Tilsit weiterhin versucht, seine Abneigung gegen die französische Besetzung mit den militärpolitischen Realitäten in Übereinstimmung zu bringen. Im zweiten Halbjahr 1807 war eine Weimarische Gesandtschaft in Paris eingerichtet worden. Die Mission hatte keine positiven Ergebnisse zur Erleichterung der Lage in Thüringen bewirkt. Wilhelm von Wolzogen blieb bis April 1808 als »Bevollmächtigter Minister« in Paris, ohne irgendwelche signifikanten Änderungen für Weimar zu erreichen – abgesehen von der merkwürdig anmutenden Geste, daß Napoleon die Patenschaft für Maria Pawlownas kleine Tochter Maria übernahm! Aber auch dadurch ließ sich die Erbherzogin nicht zur Rückreise nach Weimar bewegen. Sie wußte, daß der Weimarer Hof, ihr Gatte Carl Friedrich und besonders Carl August als Mitglied des Rheinbundes nicht umhin kamen, der Pflicht Genüge zu tun.

Die Konflikte rissen nicht ab: Sachsen-Weimar-Eisenach mußte sich den militärpolitischen Realitäten unterwerfen, nutzte die politischen Freiräume zur Reformierung der inneren staatsrechtlichen Strukturen und trug damit objektiv einer künftigen deutschen Nationalentwicklung Rechnung. Zudem schwebte das Damoklesschwert eines direkten Krieges zwischen Frankreich und Rußland über dem kleinen Land. In einer solchen Konfrontation wäre Weimar vertraglich mit Frankreich und dynastisch mit Rußland verbunden. Was sollte der mutige Herzog Carl August tun? Er konnte nur versuchen, den politischen Realitäten Rechnung zu tragen und das beste für sein Land herauszuholen. Man mußte auf bessere Zeiten warten und das Ungemach aussitzen. Aus dieser etwas schmalbrüstigen Kombination geringer Spielräume resultierten denn auch die zeitgleichen Bemühungen um Verfassung und Parlament, die aufgedrängte Rolle als guter Gastgeber beim Fürstentag und die von Napoleon sehr wohl verstandene Abwesenheit Maria Pawlownas. Diese politisch-taktischen Gedanken und Schritte des herzoglichen Hofs in Weimar entsprachen natürlich nicht in jedem Fall den Zielen, die sich Marias Bruder Alexander I. für Erfurt gestellt hatte, zumal er für sein Land ganz andere Prioritäten setzen mußte.

Am 21. September 1808 informierte Carl August die Schwiegertochter in Petersburg, daß der preußische König ihm eine Denkschrift übermittelt habe, die er, Carl August, an Alexander I. weiterleiten sollte. Es handelte sich dabei offensichtlich um eine Bekräftigung der bereits in Königsberg formulierten preußischen Wünsche. Der Weimarer Herzog verhielt sich damals in der Öffentlichkeit gegenüber der Politik Alexanders I. aus guten Gründen zurückhaltend. Aber die Denkschrift des auf dem Erfurter Fürstentag nicht erwünschten preußischen Königs leitete er sehr bald weiter.

Eine Woche später, am 27. September 1808, trafen Napoleon und Alexander einander zwischen Weimar und Erfurt bei dem Dorf Mönchenholzhausen. Sie ritten gemeinsam nach Erfurt zurück. Die folgenden Tage verliefen scheinbar in der gleichen Harmonie wie jene von Tilsit. In Erfurt schien der Rahmen sogar noch glänzender und prächtiger. Napoleon schwamm im Glück. Er merkte nicht einmal, wie konzentriert und überlegt Alexander agierte. Aus Weimar schrieb der an die Schwester Katharina: »Napoleon hält mich für einen Narren, aber derjenige, der zuletzt lacht, lacht am besten.« Napoleon erwachte erst, als er erkennen mußte, daß sich Alexander einer gemeinsamen Militäraktion gegen Österreich widersetzen würde. Er reagierte laut und unbeherrscht, aber der russische Kaiser blieb gelassen: »Sie sind zu hitzig und ich bin starrköpfig. Bei mir richtet man mit Wut nichts aus. Es ist besser, wenn wir uns unterhalten und die Sache besprechen – andernfalls werde ich abreisen.«

Alexander nutzte auch die Konflikte zwischen Napoleon und dessen ehemaligem Außenminister Talleyrand, der nicht an einer Zerstörung Österreichs interessiert war und schamlos gegen seinen eigenen Kaiser intrigierte. Dabei goß er Öl auf das Feuer des europäischen Sendungsbewußtseins Alexanders und stärkte dessen Position.

Es war unter dieser Voraussetzung nicht verwunderlich, daß der am 12. Oktober 1808 in Erfurt vereinbarte russisch-französische Geheimvertrag keinen einzigen Paragraphen enthielt, der zu den großen europäischen Problemen konkrete Maßnahmen festgeschrieben hätte. Weder gegenüber England, noch bezüglich Österreichs oder der Türkei. Von einem gemeinsamen Marsch nach Asien, mit dem Napoleon seinen kaiserlichen Bruder von der Newa noch vor Monaten gelockt hatte, war keine Rede mehr. Die russische Unterstützung für das spanische Abenteuer Napoleons hielt sich in deutlichen Grenzen. Der Leidtragende war auch in Erfurt wieder einmal Preußen: Die französischen Garnisonen blieben bestehen. So geriet die glänzende Machtdemonstration, die sich Napoleon von dem Erfurter Fürstentag versprochen hatte, vielleicht im äußeren Ritual. Substantiell blieb das Ergebnis eher unkonkret, und daran hatte Rußland den entscheidenden Anteil.

Napoleon wollte in Erfurt mit Alexander keine abstrakten verbalen europäischen Visionen austauschen. Er dachte und handelte viel konkreter. Nach dem Feldzug französischer Truppen auf die Iberische Halbinsel brachen im Jahre 1808 in Spanien und Portugal von England unterstützte nationale Aufstände aus. Die sieggewohnten französischen Armeen gerieten in arge Bedrängnis. Preußen und Österreich schöpften neue Hoffnungen auf die eigene Befreiung. Kaiser Napoleon benötigte dringend Hilfe und Unterstützung bei der Niederschlagung der Erhebungen in Spanien und Portugal, und er mußte Sorge tragen, daß die zentraleuropäischen Völker nicht die Gunst der Stunde für die eigene Unabhängigkeit nutzten. Nur Rußland kam für Napoleon als Bundesgenosse in Frage. Aber Rußland verfolgte eigene Interessen in Finnland, auf dem Balkan und in Zentraleuropa. Alexander I. konnte es auf Grund der Stimmung in der Heimat nicht riskieren, sich auf ein militärisches Abenteuer im Mittelmeer und am fernen Atlantik einzulassen. Napoleon erreichte sein Ziel nicht. Er fand bei Rußland keine wirksame Unterstützung für den Krieg in Spanien und konnte in diesem Augenblick auch die Dinge in Mitteleuropa nicht zuspitzen. Vielleicht lag darin auch der Grund für die Tatsache, daß die Monarchen Preußens und Österreichs zwar nicht am Erfurter Treffen teilnahmen, deren Abgesandte aber mit höchsten Ehren umworben wurden.

Napoleon mußte gegenüber Alexander auch aus einem sehr persönlichen Grunde vorsichtig operieren. Seit längerer Zeit trug er sich mit dem Gedanken einer Trennung von Kaiserin Josephine. Der erhoffte Thronfolger blieb noch immer aus, und bei der Suche nach einer neuen und fruchtbaren Partnerin geriet auch Alexanders Schwester Katharina in das Feld möglicher Heiratskandidatinnen. Die Frage hatte schon in Tilsit eine Rolle gespielt. Aber in diesem Falle stand Alexander mit seiner Mutter Maria Fjodorowna und der ganzen Familie in einer geschlossenen Front: Eine Romanow kam als Gemahlin für einen Bonaparte auf gar keinen Fall in Frage. Alexander reagierte denn auch ablehnend. In einem abschließenden Gespräch mit Napoleon sagte er ganz allgemein, der Kaiser der Franzosen werde sein Lebenswerk sicherlich noch mit einer neuen Ehe und der Begründung einer Dynastie krönen. Katharinas Name fiel nicht einmal. Um allen weiteren Nachfragen aus dem Wege zu gehen, teilte der Petersburger Hof bald nach dem Erfurter Treffen offiziell mit, Katharina werde in absehbarer Zeit den Prinzen von Holstein-Oldenburg heiraten. Maria Pawlowna blieb das Schicksal einer Schwägerin Kaiser Napoleons erspart.

Am 14. Oktober, dem zweiten Jahrestag der Schlacht von Jena und Auerstedt, fuhren die beiden Kaiser wieder nach Mönchenholzhausen. Äußerlich schien die Stimmung gut, und man ging freundlich miteinander um. Innerlich wußten beide Monarchen, die kurze Zeit des französisch-russischen Frühlings, da man gemeinsam eine europäische Neuordnung entwerfen wollte, ging schneller als erwartet dem Ende entgegen. Tatsächlich sahen die beiden Majestäten einander niemals wieder, hatten dafür in den folgenden Jahren aber noch viel miteinander zu tun. Für das Herzogtum Sachsen-Weimar-Eisenach und auch für Maria Pawlowna zogen neue dunkle Wolken herauf.

Der Fürstentag hatte die ganze Region zwischen Erfurt, Jena und Apolda in sein faszinierendes Spektakel einbezogen, und die Bewohner des Herzogtums durften Zeugen eines historischen Ereignisses werden. Carl Friedrich war in größter Eile aus Petersburg angereist und hatte alle seitens des Hofs notwendigen Vorkehrungen für den in Aussicht stehenden hohen Besuch getroffen. Er empfing am 24. September im Weimarer Residenzschloß gemeinsam mit der Herzogin Louise seinen Schwager, den russischen Großfürsten Konstantin. Carl August reiste nach Eisenach und begrüßte Napoleon. Unterdessen hatte man Wilhelm von Wolzogen und Anton von Ziegesar dem Kaiser Alexander nach Leipzig entgegengesandt. Als der russische Kaiser am 25. September abends in Weimar eintraf, bereiteten ihm der gesamte Hof, zahlreiche fürstliche Gäste und die Bevölkerung den üblichen und erwarteten jubelnden Empfang. In der Begleitung Alexanders befanden sich nicht nur der Außenminister Golizyn, sondern auch Mitglieder der berühmten aristokratischen Familien Tolstoi, Gagarin, Trubetzkoi oder Wolkonski – hohe Würdenträger des Russischen Reichs.

Neben dem engen Freund und Ratgeber des Kaisers, General Araktschejew, gehörte auch ein Mann zur Suite, der zu den bemerkenswertesten Persönlichkeiten der russischen Geschichte des 19. Jahrhunderts zählte: Michail Speranski.

Er besaß bereits damals als Administrator und Reformer der Staatsverwaltung einen geachteten – in der Sache selbst nicht unumstrittenen – Namen. Sein Vater ist ein niederer Geistlicher gewesen. Michail Speranski stieg dank seiner überragenden persönlichen und staatsmännischen Fähigkeiten bis in die höchsten Ränge des Dienstadels auf. Sein Leben blieb stets von Höhen und Tiefen begleitet. Er darf mit Fug und Recht als ein Vorreiter russischer rechtsstaatlicher Ordnung gelten. Beim Erfurter Fürstentag erregte er dank seiner Klugheit, Umsicht und Gelassenheit selbst die Aufmerksamkeit Napoleons.

Leider ist aus den bekannten Dokumenten nicht ersichtlich, ob sich Speranski für das damalige Konstitutionsprojekt in Weimar interessiert hat, ob er vielleicht sogar den Entwurf Carl Augusts vom April 1808 zu Gesicht bekommen hat. Aus sachlichen Gründen hätte das durchaus interessant sein können, denn Speranski befaßte sich seit dem Beginn des 19. Jahrhunderts mit der Frage, ob und in welcher Form konstitutionelle Varianten in Rußland möglich sein könnten. Er vertrat die Ansicht, daß es die Traditionen und das Wesen der russische Autokratie nur erlaubten, Repräsentativkörperschaften ohne jegliche Beschränkung der Prärogative des Monarchen zu erwägen. Ständische Traditionen, die mit denen Deutschlands vergleichbar gewesen wären, gab es in Rußland ohnehin nicht. Grundsätzlich sah Speranski im westlichen parlamentarischen System – namentlich in dem Englands – Vorteile für die Willensbildung in der Gesellschaft.

Speranskis entscheidende Jahre reformerischer Tätigkeit lagen zwischen 1808 und 1812. Wenn man bedenkt, daß er sich für verstärkte Rechte gewählter Vertreter der Kaufmannschaft bei der Regelung der Staatsfinanzen einsetzte, wird deutlich, daß dieser russische Reformer seine Überlegungen und Entwürfe auf dem Wege zu mehr Rechtssicherheit innerhalb einer verfaßten russischen Gesellschaft in der gleichen Zeit ausgearbeitet hat, in der sich die preußische Reformbewegung entwickelte und in der auch die Thüringer Staaten erste Schritte im Frühkonstitutionalismus gegangen sind. Daß Speranski kurz darauf in Ungnade fiel, in die Verbannung geschickt wurde, man ihn später zurückholte und er die bis dahin umfangreichste Kodifizierung des russischen Rechts schuf, lag an den subjektiven Eigenarten russischen autokratischen Herrschaftsverständnisses – nicht am Reformwillen Speranskis selbst.

Bei der allgemeinen jubelvollen Begrüßungszeremonie im Weimar des September 1808 versäumte es Carl Friedrich nicht, dem kaiserlichen Schwager die kleine Tochter Maria zu präsentieren – Alexander I. war schließlich der Onkel des Mädchens. Abends gab es ein festliches Essen im Schloß. Am folgenden Tag ritten Carl Friedrich und Alexander zum Schloß Belvedere und Carl Friedrich zeigte voller Stolz, welche Veränderungen seine Gemahlin bereits in der kurzen Zeit zur Verschönerung der Anlagen eingeleitet hatte. Man demonstrierte in der Öffentlichkeit die engen Familienbande zwischen Weimar und St. Petersburg.

Am 27. September folgte das Treffen der beiden Monarchen bei Mönchenholzhausen, und alle Aufmerksamkeit richtete sich zunächst auf den Ablauf des Kongresses in Erfurt. Die Stadt verwandelte sich für einige Tage in den politischen Mittelpunkt Europas. Ein Chronist hielt die feinsten Details der damit verbundenen gesellschaftlichen und öffentlichen Höhepunkte fest. Er versäumte nicht, ganz neutral und objektiv mitzuteilen, daß sowohl der österreichische Feldmarschall Baron von Wicent, als auch der preußische Prinz Wilhelm den Kaisern die herzlichsten Grüße ihrer Monarchen überbrachten. Die Kaiser luden beide Vertreter der geschmähten Souveräne mit nicht minderer Herzlichkeit zum gemeinsamen Essen ein!

Am 6. Oktober 1808 folgten die Fürsten einer Einladung Carl Augusts zur Jagd auf dem Ettersberg bei Weimar. Eine »wogende Menge« von Schaulustigen begleitete die erlauchten Jäger: »Wohl 4000 Menschen und 400 Wagen standen umher, und es war ein Leben und Treiben, bei dem es ein Wunder blieb, daß kein Unfall geschah.« Lange bevor die Kaiser erschienen, war der König von Sachsen im Jagdgebiet eingetroffen, damit ihm nichts entgehen konnte. Er tat gut daran, so früh anzureisen, denn seine Pferde schafften es nicht, den Wagen den Berg hinaufzuziehen und brave Bürger mußten zur Hilfe in die Speichen greifen. In den Augen der Kaiser hätte die Situation leicht als Schwäche Sachsens interpretiert werden können. Es ist indes anzunehmen, daß sich der Zwischenfall allgemein herumgesprochen hat.

Mittags kamen die Kaiser in Begleitung Carl Augusts an. An ihrer Seite waren die Könige von Bayern und Württemberg, der Fürst Primas, Fürst Neuschatel (Berthier), der Herzog von Oldenburg, der Erbprinz von Mecklenburg-Schwerin, die Marschälle Soult und Lannes, die Herzöge von Friaul (Duroc), Rovigo (Savary), und Vicenza (Coulaincourt). Der König von Westfalen und Großfürst Konstantin hatten sich krank gemeldet.

Die Jagd dauerte etwa vier Stunden und kostete den Ettersberger Forst 47 Hirsche, fünf Rehböcke, drei Hasen und – einen Fuchs. Keiner der Jäger war zu Schaden gekommen, und um fünf Uhr abends trafen alle Fürsten unter Glockengeläut wohlbehalten wieder in Weimar ein. Eine Stunde später begann das Diner und selbst Prinz Wilhelm von Preußen durfte an der kaiserlichen Tafel Platz nehmen. Er bekam auch im anschließenden Schauspiel ein Fauteuil unmittelbar neben den Kaisern zugewiesen. Man gab sinnigerweise die Ermordung Caesars von Voltaire. Anschließend fand ein rauschender Ball statt, bei dem sich sowohl Alexander, als auch Napoleon mehrfach und angeregt mit Wieland und mit Goethe unterhielten. Dieses Ereignis ist in der Goethe-Literatur ausgiebig gewürdigt worden.

Der 7. Oktober war dann jener frag- und denkwürdige Tag gewesen, an dem die Fürsten das Schlachtfeld bei Jena besichtigt haben. Napoleon hatte diesen bizarren Wunsch geäußert. Auf dem Windknollen bei Jena, dem Geländepunkt, von dem aus Napoleon am 14. Oktober 1806 die Schlacht eingeleitet hatte, war unter Leitung des Professors Sturm und des Hofrats Eichstädt ein klassisch-antik anmutender Tempel errichtet worden. Unterhalb des Windknollen in Richtung Jena befindet sich ein kleines Plateau. Dort hatte Napoleon inmitten seiner Garde die Nacht zum 14. Oktober 1806 verbracht. An diesem Platz standen jetzt mehrere Zelte für die Festtafel. Die fürstlichen Gäste versammelten sich, speisten miteinander in geselliger Runde, empfingen Abgeordnete der Stadt und der Universität Jena, und Napoleon ließ sich durch Carl August eine Landkarte vorlegen, auf der er mit dem Blick in die herbstliche Natur den Verlauf der Schlacht erklärte. Anschließend ritten alle zur Jagd in die Apoldaer Forsten, um sich am späten Nachmittag wieder nach Erfurt zu begeben.

Die folgenden Tage vergingen in Erfurt mit politischen Gesprächen, Gottesdiensten, Paraden und den Vorbereitungen auf den Abschluß der Konferenz. Weimar und der Musenhof traten am 12. Oktober wieder sichtbar in Erscheinung. Der französische Minister-Staatssekretär Maret eröffnete dem weimarischen Geheimen Regierungsrat von Müller, daß der Kaiser Napoleon Wieland und Goethe angesichts deren großer Verdienste um die deutsche Literatur den Orden der Ehrenlegion verliehen habe. Die beiden so geehrten Persönlichkeiten erhielten die Nachricht durch freundliche Schreiben. Es waren überhaupt die Tage des Abschieds und der Orden. Kaum einer der russischen und französischen Politiker und Diplomaten blieb ohne Auszeichnung. Die schönen Gesten änderten jedoch nichts am mageren Ausgang des Treffens. Der Historiker darf jedoch auch nicht ungerecht sein. Carl August konnte Mitte Oktober seiner lieben Schwiegertochter in Petersburg mitteilen, daß Kaiser Napoleon der Stadt Jena per Dekret vom 12. Oktober 1808 eine Summe von 300.000 Franc überlassen hatte, mit der u.a. Kriegsschäden behoben werden konnten. Außerdem konnte man den russischen Kaiser nur loben, denn trotz seiner Zurückhaltung im politischen Engagement für Preußen erreichte er, daß die von Preußen an Frankreich zu zahlenden Kriegskontributionen gesenkt wurden und daß Napoleon einige französische Truppenteile aus dem leidgeprüften Preußen abzog.

Die Tage von Erfurt waren Geschichte, in Weimar gab es noch ein ehrenhaftes Nachspiel. Nachdem sich Alexander endgültig von Napoleon verabschiedet hatte, ritt er wieder nach Weimar. Die Stadt hatte den Oktober 1806 nicht vergessen, und Alexander I. erschien für einige Tage wie ein Schutzschild über der leidgeprüften Stadt. In Weimar betrachtete man es als politisch hoffnungsträchtiges Symbol, daß er von den Großherzögen aus Hessen und Baden begleitet wurde. Es gab die üblichen Tafeln, Bälle und Theateraufführungen – sowie eine demonstrative Auszeichnung. Nachdem Wieland und Goethe das Kreuz der Ehrenlegion erhalten hatten, wollte der russische Kaiser nicht zurückstehen und überreichte den beiden Dichtern den Orden der Heiligen Anna. Bei Goethe zumindest hat diese Ordensverleihung keine tieferen Spuren hinterlassen. Wieland lobte alle Gaben aus dem Hause Maria Pawlownas mit überschwenglicher Begeisterung. Am folgenden Tage reiste auch Kaiser Alexander ab, und in Weimar kehrte wieder der Alltag mit seinen wahrlich lastenden Sorgen ein.

Zu diesen Sorgen gehörte auch, daß das französische Besatzungszentrum in Erfurt, getrieben vom wachsenden Mißtrauen Napoleons gegen den unruhigen und wenig botmäßigen Carl August, den Weimarer Hof scharf überwachte. Die lange Abwesenheit Maria Pawlownas wurde von der Besatzungsmacht mit Unwillen registriert und führte Carl August zunehmend in einen Erklärungsnotstand. Es kamen viele brennende Probleme zusammen: Carl Augusts Ruf als Gegner Napoleons, der im Jahre 1809 erneut auflebende französisch-österreichische Krieg, die steigenden Kriegslasten Weimars und der Wille des Herzogs, in seinem Lande Reformen im Sinne einer ständischen Verfassung durchzuführen. Die Anwesenheit und der politische Rat Maria Pawlownas wurden für das Land immer dringender. Tatsächlich schrieb Carl August am 3. und am 5. Januar 1809 zwei Briefe an Maria Pawlowna, in denen er direkt auf die angestauten Probleme hinwies. Neben der anregenden Nachfrage, ob Weimar vielleicht eine halbe Million Rubel als Kredit von Rußland bekommen könnte, kündigte er für den 9. Januar den Beginn des »Verfassungskonvents« an – die Beratung der vereinigten Stände über die Prinzipien einer künftigen Verfassung für das Herzogtum. Am 25. Februar konnte Carl August seiner lieben Schwiegertochter berichten, daß die Weimarer »états généraux« eine produktive Arbeit leisteten und gut voran kämen. Der Herzog übermittelte nur eine kurze Notiz, aber aus einem im Mai 1809 folgenden weiteren Schreiben an die Großfürstin ist ersichtlich, welche Bedeutung Carl August ihrer Anwesenheit in der gegebenen kritischen Situation in Weimar beimaß. Noch am 17. Mai klagte Minister Voigt im Zusammenhang mit der Nachricht, daß die Franzosen erneut vor Wien standen, gegenüber Sylvius Ludwig von Frankenberg darüber, daß aus Rußland zwar Briefe, aber kein einziges direktes politisches Wort käme. Maria Pawlowna hütete sich sehr wohl, politische Meinungen in Briefen mitzuteilen. Allzu viele Leute lasen da mit. Also beschränkte sie sich darauf, ihre Sehnsucht nach Weimar und der Familie zu artikulieren. Tatsächlich sollte sie ja auch bald wieder nach Weimar zurückkehren.

Die Notiz Voigts an Frankenberg ist außerdem ein Beleg für die nicht unwesentliche Tatsache, daß die angesehenen Minister aus Weimar und aus Gotha in jenen Monaten einen ausführlichen und kontinuierlichen Gedankenaustausch über die Kriegslage, das Denken und Handeln Maria Pawlownas, die konstitutionellen Bestrebungen in Thüringen und über das Befinden und Wirken der ganzen Familie Ziegesar geführt haben. Voigt ließ sich dabei durchaus auch von dem Gedanken bestimmen, die Leiden der Frau von Ziegesar – der Mutter Antons – könnten sich ungünstig auf die fortlaufenden Anstrebungen Friedrich August Carls von Ziegesar in der Verfassungskampagne auswirken. Außerdem ist bemerkenswert, wie offenherzig Voigt gegenüber Frankenberg die Bewegungen Maria Pawlownas beschrieb. Da berichtete er z.B. von den »frischen Gedanken« der Großfürstin aus Petersburg und zweifelte bis zu ihrer Rückkehr, ob man sie überhaupt nach Deutschland reisen lassen würde.

Aber Maria Pawlowna verließ im Mai 1809 St. Petersburg. Bereits am 7. Juni berichtete Voigt aufgeregt an Frankenberg, daß die Großfürstin in den nächsten zwölf Tagen in Weimar eintreffen werde. Zwei Tage später folgte schon ein Jubelruf Voigts: »Heute ist Maria Pawlowna von Frankfurt nach Lübben unterwegs – Ich freue mich unendlich darüber.« Sie traf am 15. Juni in Weimar ein. Nicht einmal die vorgesehene Reiseroute über Dresden konnte infolge des Krieges eingehalten werden. Maria und Carl Friedrich mußten den Weg über Querfurt und Weißensee nehmen. Österreichische Truppen hatten wenige Tage zuvor Dresden erobert. Im Juni 1809 war kein Ende der Unwägbarkeiten für Weimar abzusehen – im Gegenteil. Das Abwerfen der napoleonischen Besetzung stand noch ebenso bevor wie der große russisch-französische Waffengang.

Gleichzeitig sind wir hier an einem weiteren Knotenpunkt unserer Geschichte über Rußland, Weimar, die Ziegesars und den Rechtsstaatsgedanken in Thüringen angelangt. Der Hinweis auf die Schreiben Carl Augusts an Maria Pawlowna und deren späte Rückkehr nach Weimar erlauben uns, nunmehr den Faden der Darstellung über die konstitutionellen Bestrebungen wieder aufzunehmen.

Durch den Erfurter Fürstentag hatten die Debatten zur Konstitution zwar eine gewisse Ruhephase, aber keine ernsthafte Unterbrechung erfahren. Sie wurden nach dem Fürstentag wieder forciert. August Friedrich Carl von Ziegesar fällte seine bereits bekannte Entscheidungen zu Gunsten Weimars und für die Zukunft seines Sohnes Anton von Ziegesar.

August Friedrich Carl von Ziegesar und die Anfänge des thüringischen Konstitutionalismus

Erinnern wir uns noch einmal daran: Im Mai 1808 hatte Herzog Carl August parallel zur Debatte über den Konstitutionsentwurf um den Übertritt August Friedrich Carls von Ziegesar in den Dienst für Weimar geworben. Bis zum Jahresende entschied sich Ziegesar. Er nahm seinen Abschied aus dem Staatsdienst in Gotha, veranlaßt durch die eigene schwere Krankheit, die hier nicht näher zu untersuchenden Meinungsverschiedenheiten mit dem Minister Frankenberg und nicht zuletzt durch das schmeichelhafte und ehrenhafte Angebot aus Weimar. Ziegesar stand nunmehr für eine Verfassungskampagne in Weimar voll und ganz zur Verfügung. Sofort nahm die allgemeine Gesprächsintensität bei diesem Thema zu. Ein besonders deutlicher Ausdruck war die Debatte über die Einbeziehung der Eisenacher Landschaft vom Dezember 1808. Im Mittelpunkt der Diskussionen standen die Vorbereitungen auf eine »Deputation der vereinigten Landschaft des Herzogtums Sachsen-Weimar-Eisenach«, d.h. die Einberufung einer Repräsentativkörperschaft auf ständischer Grundlage.

Herzog Carl August, Minister Voigt, Ziegesar, Goethe und zahlreiche andere Würdenträger, Politiker und Verwaltungsfachleute gingen zielstrebig an die Einberufung des ersten Parlaments in Thüringen – trotz der Kriegslasten, Besatzung, knebelnden Mitgliedschaft im Rheinbund und insgesamt ungeklärter politischer Perspektiven. Es sollte sich zeigen, daß gerade die konstitutionellen Bemühungen besorgter Männer und Frauen um Carl August, August Friedrich Carl von Ziegesar und auch Maria Pawlowna, in diesen schweren Jahren entscheidend zum Überleben der Weimarer Gesellschaft und zum Neuanfang nach dem Kriege beitragen konnten.

Angesichts der zu Liberalität und geistiger Kultur neigenden Weimarer Herrschaftstradition sowie unter Beachtung der europäischen politischen Realitäten konnten dabei Konflikte im Innern nicht ausbleiben. Auch nicht mit Maria Pawlowna. Sie war in der russischen zarisch-autokratischen Tradition erzogen worden und angehalten, die Familiendisziplin zu wahren. Mit dem »Patriotischen Institut der Frauenvereine« stellte sie den parlamentarisch-konstitutionellen politischen Bestrebungen eine autokratische Wirtschaftsstruktur für das ganze Land entgegen. Gleichzeitig achtete sie streng darauf, daß sich die Weimarer Formen einer verfaßten und parlamentarischen Gesellschaft und das zentralistisch regierte Patriotische Institut zu einem nutzbringenden Ganzen fügten. In der Praxis sollte sich diese Konzeption als durchaus realisierbar erweisen. Anton von Ziegesars politische Ansichten oder Handlungen blieben in dieser ersten Phase des thüringischen Konstitutionalismus – ganz im Gegensatz zu denen seines Vaters – allerdings noch weitgehend vor der Öffentlichkeit verborgen.

Herzog Carl August hatte es an Maria Pawlowna nach Petersburg geschrieben: Der erste gemeinsame Deputationstag war zwischen Mai und Dezember 1808 vorbereitet worden. Er begann am 9. Januar 1809 mit seiner Arbeit. Die Versammlung vereinte die Landschaften der Fürstentümer Weimar und Eisenach, sowie die Landschaft der Jenaischen Landesportion. Drei Monate berieten die Deputierten. August Friedrich Carl von Ziegesar präsidierte als gewählter Director pleni. Ziegesar besaß durch sein taktisches Geschick und die ihm eigene überlegte Verhandlungsführung das entscheidende Verdienst daran, daß die Mehrheit der Deputierten nach langen und kontroversen Verhandlungen dem von Carl August im April 1808 vorgelegten Konstitutionsentwurf in den wesentlichen Punkten zustimmten.

Nicht alle Fragen konnten gelöst werden. Ziegesar selbst hatte bereits im Vorjahr gegen einige Punkte Bedenken erhoben, und die starke Verschuldung der Eisenacher Landschaftskasse schuf zudem neue Probleme. Man konnte sich nicht darüber einigen, wann und unter welchen Bedingungen die Schulden der Eisenacher Landschaftskasse in der neuen Landesschuld aufgehen sollten. Salomonisch wurde die Einbeziehung der Eisenacher Landschaftskasse in die neu formierte Landesfinanzbehörde, das Landschaftskollegium, auf einen späteren Zeitpunkt verschoben. Daran sollte das Konstitutionsprojekt nun aber wirklich nicht scheitern. Nicht ganz so schwierig gestaltete sich die Universitätsfrage. Die alma mater sollte als selbständige Korporation ursprünglich den Rittergutsbesitzern gleichgeordnet werden. Der Herzog gestand der Universität im Laufe der Verhandlungen einen eigenen Deputierten zu, der vom Senat der Universität gewählt werden mußte.

Bereits am 24. Februar 1809 übergab eine Abordnung des Deputationstages unter der Leitung August Friedrich Carls von Ziegesars den von den Delegierten verabschiedeten Konstitutionsentwurf an Goethe, das dienstälteste Mitglied des Geheimen Conseils. Alles ging danach recht schnell: Der Herzog billigte den Entwurf und wollte ihn überdies unverzüglich in Kraft setzen. Die Deputierten wählten August Friedrich Carl von Ziegesar zum Generallandschaftsdirektor – zum Parlamentspräsidenten. Herzog Carl August, der diese Idee im Sommer 1808 entwickelt hatte, bestätigte die Wahl sofort und ohne jegliche Widerstände.

Plötzlich traten jedoch unvorhergesehene Probleme auf. Carl August betonte im Mai 1809 ausdrücklich, wie wichtig Maria Pawlowna angesichts des erneut entbrennenden Krieges zwischen Frankreich und Österreich für die Bestandserhaltung des Weimarer Staates war. Es sind bisher keine Belege bekannt, die begründen könnten, daß die lange Abwesenheit der Großfürstin eine Ursache für die Verzögerungen in Sachen Deputation und Konstitution gewesen wäre. Dennoch liegt die Vermutung nahe, daß die allgemeine Kriegs- und Besatzungssituation, die Überwachung durch französische Diplomaten und Geheimpolizisten sowie der Weimarische relative Nonkonformismus in der Parlaments- und Verfassungsfrage im Vergleich zu anderen Rheinbundstaaten (insbesondere dem Königreich Westfalen), die Akteure einer schnellen und weitgehenden Konstitution Vorsicht walten ließ. Namentlich von Goethe war bekannt, daß er sich gegenüber staatsrechtlichen Veränderungen, die die Prärogative des Souveräns beschränken konnten, zurückhaltend verhielt.

Andererseits hegte Herzog Carl August nach wie vor den Wunsch zur Erweiterung seines Territoriums und zur Rangerhöhung des Herzogtums. Im Jahre 1809 erklangen die Stimmen in Deutschland immer lauter, die nach Befreiung von napoleonischer Besatzung, gesellschaftlichen Reformen und nationaler Eintracht riefen. Man konnte sich dem Zug der Zeit nicht verschließen, und wer wußte schon, wie der Krieg enden werde. Alles in allem: das feste und verläßliche russische Wort konnte Anker, Schild und Speer im eigenen konstitutionellen Bemühen sein.

In einer derartig komplizierten Situation konnte das Herzogtum Sachsen-Weimar-Eisenach nicht mit radikalen konstitutionellen Wandlungen an die Öffentlichkeit treten, sondern mußte nach tragfähigen, leisen und dennoch zukunftsorientierten und wirksamen Kompromissen suchen. Das Geheime Conseil beriet bis zum Sommer 1809 und gebar eine Lösung, die der Staatskunst eines Goethe wohl gefallen mochte, in Wirklichkeit aber aus der Not lediglich eine Tugend machte. Es empfahl, das Gesetz nicht als eine Grundrechte gebietende Konstitution, sondern lediglich als »Instruktion« für das Landschaftskollegium, die Landräte und die Landschaftsdeputation zu verabschieden.

August Friedrich Carl von Ziegesar hatte die Kanzlerschaft in Gotha-Altenburg nicht aufgegeben, um sich mit einem derart unverbindlichen Papier zur Ruhe zu setzen und einem Parlament zu präsidieren, das nicht einmal diesen Namen verdiente. Als man ihm den Vorschlag des Instruktions-Kompromisses unterbreitete, lehnte er brüsk ab. Lange Beratungen auf Drackendorf folgten. Auch Goethe kam immer wieder dorthin – sicherlich nicht nur, um Sylvie seine Aufwartung zu machen. Der alte Ziegesar war ein harter und zäher Gesprächspartner. Minister Voigt schrieb nach all den folgenden Auseinandersetzungen an Goethe, daß ihm ein Mensch »von solcher Klauberei des Einzelnen und solcher sich nie befriedigenden Zweifelsqual« noch nicht begegnet wäre. Voigt erkannte jedoch an, daß die »geduldige und behülfliche Natur« Ziegesars für die Sache selbst unersetzlich war. Bei aller Kritik, die einem Minister mit Entscheidungswillen so eigen zu sein pflegt, schätzte er Ziegesar sehr hoch ein und bestätigte 1809, daß Ziegesar »sehr überlegen« sei, arbeitsam, und große Achtung beim Herzog und den Ständen genieße: »Mitunter hat er kränkliche Stunden, hilft sich aber doch bald wieder auf.«

Am Ende stand ein verfassungsgeschichtlich geradezu einmaliger Kompromiß. Ziegesar setzte sich in einem entscheidenden Punkte durch. Die Konstitution wurde als wirkliche Konstitution in Kraft gesetzt. Aber sie wurde nicht veröffentlicht. Die Stände durften sich die vom Herzog unterzeichnete Verfassungsurkunde nur ansehen, dann verschwand sie im Landschaftsarchiv. Das Dokument erschien nicht im Druck, Abschriften gab es gleichfalls nicht. Die Bevölkerung des Herzogtums Sachsen-Weimar-Eisenach wußte nicht, daß sie seit dem 20. September 1809 in einem Verfassungsstaat lebte.

Natürlich blieb der Wandel im politischen Gefüge des Herzogtums der gesellschaftlichen Öffentlichkeit nicht verborgen. Trotz Krieg, Besatzung und Not: Die Deputation nahm ihre Arbeit auf. Sie verschwand nach ihrer Gründung nicht in politischer Bedeutungslosigkeit, sondern entfaltete bei allen der Zeit und der konkreten Situation geschuldeten Einschränkungen Merkmale, die – in der historischen Rückschau – geeignet waren, mit dem modernen Parlamentarismus in Verbindung gebracht zu werden. Neueste Forschungen Thüringer Historiker haben dem seit Jahrzehnten festgefahrenen Bild vom konservativen und allen Reformen widerstrebenden Konventikel des Weimarer Staates unter Herzog Carl August gerade hinsichtlich der Verfassungs- und Parlamentsgeschichte eine Absage erteilt. Die Deputation, die Konstitution und der Generallandschaftsdirektor von Ziegesar stehen heutigentags im Mittelpunkt der positiven historischen Bewertung eines Vorgangs, der ohne Zweifel zu den markanten Erscheinungen mitteldeutscher Geschichte beim Übergang vom Absolutismus zum bürgerlichen Verfassungsstaat steht. Wenn dabei noch der damalige direkte politische Einfluß aus Rußland hinreichend gewürdigt wird, bekommen die Darstellungen einen krönenden Abschluß.

August Friedrich Carl von Ziegesar leitete bis zu seinem Tode im Dezember 1813 die alljährlichen Deputationstage und bestimmte die Diskussionen zur Geschäftsordnung, das Niveau der ebenso streitbaren wie offenen Debatten in Sach- und Finanzfragen, führte die mitunter kämpferischen Abstimmungen und hielt die landschaftlichen Probleme zwischen den Tagungen der Deputation in seiner Hand. Der Generallandschaftsdirektor Ziegesar trug nicht nur den Bestimmungen der Konstitution Rechnung, die gemeinsame Beratungen zwischen Vertretern der Deputation und den Landesbehörden verlangten, sondern er selbst hielt den ständigen persönlichen Kontakt zum Herzog und der Regierung. Man zog Ziegesar mitunter sogar zu Kabinettsberatungen hinzu. Ziegesar hielt sich strikt an die Geschäftsordnung und an die Konstitution. Er berichtete den Deputierten getreulich über die Gespräche mit dem Herzog und den Ministern. Erst wenn der Deputationstag sein Votum erteilt hatte und das notwendige Entscheidungsdekret des Herzogs vorlag, konnten in Gesprächen erzielte Beschlüsse zum Gesetz erhoben werden.

August Friedrich Carl von Ziegesar darf zweifelsohne als entscheidender Initiator in diesem frühparlamentarischen System Weimars und Thüringens betrachtet werden. Seiner Tatkraft, seinem unbequemen Drängen und seiner sachlichen Konsequenz war es auch zu danken, daß im Jahre 1811 endlich die Einbeziehung der Landschaftskasse Eisenach in die gemeinsame landschaftliche Finanzverwaltung vollzogen werden konnte. Dem gingen sehr schwierige Verhandlungen voraus, wie die Probleme des Etats und der Landesfinanzen generell kompliziert gewesen sind. Einen Eindruck von dieser Materie vermittelt der Verfassungskonflikt, den die Landschaftsdeputation im Jahre 1812 mit der Regierung austragen mußte.

Der Konflikt entstand, als der Vizepräsident des Landschaftskollegiums (der zentralen Finanz- und Steuerbehörde des Landes), Carl Ferdinand Freiherr von Müffling, dem Deputationstag die Vorlage des Kassenetats verweigerte. Müffling vertrat die Ansicht, die Deputation müsse lediglich vor der Erhebung neuer Steuern und Abgaben oder vor der

Aufnahme neuer Landesschulden gehört werden. Er beantragte daher auf dem Deputationstag lediglich einen Beschluß über zusätzliche Gelder, die den außerordentlichen Finanzbedarf decken sollten.

Ziegesar und die Deputierten empfanden die Forderung Müfflings als einen Angriff auf die Konstitution an sich. Die Deputation legte eine Verfassungsbeschwerde ein. Heftige Debatten folgten mit den Mitgliedern des Landschaftskollegiums, die Deputierten betrieben offene Obstruktion und Herr von Müffling trieb die Dinge auf die Spitze, als er den schwerkranken Herrn von Ziegesar gar zum Duell forderte. Der Konflikt mußte durch den Herzog entschieden werden, und der stellte sich im wesentlichen gegen die Verfassungsinterpretation durch Müffling. Ziegesar hatte sich erneut durchgesetzt, obwohl die Deputation in ihrem Verhältnis zur Landesregierung durchaus nicht in jedem Fall mit derart schneidender Konsequenz auftrat. Hie wie dort mußten unter einer extremen Kriegs- und Besatzungslage erst einmal Erfahrungen in der Leitung eines modernen Staatswesens mit parlamentarischer Orientierung gesammelt werden.

Ende 1813 starb August Friedrich Carl von Ziegesar und hinterließ im politischen Leben des Herzogtums eine empfindliche Lücke, um so mehr, als sich nach der Niederlage Napoleons in Rußland, den Befreiungskriegen in Deutschland, der Völkerschlacht bei Leipzig vom Oktober 1813 und dem damit verbundenen Zerfall des Rheinbundes die Chance eines politischen Neubeginns abzeichnete, in dem sich viele Wünsche mit einer Stärkung der liberalen und parlamentarischen Elemente wie Optionen verbanden.

Der Herzog von Sachsen-Weimar-Eisenach und die Stände übten jedoch erst einmal Kontinuität. Während die alliierten Truppen auf Paris marschierten und erste Überlegungen kursierten, Europa in Wien eine neue politische Ordnung zu geben, wurde Anton von Ziegesar als Nachfolger seines Vaters zum Generallandschaftsdirektor gewählt.

Anton von Ziegesars langes und bedächtiges Wirken für das parlamentarische, öffentliche und wissenschaftliche Leben in Sachsen-Weimar-Eisenach

Man durfte eigentlich erwarten, daß Anton von Ziegesar nicht nur durch das väterliche Vorbild und Erbe für die verantwortungsvolle Aufgabe eines Generallandschaftsdirektors qualifiziert genug erschien. Antons Vater hatte durchaus einen aktiven und positiven Beitrag zur politischen Kultur des Parlamentarismus und zur staatlichen Modernisierung in Thüringen geleistet. Die Frage sollte berechtigt sein: Wie würde der Sohn nun dieses wichtige politische Erbe antreten und fortsetzen?

Zunächst ist nur bekannt, daß Anton von Ziegesar nach der Rußlandfahrt und dem Erfurter Fürstentag offensichtlich nicht länger in der Hofhaltung des Erbprinzen beschäftigt blieb, sondern wieder in die Regierungskanzlei zurückkehrte. Er verschwand nicht aus den Verantwortlichkeiten des herzoglichen Hofes. Anton von Ziegesar bezog damals mehrere Einkünfte. Von einem Gehalt allein konnte er mit seiner Familie nicht leben: Er bekam 640 Taler Jahresgehalt für die Arbeit in der Kanzlei. Aus der Verpachtung der Bewirtschaftung Drackendorfs bezog er 430 Taler jährlich. Luise erhielt als ehemalige Hofdame Anna Amalias 530 Taler Pension. Dazu summierten sich Zuwendungen durch den Vater, den Bruder Fritz, Einzelhonorare vom Herzog usw. Obwohl das Gehalt im Jahre 1813 um 210 Taler aufgestockt wurde und Anton nach seiner Ernennung zum Generallandschaftsdirektor weitere 400 Taler zusätzlich erhielt, standen den Einkünften immerhin durchschnittlich 3.000 Taler jährlicher Ausgaben gegenüber. Üppig lebte Anton von Ziegesar nicht. Außerdem ruinierten die Kriegswirren und die Sorge um die Familie seine eigene Gesundheit, so daß er 1813 längere Zeit krank das Bett hüten mußte. Er galt als freundlich, hilfsbereit und zuverlässig. Aber eine bewußte Leistung oder Eignung, die ihn als Generallandschaftsdirektor empfohlen hätte, konnte er aus den Jahren vor

1814 ebenso wenig nachweisen wie er nicht den Ruf einer starken und prägnanten Persönlichkeit besaß. Die Leistungen und das Verdienst des Vaters trugen ihn auf diesen Posten. Ob er dem Vorbild des Vaters entsprechen würde, mußte die Zukunft erst noch erweisen.

Anton von Ziegesar erhielt die Ernennung zum Generallandschaftsdirektor zu einem Zeitpunkt, als die Kriege gegen Napoleon zu Ende gingen und das diplomatische Ringen um die »Heilige Allianz« in Wien bevorstand. Carl August sah erneut eine Chance heranreifen, sich mit aktiver russischer Hilfe im Range zu erhöhen. Vielleicht konnte man es sogar den albertinischen Vettern gleich tun und nach der Königswürde greifen? Der Weimarer Herzog unterstützte gleichzeitig die innerdeutschen Bestrebungen nach einer nationalliberalen und konstitutionellen Entwicklung. Außerdem konnte er auf dem Wiener Kongreß 1814 guten Gewissens landständische Verfassungen für alle deutschen Staaten einfordern – Weimar hatte seit 1809 eine reputierliche Vorleistung erbracht.

Allein, dieses konstitutionelle Guthaben sollte sich bald als unzureichend erweisen, so daß Anton von Ziegesar über kurz oder lang ungewollt in eine ähnliche Situation wie weiland der Vater geriet. Der junge Ziegesar mußte die Fäden zur Ausarbeitung und Installierung einer neuen Verfassung in seine gutmütigen Hände nehmen. Das Wissen um die Leistungen des Vaters halfen ihm relativ wenig, denn im Vergleich zu den Jahren 1808/09 hatten sich die militärpolitischen und gesellschaftlichen Verhältnisse in ganz Thüringen wesentlich verändert.

Dazu gehörte auch, daß die Staatsleitung Weimars nach dem Zerfall des Rheinbundes zu einigen politischen Maßnahmen und Veränderungen gezwungen war, die von der Mehrheit der Landschaftsdeputation nicht mitgetragen wurde. So überstiegen z.B. die finanziellen Ausgaben Weimars für militärische Zwecke nach dem Beitritt zur antinapoleonischen Koalition die Belastungen aus der Besatzungszeit um ein Vielfaches. Die Staatsregierung erarbeitete in ihrer Not 1814 ein Kriegssteuerregulativ, mit dem die

Finanzierung der Kriegskosten vereinheitlicht und durch die Besteuerung von Einkommen und Kapitalerträgen realisiert werden sollte. Das war ein vollkommen neuer steuerrechtlicher Ansatzpunkt, den die agrarisch-konservative Mehrheit in der Deputation strikt ablehnte. Sie warnte mit Bedacht vor allzu einschneidenden Reformen. In einer Zeit, in der alle nach Umbruch, Erneuerung und dem Sturz alter Götzen riefen, solle man sich lieber auf die bewährten Formen hergebrachten Regierens konzentrieren. Auch im ständischen Parlament.

Kriegskosten und Steuerrecht bildeten die eine wesentliche Seite des Problems. Die in ganz Deutschland anschwellenden und bereits wogenden Auseinandersetzungen um Monarchien, Parlamente und Verfassungen zeigten die zweite Seite der Medaille. Weimar gelang auf dem Wiener Kongreß die Erhebung zum Großherzogtum. Damit stand die unmittelbar praktische Frage auf der Tagesordnung, nach welchen grundrechtlichen Prinzipien die neu erworbenen Gebiete in den Weimarer Staat integriert werden sollten.

Die Initiative zur Lösung des Problems ging nicht von der Deputation aus. Anton von Ziegesar trat nicht als direkter Initiator einer neuen Verfassung und eines erneuerten Parlaments in Erscheinung. Die Anstrengungen zur rechtlichen Integration der neu gewonnenen Gebiete resultierten vielmehr aus den staatsrechtlichen Interessen, die bei der Gründung des Deutschen Bundes auf dem Wiener Kongreß Pate gestanden hatten.

Als oberster Grundsatz künftiger staatlicher Ordnung galt das »monarchische Prinzip«. Die deutschen Fürsten beharrten auf ihrer althergebrachten Souveränität. Gleichzeitig konzedierte die Deutsche Bundesakte vom Juni 1815 die Einrichtung landständischer Verfassungen in den Bundesstaaten. Die Tendenz ging dahin, daß der Monarch die gesamte Staatsgewalt weiterhin in seiner Hand vereinte. Parlamente und Verfassungen könnten ihn in seiner Souveränitätsausübung unterstützen.

Das »monarchische Prinzip« verbürgte gleichzeitig auch die Legitimität von Parlamenten und Konstitutionen. Es wäre jedoch nicht richtig, daraus zu schlußfolgern, daß die Parlamente und Verfassungen, z.B. in den thüringischen Kleinstaaten, lediglich Anhängsel der Staatsbürokratie gewesen sind. Fürst, Administration und Deputation arbeiteten in Weimar in jenen Jahren vielmehr im gegenseitigen Einvernehmen zusammen und erzielten im Sinne einer »defensiven Modernisierung« praktische Erfolge, die den parlamentarisch-monarchischen Kurs der Jahre seit 1809 unter neuen Bedingungen fortsetzten.

Dabei wirkten neben der Rangerhöhung zum Großherzogtum in Weimar stärker als in anderen thüringischen Staaten drei Komponenten auf das Wechselspiel von Regierung und Deputation ein: die national, liberal und demokratisch erregte Öffentlichkeit, namentlich um die Studenten und Gelehrten der Jenaer Universität; die freiheitlich und mitunter sogar polemisch orientierte Publizistik und Presse; die unmittelbare Einflußnahme Rußlands, der Siegermacht in den Kriegen gegen Napoleon und Hauptmacht in der künftigen »Heiligen Allianz«. Selbstverständlich vollzogen sich alle Entwicklungen in Weimar auch im Rahmen der Verbindlichkeiten aus der Mitgliedschaft im Deutschen Bund.

Anton von Ziegesar, der Kammerherr, Regierungsrat und Generallandschaftsdirektor, sah sich allen Herren ver-pflichtet: dem Großherzog Carl August, der Deputation und Maria Pawlowna. Und er mußte in seinen Handlungen außerdem der kritischen öffentlichen Meinung Rechnung tragen.

Weimars Minister von Gersdorff schrieb in seinen Projektentwürfen von 1814 schon alle wesentlichen und möglichen Probleme einer künftigen neuen Verfassung nieder: Ablösung der ständisch-korporativen Wahl durch das Prinzip der individuellen Präsentation des steuerzahlenden Bürgers und Bauern im allgemeinen Wahlrecht; positive Rechte zur legislativen Mitwirkung des Parlaments an der Politik und Verwaltung; Öffentlichkeit der Verhandlungen und Beschlüsse. Anton von Ziegesar hatte dem zunächst nichts Substantielles hinzuzufügen. Er wartete vorsichtig ab, wie die Verhandlungen in Wien liefen und wie sich die Stimmung im eigenen thüringischen Umfeld entwickelte. Nach der Rückkehr

Carl Augusts, Gersdorffs und Maria Pawlownas aus der Kaiserstadt Wien würden sich schon alle notwendigen Schritte ergeben und auch die erregte Öffentlichkeit durch weitere konstitutionelle Entschlüsse beruhigt werden können.

Natürlich, ganz so beschaulich, wie es hier erscheinen mag, liefen die Dinge dann nicht ab. Im Gegenteil. Die Befreiungskriege hatten namentlich in Jena beachtliche nationale und liberale Aktivitäten freigesetzt. Als Kaiser Napoleon im Frühjahr 1815 an die Spitze des französischen Staates zurückkehrte, flammte der patriotische Geist aus den Befreiungskriegen erneut auf. Gleichzeitig erreichten die von der Regierung in Weimar geforderten neuen Kriegskosten Höhen, die mit den herkömmlichen Mitteln der Steuererhebung nicht mehr realisiert werden konnten.

Die Landschaftsdeputation setzte sich in dieser vertrackten Situation an die Spitze einer allgemeinen Notopferaktion, mit der die im Lande befindlichen Valuten und Edelmetalle in Gestalt einer landschaftlichen Anleihe quasi beschlagnahmt werden sollten. Generallandschaftsdirektor Anton von Ziegesar bemühte sich um eine liberale Interpretation für die zur patriotischen Tat deklarierte drastische Abschöpfung des ohnehin bescheidenen Volksvermögens: »Höchst wünschenswert bleibe es dabei, daß der nur einer Classe der Unterthanen auferlegte Zwang mehr intellektuell sei u. daß man die Anforderungen durch freiwillige Anerbieten zur Ausführung bringe. Nicht sowohl der Ertrag dieser Summe, sondern der Eindruck auf die ärmeren Untertanen sei hier das Bedeutendste, Vertrauen und Muth wird wieder aufleben und man in der Folge neue Opfer desto williger darbieten.«

Das ist im Grunde eine doppelbödige und recht tückische Argumentation gewesen. Die Deputation ging aber selbst mit dem Aufruf an die Öffentlichkeit und trug so für jeden sichtbar ihr eigenes Scherflein bei, die »Vaterlandsliebe der Bürger« zu wecken. Mehr noch, die Mitglieder der Deputation führten und organisierten die Sammelkommissionen, die, aufbauend auf den patriotischen Leidenschaften jener Monate, unermüdlich Geld und Gut aus dem Volke herausholten. Selbst der ansonsten nachdenkliche und in öffentlichen Posen zurückhaltende Goethe gab 200 Reichstaler, und Frau von Stein erübrigte noch einige Silberlöffel. Die Großherzogliche Familie überreichte der Deputation Brillanten zur Verpfändung. Leider, leider hatte Maria Pawlowna im Jahre 1806 ihre gesamte Habe angesichts der Kriegsgefahr nach Rußland ausgelagert, und auch ihre Geldmittel lagen auf deutschen und russischen Konten fest, so daß ihr persönlicher Beitrag wohl eher bescheiden ausfallen mußte.

Aber die Sammelaktion besaß für die russische Großfürstin auch einen positiven Aspekt: Sie begann in jenen Monaten der Jahre 1814 bis 1816 mit dem Aufbau ihres »Patriotischen Instituts der Frauenvereine« und lernte mit wachem Auge für die Realitäten, mit welchen Methoden man im Weimarer Staat gleichzeitig wohltätige und profitable Ziele erreichen konnte.

Möglicherweise hat die Aktion der Deputation den erwachten Bürgersinn geschärft und parlamentarischen Spielregeln eine breitere Akzeptanz verschafft. Nach wie vor herrschten Krieg, Not und Elend im Lande. Das Spenden eigener Besitztümer, selbst für wohltätige oder vaterländische Zwecke, gehört indes nicht zu den Lieblingsbeschäftigungen des durchschnittlichen Besitzbürgers oder gar des Bauern, der ohnehin sein Leben auf harter Krume verbringt. Für das Voranschreiten des Konstitutionalismus in Übereinstimmung mit dem »monarchischen Prinzip« dürften die in Wien gefaßten Beschlüsse, der Freigeist der Jenaer Burschenschaften und Gelehrten, die liberalnationalen Publizisten, die Traditionen des Weimarer Geistes und der Wille der großherzoglichen Familie von ausschlaggebenderer Bedeutung gewesen sein. Aber Anton von Ziegesar hatte mit der Kriegsanleihe seine patriotischen Qualitäten als Tribun unter Beweis gestellt, sein serviles Multitalent für die Verbindung von Monarchie, Bürokratie und Konstitutionalismus demonstriert und sich damit für höhere Aufgaben empfohlen. Die freundlich-unangepaßte Konsequenz des Vaters gehörte offenbar nicht zu seinen herausragenden Charaktereigenschaften.

Die Karriere als Generallandschaftsdirektor blieb indes nur kurz und endete bereits im Dezember 1815, noch bevor eine neue Verfassung überhaupt unter Dach und Fach gebracht werden konnte. Anton von Ziegesar leitete die Deputationstage von 1814 und 1815, aber bereits zum Ende des Jahres 1815 berief ihn der Großherzog zum Präsidenten der Landesdirektion, d.h. der nunmehr für das ganze Großherzogtum vereinigten Landespolizei. Nach dem Kriege mit seinen barbarischen Folgen, nach dem Wiener Kongreß und den von den Jenaer Studenten ausgehenden Unruhen dürften dieser Institution wichtige Aufgaben zur Wiederherstellung und Wahrung von Ruhe und Ordnung zugefallen sein, die nicht nur eine enge Kooperation mit den anderen thüringischen Staaten, sondern auch mit den Exekutiv- und Repressivorganen der Hauptmächte der »Heiligen Allianz« erforderten. Die Aufgabe verlangte außerordentliche Zuverlässigkeit und Loyalität desjenigen, der sie ausüben mußte. Anton von Ziegesar besaß diese Zuverlässigkeit und Loyalität. Aber dennoch war das keine Tätigkeit nach seinem Geschmack. Der Mann, der stets nach Liberalität, Ausgleich und Harmonie suchte war froh, als ihn der Großherzog bald darauf wieder in die Sphäre gewohnter Arbeit zurückholte.

Alle ihm eigenen Kenntnisse und Fähigkeiten konnte Anton von Ziegesar vereinen, als er im darauffolgenden Jahre 1816 zum Vorsitzenden der großherzoglichen Kommission bei der Beratungsversammlung für das neue Grundgesetz ernannt wurde. Der Begriff erschien umständlich und kompliziert. Aber wie sein Vater bei der Ausarbeitung der Konstitution von 1809, leistete Anton von Ziegesar nun eine wesentliche Arbeit für die Verfassung von 1816. In der Berufung lag sogar eine gewisse Symbolkraft:

Von diesem Zeitpunkt an begann für ihn quasi ein neuer Lebensabschnitt, der durch fleißige Arbeit und Wirksamkeit in fünf Verantwortungs- und Lebensbereichen geprägt wurde: Anton von Ziegesars Name stand für die folgenden 20 Jahre in herausragender Weise mit der parlamentarischen und konstitutionellen Entwicklung Sachsen-Weimar-Eisenachs in Verbindung. In diesen politisch-juristischen Rahmen darf auch seine lange Tätigkeit am ernestinischen Oberappellationsgericht in Jena gesetzt werden.

Ziegesar verflocht als Berater der Großfürstin Maria Pawlowna im »Patriotischen Institut der Frauenvereine« die Wahrung des »monarchischen Prinzips« mit der Staatsbürokratie und dem Landtag zum finanziellen Nutzen des Großherzogtums. Das Patriotische Institut leistete dem russischen Einfluß auf die Innenpolitik Weimars in besonderer und arteigener Weise Vorschub, wobei das Weimarer Verhältnis zu Rußland über die Jahrzehnte hinweg deutlichen politischen Veränderungen unterworfen wurde.

Seit dem Jahre 1829, ebenfalls bis zu seinem Ableben, hatte Anton von Ziegesar als Kurator der Universität Jena dafür zu sorgen, daß aus dieser unruhigen Brutstätte des Freigeistes, der Burschenschaften und der liberal-demokratischen Emanzipation eine sittsame Hohe Schule Metternichscher Wunscherfüllung hervorging, die zwar nicht mehr den Ruf genoß, eine der geistigen Hochburgen Europas zu sein, dafür aber brav auf die Obrigkeit hörte.

Ziegesar war das Oberhaupt einer großen Familie und Gutsherr von Drackendorf, woraus ihm Verpflichtungen im thüringischen Adel, höfische Aufgaben und wirtschaftliche Verantwortlichkeiten erwuchsen, von der Sorge um Frau und Kinder ganz abgesehen.

Als Ritter und Gutsherr, als Kammerherr, Jurist und Politiker war Anton von Ziegesar auf diese Weise in allen entscheidenden Weimarer Institutionen vertreten, die in den Jahren nach 1815 das Feld gesellschaftspolitischer Auseinandersetzungen bestimmten: Er stand dem Großherzog und der Regierung nahe, gehörte dem Parlament und der obersten juristischen Berufungsinstanz an, wurde in die Realisierung des russischen Einflusses auf Weimar involviert und besaß als Kurator die administrative Gewalt über die Jenaer Universität. In keinem seiner Verantwortungsbereiche konnte und wollte sich Ziegesar gegen den Geist seiner Zeit stemmen oder gar über diesen hinauswachsen.

So stehen wir als Nachgeborene heute vor dem erstaunlichen Phänomen, daß, wenn über die großen politischen

Köpfe, Initiativen und Wandlungen Weimars gesprochen wird, zwar die Namen Carl Augusts, Goethes, Maria Pawlownas, Fritschs, Müllers, Watzdorfs, Gersdorffs, Ludens, Fries' oder Frorieps und anderer bedeutender Persönlichkeiten genannt werden, der des Herrn auf Drackendorf jedoch nicht in der ersten Reihe geschichtsbildender Ereignisse erscheint. Dafür mögen zwei Ursachen verantwortlich sein: Zum Einen ist politische Herrschaftsgeschichte in der Vergangenheit oftmals zu sehr auf die Herrschenden selbst beschränkt worden und diejenigen, die die tagtägliche Handwerkerarbeit leisteten, ohne unbedingt Ideengeber gewesen zu sein, verblaßten dagegen im Schatten ihrer Protagonisten. Andererseits ist weder die frühe Geschichte des thüringischen Parlamentarismus, noch die der komplexen innenpolitischen Entwicklung, noch die des »Patriotischen Instituts der Frauenvereine«, noch die Geschichte der weimarisch-russischen politischen Beziehungen bislang so dicht, tiefgründig und modern untersucht worden, daß auch einem Anton von Ziegesar (und dessen verdientem Vater) historische Gerechtigkeit widerfahren konnte.

Anton von Ziegesars Tätigkeit in den Jahrzehnten zwischen 1814 und 1843 war Bestandteil jener weitreichenden Umwandlungsprozesse, die den Weimarer Staat vom Ende der Kriege gegen Napoleon bis zum Vorabend der Revolution von 1848 begleiteten und ausfüllten. Das neue Großherzogtum integrierte sich in die Zeitläufe, die einerseits durch das »monarchische Prinzip« und den damit korrespondierenden Verfassungen und Parlamenten, sowie andererseits durch die restaurativen und obendrein reaktionären Karlsbader Beschlüsse von 1819 und deren Verschärfung nach dem Hambacher Fest von 1832 charakterisiert wurden.

Der Staat des klassischen Weimar erlebte mit seinen Dichtern, Gelehrten und Studenten – nicht nur durch das im nationaldemokratischen Geiste etwas fragwürdige Wartburgtreffen von 1817 – in ganz Deutschland begeisterten Widerhall. Er wurde aber auch abgrundtief verachtet und gehaßt. In diesem geistig und politisch determinierten Wechselbad übte Rußland im Rahmen und Namen der »Heiligen Allianz« in Weimar stärker als in jedem anderen deutschen Kleinstaat unmittelbare und langjährige politische Präsenz aus. Rußlands Einfluß fand in der dynastische Verbindung, in enormen finanziellen Zuwendungen, einer aktiven Reise- und Besuchsdiplomatie sowie in dem flexiblen taktischen Verhalten der Erbgroßherzogin Maria Pawlowna auf dem schmalen Grat zwischen Autokratie und Liberalität seinen Niederschlag. In diesem Zusammenhang kam den strategisch gedachten Beziehungen Weimars zu Preußen eine besondere Bedeutung zu. Seit 1830 erfolgten mit der Integration Weimars in den Thüringer und in den Deutschen Zollverein zudem wesentliche Schritte auf dem Wege zum deutschen Nationalstaat und zum Versuch der Anpassung von industrieller Revolution und politischem Überbau.

Schließlich erlebte Weimar in der ersten Hälfte des 19. Jahrhunderts einen in jeder Hinsicht tiefgreifenden Generationswechsel. Die Zeit der Weimarer Klassik ging mit dem Tode Carl Augusts 1828 und Goethes 1832 endgültig dahin. Weimars Rolle als geistiges und literarisches Zentrum Deutschlands drohte zu ersterben. Die Konkurrenz anderer deutscher Staaten trug dazu nicht unerheblich bei. In dieser Situation war es vor allem der Großfürstin Maria Pawlowna zu danken, daß mit neuen Köpfen und neuen Ideen nach einer allgemeinen Standortbestimmung gesucht wurde, daß ernsthafte Überlegungen und Initiativen zu der Erkenntnis führten, die Bewahrung des klassischen Erbes konnte nur Bestand besitzen, wenn sie mit neuen Inhalten verbunden werden würde.

Besonders in den dreißiger und vierziger Jahren unternahm Maria Pawlowna u.a. mit dem Baumeister Coudray oder dem Musiker Hummel große Anstrengungen, das klassische Erbe mit neuem Geist zu vereinen. Die Berufung des genialen Virtuosen und Komponisten Franz Liszt und der – leider gescheiterte – Versuch einer Goethe-National-Stiftung glichen einem befreienden und erleuchtenden Signal in die Zukunft.

Bei all diesen – hier lediglich grob skizzierten – gesamtgesellschaftlichen Veränderungen und bei den übergreifenden sozialpolitischen Problemen in Europa, Deutschland und in Sachsen-Weimar-Eisenach während der ersten Hälfte des 19. Jahrhunderts ist die bisher nirgendwo untersuchte Frage interessant, welchen persönlichen Anteil am Geschehen ein Mann wie Anton von Ziegesar, der wesentlichen Einfluß auf das Parlament, die Rechtsprechung, die Universität und das Patriotische Institut der Frauenvereine ausüben konnte, tatsächlich besessen hat, welche Rolle er bei der Lösung der außerordentlich komplizierten politischen und rechtlichen Probleme seiner Zeit gespielt hat. Das notwendig vorweg genommene Urteil macht im eigentlichen Sinne scheinbar ein wenig ratlos.

Anton von Ziegesar, der in allen wichtigen Gremien präsent war, ist nirgends und zu keiner Zeit durch sonderliche oder gar aufdringliche politische Exponiertheit aufgefallen. Auf der zeitlosen Bühne politischer Selbstdarstellung vertrat er stets den Willen seines Herrschers und der Regierung und suchte diesen durch liberale Mäßigung, Kompromißbereitschaft und auch durch menschliche Güte und Warmherzigkeit mit Leben zu erfüllen. So hoch er in der Hierarchie des Weimarer Staates auch stieg, er blieb im Grunde der freundliche, hilfsbereite und servile Kammerherr aus dem Jahre 1808. Anton von Ziegesar ist ein grundgütiger Mensch gewesen, der weder die aggressiven Züge seiner märkischen Raubritter-Vorfahren, noch das streitbare Durchsetzungsvermögen des von ihm verehrten Vaters besessen hat. Aber selbst die in dem vorliegenden Buch angebotenen Streiflichter aus seinem reich gefüllten Leben zeigen, daß derartige unauffällige Persönlichkeiten stets benötigt werden – auch und gerade im unbarmherzigen politischen Alltag. Ohne deren hilfreiche Dienste ginge jeder Staats- oder Landesminister sehr bald seines Mandats verlustig.

Anton von Ziegesar ist mitten in politische und Lebenssituationen hineingestellt worden, die spannungsgeladen, emotional, kontrovers und für viele Menschen schicksalsbestimmend gewesen sind. Vielleicht hat gerade seine ausgleichende und menschenfreundlich-liberale Art zum Abbau der Spannungen beigetragen. Zunächst aber verschwand er erst einmal hinter dem Geschrei der Kampfhähne.

Da gab es die ernste Staatskrise Weimars in den Jahren 1817 und 1818, in der mehr als einmal Tradition, Existenz und Reputation des ganzen Gemeinwesens auf dem Spiele standen. Diese Krise vereinte und gefährdete zugleich alle jene Elemente und Bereiche, in denen Ziegesar »zu Hause« gewesen ist: die Fürstenherrschaft, Parlament und Konstitution, das Verhältnis zu Rußland, die geistige Produktivität und Unruhe der Universität und der Residenz, die ersten gefügten Steine am Bau des Rechtsstaates, sowie das bereits zum Erbe werdende Gewicht der Klassik. Dieser umfassenden Dimension des Problems müssen schon gewichtige Ereignisse zugrunde gelegen haben.

1816 war am 5. Mai die neue Weimarer Verfassung verabschiedet worden. Damals lobte man Ziegesars »Geschäftskenntnisse, seine vermittelnde Gewandtheit und seine Treue für Fürst und Land«. Er erhielt vom Großherzog den »Orden zum Weißen Falken«. Das war ein verdienter Lohn für seine Rolle in den mitunter harten Debatten, die im Frühjahr 1816 zwischen dem Landesfürsten, der Regierung und der beratenden Versammlung, der Ziegesar präsidierte, geführt worden waren. Am Ende stand ein Grundgesetz, das die Prärogative des Großherzogs nicht grundsätzlich beschnitt, aber dem Prinzip freier Wahlen Rechnung trug, eine breite Mitwirkung des Parlaments an der Gesetzgebung einschloß und im ganzen Lande bürgerliche Rechte und Freiheiten – wie z.B. die Pressefreiheit – garantierte.

Dieses Grundgesetz konnte für Deutschland vorbildlich sein und bedeutete ohne Zweifel eine Aufwertung der liberal-konstitutionellen Kräfte – auch jener, die sozial dem Adel entstammten. Es enthielt zwar weiterhin altständische Relikte, eröffnete jedoch den Weg zu einem modernen parlamentarischen Repräsentationstyp bürgerlicher Gesinnung. Anton von Ziegesar, hatte die Debatten um das Dokument weder initiiert noch sichtbar federführend beeinflußt. Aber er hatte als Vorsitzender der Beratungskommission der Deputation das letzte Wort beim abschließenden Entscheid über deren konstruktive Vorschläge.

Im Februar 1817 trat der erste Landtag zusammen. Anton von Ziegesar gehörte dem Parlament als gewählter Vertreter der Ritterschaft an. Der Landtag erhielt von der Regierung sofort die außerordentlich komplizierte Aufgabe, eine umfassende Finanz- und Steuerreform zu verabschieden. Während der Landtag noch in der Frage der Steuerfreiheit für die Rittergüter auseinanderzubrechen drohte, letztlich jedoch zu einem einvernehmlichen Kompromiß gelangte, zogen über dem Großherzogtum neue gefährliche politische Wolken herauf.

Die mit den Bemühungen um die Veröffentlichung der Parlamentsdebatten einhergehenden Anstrengungen zur allgemeinen Erweiterung der Pressefreiheit, reichte manchem Politiker in Deutschland und in Weimar inzwischen wesentlich zu weit. Auch die 1815 mit des Großherzogs Einwilligung gegründeten Burschenschaften rumorten und bereiteten sich zu einem gesamtdeutschen Treffen auf der Wartburg vor. Es ging im gesamtgesellschaftlichen Sinne um politische Freiheiten, nationalliberale Einheitsgedanken und um die Gewährung verfassungsgestützter Rechte. Das erschien den politischen Mächten der »Heiligen Allianz« als eine von Weimar ausgehende Gefahr, die unterbunden werden mußte, damit sie nicht auf den gesamten Deutschen Bund ausstrahlte.

Die Gelegenheit zum Eingreifen kam mit dem Wartburgtreffen vom Oktober 1817 und durch die im Januar 1817 beginnende Kotzebue-Affäre: Im Großherzogtum Sachsen-Weimar-Eisenach begann eine politische Krise, welche die Autorität des Fürsten, die Verfassung, das Parlament und die liberalen Freiheiten gefährdete. Diese Krise erlaubte zugleich auch einen Einblick in das Maß des politischen Einflusses, den Rußland in jenen Jahren auf Weimar ausübte, um seine allgemeinen machtpolitischen Positionen in Mitteleuropa zu stärken.

Gerade dieser Gesichtspunkt führt uns erneut unmittelbar zur Großfürstin Maria Pawlowna und zu Anton von Ziegesar zurück. Hatte das klassische Weimar bislang in dem allgemein anerkannten Ruf gestanden, der literarische Mittelpunkt Deutschlands zu sein, so geriet das Großherzogtum 1817/18 dank seiner verfaßten bürgerlichen Freiheiten zum politischen Zankapfel der gerade erst gegründeten »Heiligen Allianz«. Hier entwickelte sich ein regionaler Testfall für die Tragfähigkeit und auch Haltbarkeit moderner konstitutioneller Systeme mit den ihnen eigenen liberalen Freiheiten.

Die auf ganz Europa orientierte Restaurationspolitik Metternichs und der russischen Regierung stand oft genug im geradezu schroffen Gegensatz zu den konstitutionellen, nationalstaatlichen und freiheitlichen Bestrebungen in deutschen und anderen Staaten, sintemal in Sachsen-Weimar-Eisenach. Im Hintergrund lauerte stets der Metternich unruhig antreibende Aspekt, daß eine Konstitution in Preußen der österreichischen Vormacht im Deutschen Bund sehr gefährlich werden könnte.

In St. Petersburg und Wien brüteten die Regierungsbürokraten eine ganze Reihe von Maßnahmen aus, mit denen sie einen richtungsändernden politischen Druck auf das kleine Sachsen-Weimar-Eisenach auszuüben hofften. Dazu gehörte u.a., daß bereits Ende 1816 der damals auf Deutschlands Theaterbühnen vielgespielte Satiriker und Publizist August von Kotzebue in Weimar angesiedelt wurde. Kotzebue stand in russischen Diensten. Er besaß den beeindrukkenden, im Grunde aber nichtssagenden, alternden Honoratioren vorbehaltenen und kaum einträglichen Titel eines Staatsrates, hatte dafür aber die Aufgabe, die innere Entwicklung Weimars zu überwachen und seine Beobachtungen an die russischen Regierung zu übermitteln.

Das Wartburgfest vom Oktober 1817 erschien den Hauptmächten der »Heiligen Allianz« als geeigneter Anlaß, geharnischt in Weimar einzuschreiten. Das Fest wurde kriminalisiert und mit einem Gespinst von Lügen und Verdächtigungen umgeben. Das Studententreffen erhielt einen politischen Stellenwert, den es in Wirklichkeit gar nicht besessen hatte und wurde in eine extrem aufrührerische Veranstaltung umgedeutet. Aus der zweifelhaften und für jeden Demokraten natürlich inakzeptablen Bücherverbrennung durch einige Teilnehmer des Festes schlußfolgerte die russische Regierung in einem Kabinettsschreiben an Großherzog Carl August, daß jede deutsche Universität als Reichstag und jede Studentengruppe als Kampfeinheit für die Vereinigung Deutschlands zu betrachten sei. Das war eine vollkommen absurde Überschätzung. Zu einer derartigen Größe hat sich eine deutsche Universität noch nie erheben können. Aber – der Zweck heiligte die Mittel.

Carl August, das Weimarer Parlament, die Verfassung, die liberal-konstitutionelle Presse – alle gerieten unter einen zuvor niemals gekannten politischen Druck. Die Regierung wollte erklären, die Kritik versachlichen, Gerechtigkeit walten lassen. Es half nichts. Zudem ließen sich die liberalen Kräfte selbst die Angriffe auf die errungene Pressefreiheit nicht gefallen und suchten in dem Streit zu allem Überfluß auch noch nach eigener Profilierung. Dadurch entstand wiederum ein neuer Konflikt, diesmal zwischen der Weimarer Regierung und den eigenen Publizisten um Oken, Bertuch, Wieland oder Luden. Die Ausarbeitung der Verfassung war im Jahre 1816 durch ein konstruktiv-kritisches Einvernehmen von Regierung und Presse begleitet worden. Im Jahre darauf sah sich der Großherzog zu Repressionen gegen die demokratische Presse veranlaßt, die zu einer gefährlichen Konfrontation der einstigen konstitutionellen Partner führte.

Da der liberal-konstitutionelle Grundansatz des Fürsten jedoch seit langem bekannt war, suchten Presse und Öffentlichkeit die Schuld an dem geräuschvollen politische Dilemma nicht ganz zu Unrecht in dem Druck aus Wien, Petersburg und auch aus Berlin. Der abstrakte Vorwurf konnte personifiziert werden. Die in Weimar ansässige »russische Parthie«, so der einflußreiche Publizist und Unternehmer Bertuch, geriet ins Zwielicht. Es gab keine Kritik an der Erbgroßherzogin Maria Pawlowna, die ob ihrer Freundlichkeit, Mildtätigkeit und ihres Reichtums beliebt war, sich in politischen Fragen scheinbar zurück hielt und obendrein zur großherzoglichen Familie gehörte.

Aber da gab es den 1814 von Dresden nach Weimar versetzten Oberhofmarschall und Staatsminister Albert Cajetan

Graf Edling. Er galt der Weimarer Presse nicht nur als stockkonservativ, sondern auch als Zuträger der russischen Regierung. Zu diesem Gerücht gab vor allem Edlings Gemahlin den Anlaß: Roxana Sturdza, eine gebürtige Griechin, hatte auf dem Wiener Kongreß als Hofdame der russischen Kaiserin Elisabeth Alexejewna gedient. Roxana zeichnete sich durch zwei bemerkensverte Verbindungen aus. Ihr Bruder, Alexander Skarlatowitsch, diente dem Kaiser Alexander I. als Privatsekretär; sie selbst war eine begeisterte Anhängerin der damals bekannten baltisch-lettischen Mystikerin und Bußpredigerin Juliane Baronin von Krüdener. Die Krüdener besaß in jenen Jahren entscheidenden Einfluß auf Alexander I., bestärkte diesen in seinen abgehobenen religiösen Überzeugungen und führte dessen Hand bei den Entwürfen, die »Heilige Allianz« zu einem christlich-ethischen Konstrukt der Fürsten Europas unter russischer Führung auszugestalten. Alexander I. und die Krüdener fertigten Papiere, über die der Realpolitiker Metternich nur verwundert den Kopf schütteln konnte.

Alexander Skarlatowitsch konnte mit Hilfe der Schwester und der Baronin Krüdener seinen Einfluß auf Alexander I. stärken und ihm z.B. später, 1818, auf dem Aachener Kongreß der »Heiligen Allianz« die geheime Denkschrift über die deutschen Universitäten vorlegen. So liefen die politischen Fäden: Der zum engsten Kreis Alexanders I. zählende Graf Sturdza dirigierte über die Schwester den Weimarer Hofmarschall Edling. Und – von Edling bestand kein weiter Weg bis zu Kotzebue, der die russische Regierung nahezu monatlich mit Berichten über alle wichtigen Ereignisse in Deutschland und Frankreich versorgte. Im November 1817 eröffnete Kotzebue in Weimar ein eigenes »Literarisches Wochenblatt« im Stile der dem Autor eigenen intriganten Pamphletistik, mit dem er den Haß aller liberal-konstitutionellen Kräfte in einer Weise erweckte, die selbst Goethe zu Ängsten und Bedenken veranlaßte.

Die Entlarvung Kotzebues, des aus Petersburg gesteuerten Agenten, rangierte in den Augen der liberalen Publizisten als vordringliche Aufgabe zur Rettung der Weimarer Verfassung und Pressefreiheit. Der Historiker und Publizist Heinrich

Luden veröffentlichte in seiner Zeitschrift »Nemesis« Auszüge aus einem denunzierenden Geheimbulletin Kotzebues über die Lage unter den politischen Schriftstellern Weimars und Jenas. Die sorgfältige Planung dieses von Luden geführten Gegenschlages bewirkte, daß Kotzebues Schmähschrift bald in ganz Deutschland bekannt wurde und einen politischen Skandal auslöste: Die Öffentlichkeit wurde gegen die »russische Parthie« mobilisiert. Kotzebue unternahm alle Anstrengungen, um Luden und andere Publizisten zu kriminalisieren.

Die russische Regierung übte massiven Druck auf Großherzog Carl August aus. Graf Edling bot demonstrativ seinen Rücktritt an. Der russische Bevollmächtigte an den sächsischen Höfen, General Chanykow, kam nach Weimar und überreichte Carl August ein drohendes Kabinettsschreiben des russischen Zaren. Carl August geriet unter persönlichen Druck und mußte etwas tun. Der Zwang zum Handeln konnte sich in diesem konkreten Falle nur gegen die liberalen Publizisten, gegen die Pressefreiheit und letztlich – gegen die gerade erst sprießenden konstitutionellen Triebe richten. Der Großherzog suchte nach Kompromissen. Er mußte sich vor den Großmächten Rußland und Österreich rechtfertigen. Carl August mahnte dabei einheitliche Pressegesetze im Deutschen Bund an, und erließ gleichzeitig im April 1818 die »Verordnung gegen Preßmißbräuche«. Parallel dazu schwappte eine ganze Welle gegenseitiger Gerichtsklagen hoch, die bis zum Vorwurf der Zarenbeleidigung gegen Heinrich Luden reichten. Die Verhandlung der Beschuldigungen erstreckte sich über mehrere Gerichtsinstanzen und erreichte letztlich auch das Ernestinische Oberappellationsgericht in Jena.

Anton von Ziegesar geriet gleich zweifach in die Mühlen der Krise. Die »Verordnung gegen Preßmißbräuche« war nicht durch den Großherzog, sondern durch den Vorstand des Landtags initiiert worden. Der Landtag, somit auch Anton von Ziegesar, forderte den Fürsten auf, gegen »wirkliche Rechtsverletzungen« durch die Presse einzuschreiten und dem Landtag den Entwurf eines Pressegesetzes vorzulegen. Die Verordnung reflektierte dann auch vor allem den konstitutionell-rechtsstaatlichen Geist, der Fürst und Parlament trotz aller Angriffe und Aufregungen noch immer miteinander verband.

Das Dokument nahm den Drohungen der Großmächte die Spitze, änderte die bestehenden Rechtsverhältnisse hinsichtlich der Pressefreiheit nicht wirklich und beinhaltete dennoch einige Einschränkungen für die liberale Presse. Man wagte in Weimar einen Drahtseilakt. Der Landtag betätigte sich in dieser ernsten Situation krisendämmend und versuchte, die emotionalen und politischen Wogen behutsam zu glätten. Dieses Bestreben traf auch auf das Oberappellationsgericht in Jena zu. Anton von Ziegesar hatte Ende des Jahres 1816 das Amt des Vizepräsidenten am Oberappellationsgericht übernommen. Diese Berufung entsprang keinem zielgerichteten politischen Kalkül, das aus der sich anbahnenden Staatskrise entsprungen wäre. Die Präsidentschaft des Gerichts sollte langfristig für Anton von Ziegesar gesichert werden. Aber das Gericht leistete auch in den Jahren 1817/18 seinen Beitrag, die konstitutionellen Grundlagen des Staates nicht den politischen Großmachtinteressen der »Heiligen Allianz« zu opfern und ein Mindestmaß an rechtsstaatlicher Bewegungsfreiheit zu sichern. Es war schwierig genug, die unterschiedlichen publizistischen Interessengruppen im Innern des Landes um Oken, Wieland oder Luden auseinander zu halten – von dem allgemein artikulierten Haß gegen August von Kotzebue gar nicht zu reden.

Anton von Ziegesar wirkte 1817 im Parlament und am Oberappellationsgericht. Es kam die dritte Ebene hinzu, die eng mit der Frage verbunden war, welche konkrete Stellung die Großfürstin Maria Pawlowna in dem schwelenden Konflikt zwischen Weimar und Rußland einnahm. Rußland wirkte über seine Diplomaten, Agenten und Politiker im Sinne der Disziplinierung durch offizielle Noten und Provokationen auf Weimar ein. Die dynastische Verbindung schuf die Möglichkeit, über eine aktive Besuchs- und Reisediplomatie Mitglieder der kaiserlichen Familie direkt am Weimarer Hof erscheinen zu lassen.

Ein Überblick über die gesamte Weimarer Zeit Maria Pawlownas führt zu dem überzeugenden Resultat, daß diese Form einer aktiven dynastischen Familienpolitik in den Jahren 1817/18 besonders intensiv gewesen ist und in ihrer Dichte später nicht noch einmal wiederholt wurde. Den Höhepunkt sollten im Herbst 1818 die Visiten Kaiser Alexanders I. und der Kaiserinwitwe Maria Fjodorowna bilden.

Die Vorstellung wäre absurd, daß die kluge und zielstrebige Maria Pawlowna dem Treiben im Weimarer Staat lediglich interessiert, aber unbeteiligt zugesehen hätte. Sie offenbarte vielmehr eine Form des politischen Einwirkens auf das Großherzogtum, die im Rahmen des verfaßten monarchischen Rechtsstaats eine Variante russischer Autokratie offerierte, die geeignet war, das »monarchische Prinzip« zu stärken und auf diese Weise Fürstenherrschaft und Konstitution auf eine Art miteinander zu verbinden, die in Rußland selbst unmöglich schien.

Es ist in einer zweiten Deutungsmöglichkeit jedoch auch nicht auszuschließen, daß Maria Pawlowna nach einem in Petersburg abgestimmten Konzept handelte und der verfassungsrechtlichen wie konstitutionellen Evolution Weimars ein autokratisches Modell entgegenstellte, das, angesiedelt im Bereich der publikumswirksamen öffentlichen Wohltätigkeit, seine Wirkung auf die einfachen Menschen nicht verfehlte. Für diese These spricht das Wirken der Schwester Marias, Katharina Pawlowna, die 1816 mit dem württembergischen Thronfolger verheiratet wurde und dort genau das gleiche Modell einer zentralistischen Wohltätigkeitsorganisation einrichtete – auch das Königreich Württemberg zählte zu den Vorreitern verfaßter Staatsorganisation.

Andererseits darf nicht übersehen werden, daß aktive Wohltätigkeit zum Nutzen armer und sozial benachteiligter Menschen tief im paternalistischen Herrschaftsverständnis der russischen kaiserlichen Familie verwurzelt war und daß dieses Bewußtsein durch Kaiserin Katharina II. und deren Schwiegertochter Maria Fjodorowna, der Mutter Maria und Katharina Pawlownas, zielstrebig gefördert worden ist. Und schließlich: Eine allgemeine Wohltätigkeitsorganisation konnte dem schlechten Eindruck, den die »russische Parthie« in Weimar hervorgerufen hatte, nur positiv entgegenwirken.

Wie im Landtag oder am Oberappellationsgericht stand Anton von Ziegesar im Zentrum der von Maria Pawlowna geschaffenen Organisation. Die organisierte Wohltätigkeit besaß natürlich eine Vorgeschichte, welche eng mit der politischen Entwicklung Sachsen-Weimar-Eisenachs verbunden war.

Im November 1813 hatte Carl August im Kampf gegen Napoleon zur Bildung einer Freiwilligenschar aufgerufen. Die wurde im Januar 1814 vereidigt. Maria Pawlowna soll bei dieser Gelegenheit euphorisch ausgerufen haben: »Es schmerzt mich nichts mehr, als daß ich nicht auch den Degen ziehen kann.« Eine Deputation der Freischar empfing aus Marias Händen eine mit ihrem Namenszug bestickte Standarte. Die Rückseite des Tuchs zierten das Landwehrkreuz und der Spruch: »Mit Gott für Fürst und Vaterland«. Maria sprach dazu »unvergeßliche« Worte.

In diesem Zusammenhang entstanden spontan Frauengruppen, die den Kriegsgeschädigten halfen. Eine Frauenkommission wollte für verwundete und kranke Offiziere der alliierten Truppen ein Hospital einrichten. Maria Pawlowna stellte sich an die Spitze dieser Gruppe. Zu den hilfsbedürftigen Offizieren gehörten ebenso Deutsche wie Russen. Im Februar 1814 erweiterte Maria die Gruppe zu einem Verein mit umfassenderen Zielen und Aufgaben. Schon zu diesem Zeitpunkt veranlaßte Maria einen Aufruf an alle Frauen im Herzogtum, ein »Patriotisches Fraueninstitut« zu gründen.

Der Aufruf förderte Bewegungen in drei Richtungen. Es meldeten sich bereitwillig Frauen zur Mitarbeit; aus allen Bevölkerungsschichten gingen Sachspenden, Geld und tätige Hilfsbeweise ein, mit denen verwundeten Soldaten geholfen, sowie die im Felde stehenden Landwehrmänner und vom Kriege betroffene Ortschaften unterstützt werden konnten; die Organisation griff auch nach Eisenach über. Als im Frühjahr 1815 der Krieg erneut aufbrach, bewährten sich die so entstandenen Organisationen bereits auf einer festeren Basis.

Schon in jenen Monaten ging man in Weimar über die reine Fürsorge für Hilfsbedürftige hinaus und machte sich Gedanken, wie junge Mädchen, meist Waisenkinder, besser auf weibliche Hilfsdienste und praktische Tätigkeiten vorbereitet werden konnten. Aus den Überlegungen erwuchsen die »Industrieschulen«. 1816 wurden bis zu 150 Mädchen durch drei angestellte Lehrerinnen und freiwillige Mitglieder des Frauenvereins im Nähen, Wäschezeichnen, Stricken, Baumwolle- und Flachsspinnen, sowie einzelne der Mädchen im Waschen, Bügeln und Kochen unterrichtet. Das Rohmaterial wurde kostenlos von Maria Pawlowna oder aus privater Hand zur Verfügung gestellt.

Die Weimarer Initiative machte in der allgemeinen Notlage rasch Schule. Frauenvereine entstanden in Eisenach, Jena, Allstedt, Ilmenau, Ulrichshalben, Schwerstedt, Magdala und Stadtsulza. Das war jedoch nur der Anfang einer zunächst spontanen Bewegung. Abermals trat Maria als Initiatorin des nächsten Schritts in Erscheinung und schuf mit großherzoglicher Billigung eine zentralistische Organisation, die in Anlage, Aufbau und Arbeitsweise der russischen autokratischen Tradition gut zu Gesicht stand.

Im Krisenjahr 1817, als die Anfänge von Parlament und Konstitution gegen prinzipielle Angriffe auch von russischer Seite verteidigt werden mußten, ergingen die rechtsstaatlich unanfechtbaren »gesetzlichen Bestimmungen für das patriotische Institut der Frauenvereine in den Großherzoglich Sachsen-Weimar-Eisenachschen Landen«. Der Widerspruch schien sofort evident: Keine andere Schöpfung Maria Pawlownas entsprach nach Aussagen von Zeitgenossen – z.B. des Staatsministers von Watzdorf – so sehr ihrem eigenen Charakter und Selbstbewußtsein wie das »Patriotische Institut«. Obwohl es in seiner Grundtendenz auf einem strengen Zentralismus, der uneingeschränkten Autorität der Vorsitzenden und einer peniblen hierarchischen Rechnungsführung aufgebaut wurde, sollte es der Entwicklung wirtschaftlicher und sozialer Eigeninitiativen mit praktisch sichtbarem und finanziell meßbarem Erfolg dienen.

Maria Pawlowna hat die programmatischen Grundlagen und die Statuten für das Institut selbst verfaßt. Die Einleitung ist eines der wenigen Dokumente, in denen sie eine politisch und sozial motivierte Meinung öffentlich aussprach, ohne sich hinter der Autorität des Regenten zu verbergen und die sie staatsrechtlich in einem Gesetz fixieren ließ. Zudem kam einer derartigen Äußerung gerade in den kritischen Jahren 1817/18 eine nicht zu unterschätzende politische Bedeutung zu: »In dem großen Kampfe für deutsche Unabhängigkeit, da jeder sich aufgefordert fühlte, nach allen seinen Kräften zu dem allgemeinen Zwecke beizutragen und keiner zurückstehen mochte, mußten auch die, welche von der Natur selbst bestimmt sind, das Haus zu hüten, sich berufen fühlen, ihre Tage nicht unnütz für die gute Sache verstreichen zu lassen. Die Fürsorge für die Streitenden, die Pflege der Verwundeten, die Unterstützung der Hinterlassenen von den im Felde gebliebenen waren die nächsten und wichtigsten Zwecke der vom Gemeingeist beseelten vaterländischen Frauen; und nicht ohne Erfolg für die allgemeine Sache waren die stillen Bemühungen im einzelnen. Einmal erweckt zur Wohltätigkeit und zur tätigen Mitwirkung an einem allgemeinen Staatszwecke, konnten, auch nach glücklich errungenem Frieden, die gegen die Vorsehung und die aufopfernde Tätigkeit der Mitbürger dankbaren Frauen den Wunsch nicht aufgeben, ferner zum allgemeinen Besten etwas beizutragen und die hohen Gefühle von Vaterlandsliebe durch Sorge für sein Wohl, in der Fürsorge für einzelne zu erhalten und zu befördern, zumal da nach allen überstandenen Leiden des Kriegs überall Mangel und Not, als dessen unmittelbare Folgen, sich zeigten. So entstand zuerst in der Stadt Weimar der Gedanke eines Werkes, das damals neu, sich nur auf die Überzeugung der Teilnehmer stützte, ohne daß dessen fester Gesichtspunkt sich anders als aus der allgemeinen Not hätte fassen lassen können. Es wurde ein Verein gestiftet zur Unterstützung der Notleidenden, zur Beförderung edler patriotischer Gefühle; er hat sich seitdem gehalten und geleistet, was seine Kräfte und die Umstände erlaubten. Zugleich suchte man in den übrigen Städten und in einzelnen Dörfern der Großherzoglichen Lande gleiche Gesinnungen und Ansichten zu erwekken und bald merkte man, indem man bei jenen Zwecken die möglichste Rücksicht gegen die Lokalverhältnisse beobachtete, daß es hauptsächlich not tat um die Verbesserung des praktischen Teils der Erziehung der Jugend. Mit Freuden erfaßte man die Möglichkeit, durch diesen wichtigen Zweig patriotischer Tätigkeit den bürgerlichen Wohlstand zu befördern, und so entstanden mehrere wohltätige Vereine in verschiedenen Städten und auf dem Lande, wobei die Erziehung und der Unterricht der verlassenen weiblichen Jugend immer mehr und mehr als der bei weitem wichtigste und nützlichste Zweck erscheinen mußte.«

Die Erklärung stellte allein den Kampf für die »deutsche Unabhängigkeit« in den Mittelpunkt, die seither vollzogenen liberal-konstitutionellen Reformen erwähnte sie mit keiner Silbe. Sie erkannte dagegen, daß der Bildung und Erziehung der Jugend im »vaterländischen« Sinne – ein Begriff, der in Rußland mit dem autokratischen Prinzip verschmolz – erstrangige Bedeutung zukam. Die so formulierten Ziele und Absichten erfuhren in den Statuten vom 3. Juni 1817 ihre organisatorische Untersetzung.

Das Staatsgesetz verordnete, daß »Jedes Zusammentreten mehrer Frauen in einer Stadt oder auf einem Dorfe zu einem und demselben wohltätigen Zweck« als »Frauen-Verein« betrachtet werde. Jeder Mensch, der durch Geld, andere Gaben oder durch Arbeitsleistungen für die wohltätige Sache wirkte, egal ob männlich oder weiblich, galt mithin als Mitglied der Frauen-Vereine. Diese Art der Mitgliederwerbung trug ganz offensichtlich etwas demagogische und sogar diktatorische Vorzeichen, die einem verfaßten Staat nicht sonderlich gut zu Gesicht standen. Noch weit weniger entsprach es dem Prinzip freiwilliger und selbstloser Wohltätigkeit, wenn sich jeder Verein eines Dorfes oder einer kleineren Stadt dem Verein einer größeren Stadt anschließen mußte, um von diesem Rat, Unterstützung »und wenn ersterer es verlangt, Entscheidung zu erwarten«. Für diese Art einer Disziplinierung entstand ein starrer organisatorischer Rahmen. Kleinere Einheiten durften sich größeren nicht nach freier Wahl anschließen. Sämtliche Vereine im Gebiet Weimar, mit Ausschluß des Neustädter Kreises und der Ämter Jena, Bürgel, Allstedt und Ilmenau, hatten sich dem Zentralverein in Weimar unterzuordnen. Weitere Zentralvereine gab es in Neustadt (für die Ämter Neustadt und Weyda), Jena (für die Ämter Jena und Bürgel), Allstedt, Ilmenau, Eisenach (für das Eisenacher Unterland) und Lengsfeld (für das Eisenacher Oberland jenseits der Werra).

Neben dem flächendeckenden Netz von Lokalvereinen existierten sieben überregionale Zentralvereine. Alle zusammen bildeten das »Patriotische Frauen-Institut«, über das »die Erb-Großherzogin als Ober-Vorsteherin das Central-Directorium bildet, unter Zuziehung der Staatsministern von Fritsch geb. von Wolffskeel zu Weimar, als Gehülfin und Stellvertreterin in jedem Behinderungsfalle, und des Präsidenten von Ziegesar.«

Maria Pawlowna hielt den Verein fest in der Hand und ließ keinen Zweifel an ihrer alleinigen Autorität und letztlichen Kompetenz zur Entscheidung aller Sachfragen aufkommen: Nach § 6 der Statuten durften nur Frauen das Vorsteheramt ausüben. Die ausdrückliche Berufung des »Präsidenten« Anton von Ziegesar dürfte mit dessen Tätigkeit als Vizepräsident des Oberappellationsgerichts in Verbindung gestanden haben. Die alleinige Entscheidungsgewalt Maria Pawlownas über den Verein erhielt durch die Integration der höchstrichterlichen Instanz quasi eine zusätzliche juristische Legitimation. Alles besaß einen rechtsstaatlichen Rahmen: Das Staatsgesetz und das Gericht sicherten eine Institution ab, deren Anlage und Organisationsstruktur trotz des Ziels öffentlicher Wohltätigkeit im Grunde dem konstitutionellen Streben der Gesellschaft entgegenwirkten.

Eine ähnlich pseudodemokratische Qualität besaßen auch die Wahl- und Arbeitsgrundsätze des Instituts. Jeder Verein hatte mit einfacher Mehrheit eine oder mehrere Vorsteherinnen auf ein oder mehrere Jahre nebst »Gehülfin auf den Behinderungsfall« zu wählen. Die Vorschrift ließ Interpretationsmöglichkeiten zu. Exakt fixierte dagegen die Festlegung, daß die Wahl dem nächst höheren Verein anzuzeigen war und daß bei der Entstehung neuer Vereine »nöthigen Falls die Vorsteherin vom Directorium ernannt werden« konnte. Maria behielt sich auch in den Personalfragen die letzte Entscheidung vor.

Die Organisationsparagraphen enthielten keine Festlegung über die Tätigkeit »demokratischer« Beratungs- und Kontrollorgane. Im Gegenteil. Die dazu erlassenen Vorschriften widersprachen jeglicher Forderung nach gerechter Frauenemanzipation. Maria Pawlowna dekretierte, daß jeder Verein nach eigenem Ermessen einen oder mehrere Männer aufnehmen sollte, »welche das öffentliche Vertrauen genießen, zu Rathgebern und Gehülfen, auch allenfalls Rechnungsführern erwählen, und diesen alle wichtigen Schritte, welche der Verein zu thun gedenkt, vor der Ausführung zur Prüfung und Zustimmung mittheilen. Auf den Dörfern wird dazu in der Regel der Geistliche oder Schullehrer des Orts am passendsten erscheinen.« Sie selbst ging durch die Berufung Anton von Ziegesars mit gutem Beispiel voran. Die maskulinen Berater sollten in der Öffentlichkeit bekannt sein, Einfluß besitzen, Konflikte regeln können und ansonsten dem Monarchen und dessen Gliedern verpflichtet und ergeben sein. In diesem Sinne galt Anton von Ziegesar als Leitbild für den ganzen Staat, denn das Patriotische Institut schickte sich an, einer Krake gleich bis in den letzten Winkel des Fürstentums allüberwachend vorzudringen – im Namen der Wohltätigkeit, der sich zumindest aus moralischen Gründen niemand widersetzen würde.

Maria Pawlowna hatte auch alle finanzpolitischen Ziele genau durchdacht, wobei bislang nicht belegt ist, inwieweit Ziegesar in die konzeptionellen Vorbereitungen federführend einbezogen worden ist. Eine Rechenschaftspflicht der Lokal-Vereine über die Einnahmen und Ausgaben sowie über die geleistete Arbeit bestand gegenüber den eigenen Mitgliedern nicht, sondern nur zu den übergeordneten Zentral-Vereinen und vor allem dem Zentral-Direktorium. Alle drei Monate mußte mit einem persönlichen Anschreiben an deren Vorsteherinnen ein schriftlicher Bericht erstattet werden. In allen von dieser Norm abweichenden Anfragen,

Hilfeersuchen oder außerordentlichen Maßnahmen war strikt der schriftliche »Dienstweg« einzuhalten. Lediglich in ganz extremen Ausnahmesituationen durfte sich ein einfaches Mitglied »durch ein besonderes Privatschreiben« direkt an eine Vorsteherin oder an Maria Pawlowna persönlich wenden. Eine »demokratische« Note erfuhr die ganze Ordnung lediglich dadurch, daß die Zentral-Vereine gehalten waren, ihre Einnahmen und Ausgaben wenigstens alle drei Monate öffentlich darzustellen. Das Zentral-Direktorium hatte dieser Pflicht einmal im Jahr zu genügen.

Ausgerüstet mit dieser Organisationsstruktur und Arbeitsordnung, die wenig von der so euphorisch beschworenen Sanftmut und allseitigen Freundlichkeit der Initiatorin zeugten, formulierte Maria die Ziele des Instituts. Das Patriotische Institut wurde mit der Aufgabe ausgestattet: »Im Allgemeinen ist Wohltätigkeit durch gemeinsames Zusammenwirken der einzelnen Kräfte und Beförderung des Fleißes, der Hauptzweck eines jeden Vereins. Derselbe hat sich jedoch als einen außerordentlichen Hülfs-Fondes zu betrachten, dessen Wirksamkeit nur in soweit eintritt, als die vom Staate eingerichteten Armen- und Erziehungs-Anstalten nicht auslangend sind, daher denn auch die bey diesen Anstalten bestehenden Vorschriften auf das strengste zu berücksichtigen sind, die Vorsteherinnen der Vereine mit den Armen-Commissionen oder Deputationen ihrer Orte stets Rücksprache zu nehmen haben, und alles sorgfältig vermieden werden muss, was bey öffentlichen Behörden zum Anstoß gereichen könnte.«

Namentlich der letzte Gedanke erregt Aufmerksamkeit. Die öffentlichen Mittel langten zur Linderung der Not nicht aus und der Staat war in diesem Punkte auf die private Initiative angewiesen. Im vorliegenden Falle hatte sich private Mildtätigkeit einer Staatsdisziplin mit verfaßten Grundlagen unterzuordnen, und dafür sprach auch die gesamte Organisationsstruktur des Patriotischen Instituts – ohne, daß bis zu dieser Stelle die finanziellen Absichten und Ziele des Vereins überhaupt angesprochen worden wären. Die Direktorin mahnte ihre Mitglieder, das wohltätige Geschäft diskret zu betreiben, keinen Anstoß durch übertriebene

Sammelleidenschaft zu erregen und sich nach besonders mildtätigen Erfolgen keinen überschwenglichen Schwindelanfällen hinzugeben, die vielleicht sogar das Mißtrauen der Staatsorgane und der Öffentlichkeit erregen konnten. Das Institut sollte keine Winterhilfskampagnen inszenieren, sondern soziale Not lindern helfen und über diesen Weg geschickt zur Sanierung der Staatsfinanzen beitragen.

Die Institutstätigkeit erstreckte sich auf fünf Kernbereiche: Die Unterstützung alter und zur Arbeit unfähiger hilfloser Personen; die Pflege verlassener Kranker; die schnelle Hilfe in dringenden und unverschuldeten Notfällen nach Bränden, Seuchen u.a.m.; die Beförderung der Arbeitswilligkeit und des »rechtmäßigen Verdienstes« arbeitsfähiger Menschen; die Erziehung und Unterrichtung verlassener weiblicher Kinder. Die Statuten formulierten allgemeine Arbeitsrichtlinien, die für jeden Bereich galten. Die Vereine sollten nur Projekte in Angriff nehmen, die auch den jeweils realen ideellen und finanziellen Möglichkeiten wirklich entsprachen, sich nicht zersplittern, sondern auf wenige Aufgaben konzentrieren. Jeder Einzelfall sollte hinsichtlich seiner Dringlichkeit genau geprüft werden. Fortdauernde Unterstützung durfte nur bei den zur Arbeit unfähigen, hilflosen Personen gewährt werden. Das System der Krankenpflege war weiter zu durchdenken. Im § 22 wurde das Ziel formuliert, mit Hilfe der Vereine so viele Menschen wie nur irgend möglich wieder in den »normalen« Arbeitsprozeß einzugliedern.

Das Statut sah einen ganzen Katalog von Personen, Aktionen und Institutionen vor, aus denen die Geld- und Materialquellen sprudeln sollten. Dazu zählten die regelmäßigen und außerordentlichen Beiträge, Geschenke und Zuschüsse von Seiten der ordentlichen Vereinsmitglieder; staatliche Zuwendungen durch die Landesbehörden; Erlöse aus den von den Kindern gefertigten Produkten; vom Großherzog speziell für die Vereine genehmigte Kirchen-Kollekten; der Gewinn aus den von Künstlern zu Gunsten des Vereins veranstalteten Konzerten, Theateraufführungen, Ausstellungen u. dgl. m.; Gelder aus den von der Kirche selbst durchgeführten Kollekten; Zuwendungen aus den Zentral-Vereinen, die vom Zentral-Direktorium angewiesen wurden. Nur mit Zustimmung des Zentral-Direktoriums durften außerordentliche Sammlungen oder Kollekten veranstaltet werden. Wirtschaftsunternehmen spielten als Ansprechpartner oder Sponsoren keine wesentliche Rolle. Die immer wieder erwünschte finanzielle Großzügigkeit Marias fand in den Bestimmungen über die Geld- und Materialbeschaffung keinen ausdrücklichen Niederschlag.

Bei aller kritischen Analyse der Details darf der wesentliche Gesichtspunkt für unsere vorliegende Geschichte und deren Helden nicht aus den Augen verloren werden: Die Institutsgründung und der russische politische Druck im Verfassungskonflikt von 1817/1818 bildeten zwei zeitgleich wirkende Handlungsebenen. Der Kampf um eine liberalkonservative Verfassung erhielt durch eine zentralistisch-autokratische Wirtschaftsorganisation einen Widerpart, dessen besonderes Raffinement in seiner rechtsstaatlichen Konstruktion bestand. Die russische Großfürstin bewegte sich streng auf dem Boden der Weimarer Konstitution und der bestehenden Gesetze, stärkte diese durch ihre Autorität und füllte die Gesetzlichkeit dennoch mit einer Organisation aus, die den Zielen der russischen imperialen Reichsidee Rechnung trug. Und Anton von Ziegesar, der Landtagsabgeordnete und Vizepräsident am Ernestinischen Oberappellationsgericht, bot in seiner Person die Gewähr, daß wirklich alles nach Recht, Gesetz und den Regeln der öffentlichen politischen Willensbildung zuging.

Sofort mit der Gründung setzte eine fieberhafte Gründungsarbeit ein. Noch im Jahre 1817 wurden 22 Frauenvereine erfaßt, davon allein 10 in Weimar selbst. Die Vereine unterhielten 20 Industrie-Schulen, in denen 813 Schülerinnen ausgebildet wurden. Im Folgejahr stieg die Zahl der Vereine auf 30 mit 26 Industrie-Schulen und 855 Schülerinnen. Die von Natalie von Milde zusammengestellte Statistik wies für das Jahr 1842 97 Vereine mit 108 Industrie-Schulen und 3809 Schülerinnen aus. Die quantitativen Schwerpunkte lagen für die Neugründungen während der gesamten Bilanzzeit in Weimar und im Eisenacher Oberland. Danach folgten abgestuft das Eisenacher Unterland, Jena, Allstedt, Ilmenau und Neustadt an der Orla.

Die Gesamtausgaben des Instituts betrugen im Gründungsjahr 1817 28.171 Reichstaler. Jeder, der an diesen Wohltaten partizipierte, wird das Lob der mildtätigen russischen Großfürstin gesungen und voll Verachtung auf die streitsüchtigen Intellektuellen, auf die arroganten prügelnden Studenten geblickt haben, die nichts anderes taten, als dem Land Ruhe und Ordnung zu rauben, jene Ruhe und Ordnung, die nach den verheerenden Kriegsjahren bitter nötig waren.

Die materielle Lage des »Patriotischen Instituts« hat sich in den folgenden Jahren ganz wunschgemäß entwickelt. Bereits 1819 erhielten die Statuten einen Zusatz: »Capitalien sollen in der Regel aus den currenten Einkünften des Vereins nicht, und nur dann zum zinsbaren Ausleihen gebildet werden, wenn Schenkungen zu diesem Zwecke ausdrücklich geschehen sind. Sollte es möglich und räthlich seyn, aus den Ersparnissen von den currenten Einkünften der Casse dergleichen Capitalien zu bilden, so ist solches jedes Mal dem Central-Directorium mit Angabe der Gründe, warum die currenten Einkünfte nicht dem Zwecke des Vereins gemäß verwendet wurden, schriftlich anzuzeigen und von diesem dann zu entscheiden, ob die ersparten Gelder verzinslich angelegt werden sollen.«

Im dritten Jahr seiner Existenz arbeitete das gemeinnützige Institut nicht nur profitabel, sondern es konnte Kapital bilden und dieses verzinsen lassen. Maria Pawlowna erwies sich mit ihrer zentralistischen Organisation im liberalen Weimar sehr schnell als eine erfolgreiche Jungunternehmerin, die das Geld aus wohltätigen Spenden zur Festigung der fürstlichen Herrschaft verwendete, denn: »Alle zinsbar anzulegenden Gelder sind in der Regel an die Großherzogl(iche). Landschafts-Casse auszuleihen; eine andre Art des Unterbringens bedarf ebenfalls der vorherigen, ausdrücklichen Genehmigung des Central-Direktoriums« – also Maria Pawlownas. Außerdem bestimmte sie sich selbst zur alleinigen Aufsichtsperson: »Die Dokumente über die ausgeliehenen Gelder sind jedes Mal bey dem Central-Directorium zu deponieren, woselbst die selben sicher aufbewahrt und die nöthigen Gegenscheine an den betreffenden Verein, ausgefertigt werden sollen.« Die Landschaftskasse aber unterstand der Kontrolle durch den Landtag. Und im Landtag besaß Anton von Ziegesar als Referent der Kommission für Verfassungsfragen eine Schlüsselstellung. Er konnte für Maria Pawlowna nicht nur als Vizepräsident des Oberappellationsgerichts, sondern auch als Mitglied des Landtags eine vertrauenswürdige und obendrein hilfsbereite Persönlichkeit sein, der man sich im Bedarfsfalle sicher sein konnte – diskret und zuverlässig.

Es gehörte selbstverständlich zu den Methoden politischer Einflußnahme, daß der Kaiserhof in Petersburg das Patriotische Institut finanziell förderte. Die Gelder flossen kontinuierlich in Jahresraten, Geschenken und Sonderkonditionen von insgesamt mehreren zehntausend Rubeln jährlich in die Privatschatulle Maria Pawlownas. Aber allein aus den Zuwendungen vom russischen kaiserlichen Hof sollte das Institut nicht gespeist werden. Maria Pawlowna hatte das Prinzip der Hilfe zur Selbsthilfe auf ihre Fahnen geschrieben – für die Hilfsbedürftigen ebenso wie für die Helfenden! Schon bald nach der offiziellen Gründung des »Patriotischen Instituts« konnte sie es absehen – zum Schaden für die großherzogliche Familie würde sich die Neuschöpfung nicht entwickeln.

Da gab es andererseits jedoch auch die scharfe Kritik, die Großherzogin Louise an dieser Seite der Tätigkeit ihrer Schwiegertochter übte. Louise schrieb an ihren Bruder: »Die Wohltätigkeit ist zur Mode geworden. Liebst Du diese Frauen, diese coureuse de bienfaisance, die die Menschen in Kontribution setzen und ihnen das Messer an die Gurgel halten, um die Armen zu nähren und zu kleiden? Ich liebe sie nicht und ebensowenig den famosen Frauenverein, bei dem es Mitglieder gibt, die in die Häuser gehen und in allen Winkeln nach Dingen suchen, die sie für ihre edle und rührende Wohltätigkeit brauchen können. So ist die Welt, wie wenig genügt, um eine gute oder schlechte Reputation zu haben.« An anderer Stelle nahm Louises Sarkasmus noch an Schärfe zu: »Unser Frauenverein thut tausenderlei Dinge; was thut man nicht, um Guthes zu thun? Was mich betrifft, so würde mich all diese Unruhe und die Art des Wohlthuns mit Pauken und Trompeten, unbeschreiblich anekeln.« Eine einsame kritische Stimme in dem großen Meer der Ja-Sager?

Natürlich besaß Louise niemals ein überragend herzliches Verhältnis zu ihrer Schwiegertochter, und sie partizipierte selbstverständlich auch an deren aufgeweckten Geldgeschäften. Sicherlich ahnte Louise auch etwas von den politischen Hintergründen des ganzen Wohltätigkeits-Spektakels. Es ist jedoch auch durchaus denkbar, daß die – in ihren Augen – mit wohltätigem Anstrich verbrämte und staatlich lizenzierte Schnorrerei die Abscheu einer aristokratischen Seele wie Louise erweckt hat. Dafür bestand jedoch keinerlei Grund. Die Verheiratung ihrer Schwester Wilhelmine mit dem russischen Großfürsten Paul im Jahre 1773 ist für den Hof in Hessen-Darmstadt seinerzeit auch nur ein einziges großes Geschäft gewesen.

Wenn die Großherzogin konsequent war, muß sie eine gleiche Abscheu vor der maßgeblich durch Anton von Ziegesar organisierten Silbereinsammlung durch den Landtag im Jahre 1815 empfunden haben. Darüber ist indes nichts bekannt geworden. Einen Aspekt sollte man zumindest anerkennen: Die reine selbstlose und christliche Wohltätigkeit, das schiere Vermächtnis Maria Pawlownas ist das Institut nicht gewesen und auch später nicht geworden. Aus Marias Sicht diente es weniger der sozialen Frauenemanzipation als der kaum realisierbaren Verwirklichung autokratischer Prinzipien auf deutschem Boden. Das Großherzogtum Sachsen-Weimar-Eisenach erwies sich als ein Land mit ausgeprägter Experimentierfreude auf politischem Gebiet. Das kam der Großfürstin entgegen, und sie nutzte es im patriarchalischen Sinne – zum politisch zweckmäßigsten Augenblick. Und auf gar keinen Fall darf bei der Betrachtung des Patriotischen Instituts der Zusammenhang zwischen dem Reformeifer des Großherzogs, dem damaligen erbitterten Kampf um die Verfassung und die Pressefreiheit, den restaurativen politischen Tendenzen in ganz Deutschland und dem energischen Aufmarsch großer Teile der russischen kaiserlichen Familie besonders in der zweiten Jahreshälfte 1818 in Weimar aus den Augen verloren werden.

Damit ist abermals der Bogen zwischen den Verfassungskonflikten und dem »Patriotischen Institut« gespannt. Tatsächlich gelang es dem massiven Einsatz Metternichs und der russischen Regierung, im Herbst 1818 die Weimar-Jenaer liberale Abwehrfront gegen August von Kotzebue aufzuspalten. Das bereits oben erwähnte Memoire des Grafen Alexander Sturdza verlangte ein Verbot der klassischen deutschen Universität und der akademischen Lehrfreiheit. Zwar blieb dieser russische Wunsch vorerst unerfüllt, aber als Alexander I. und Maria Fjodorowna in Verbindung mit ihrer Reise zum Aachener Kongreß der »Heiligen Allianz« im Herbst 1818 Weimar und Jena besuchten, spitzten sich die Ereignisse noch einmal dramatisch zu.

In Jena rissen irregeführte Studenten eine Ehrenpforte für Maria Pawlowna ein, in Weimar tauchten Morddrohungen gegen Alexander I. auf. Die Gegenreaktion errang politischen Symbolwert: Die kaiserlichen Herrschaften besuchten Einrichtungen des »Patriotischen Instituts«, freuten sich über die wohltätigen Leistungen Maria Pawlownas und wagten sich anschließend in die Höhle des Löwen. Sie besuchten die Universität Jena. Als liebevolles Andenken erbat sich Maria Fjodorowna eine vollständige Liste aller Jenaer Professoren und deren Fachgebiete. Man wollte die alma mater auch weiterhin förderlich im Auge haben. Der Petersburger Hof verfügte über einen Fonds zur Unterstützung der wissenschaftlichen Akademien und Hochschulen in Europa. Vielleicht ließ sich ja über zusätzliche Spenden, bzw. ausbleibende Mittel, je nach dem, ein wenig zur Beruhigung der Lage im Sinne der »Heiligen Allianz« beitragen. Goethe ließ die Liste zusammenstellen und übergab sie den Gästen. Dann reisten die hochwohlgeborenen Herrschaften nach Berlin, um mit dem preußischen König das weitere Vorgehen gegen die Unruhestifter in Weimar und Jena zu beraten. Der Vertraute Maria Pawlownas, Anton von Ziegesar, hatte an den Gesprächen in Weimar alleweil teilgenommen.

Am 23. März 1819 ermordete der Jenaer Student Karl Ludwig Sand den offensichtlich nicht nur im engeren Umkreis Weimars und Jenas verhaßten August von Kotzebue. Fürst Metternich, der spiritus rector der »Heiligen Allianz«, hielt den gewünschten Anlaß in Händen, mit drakonischen Mitteln gegen alle freiheitlichen und demokratisch gesinnten Kräfte in Deutschland, vor allem jedoch gegen das »Jakobinernest« in Weimar und Jena selbst direkt einzuschreiten. Die Karlsbader Beschlüsse vom 20. September 1819, die am 6. November des gleichen Jahres in Sachsen-Weimar-Eisenach zum Landesgesetz erhoben werden mußten, zerbrachen vorerst das bis dahin mit mehr oder weniger Eifer gepflegte partnerschaftliche Verhältnis zwischen dem Fürstenhaus, der Regierung und den liberal-konstitutionellen Kräften. Pressezensur, Professorenentlassungen und das Verbot der Burschenschaften gehörten ebenso zu den Beschlüssen wie die Verhängung der Kuratel über die Universitäten. Als sich die zuständigen ernestinischen Landesregierungen Gedanken machten, wer das Amt des Kurators an der Universität Jena ausüben könnte, galt ihnen Anton von Ziegesar als erster Kandidat! Seine treue Einfühlsamkeit und politische Ausgeglichenheit, seine Nähe zu Maria Pawlowna und zum Landtag konnte eine Gewähr dafür bieten, daß die Karlsbader Beschlüsse trotz allen Drucks aus Wien und Petersburg – wie auch unter Berücksichtigung der notwendigen Selbstzensur – mit Augenmaß und Würde umgesetzt werden konnten.

Wie wichtig Anton von Ziegesars ausgleichende Art in dieser kritischen Situation gewesen ist, geht auch daraus hervor, daß sich Goethe gerade damals in einer Reihe von Briefen zu den verschiedensten Sachfragen direkt an ihn wandte, während der Genius seine Korrespondenz mit der Familie Ziegesar zuvor wesentlich auf Antons Schwester Sylvie beschränkt hatte.

Letztlich einigten sich die Landeregierungen im Jahre 1820 auf Philipp Wilhelm von Motz als Kurator für die Universität Jena. Aber der Name Ziegesars blieb auch für dieses Amt weiter im Gespräch und als Motz 1829 das Amt aufgab, übernahm Anton von Ziegesar tatsächlich die Kuratel über die Universität. Er galt eben doch als ausgesprochenes Multitalent, das zumindest auf landespolitischem Niveau höchsten Ansprüchen genügte!

Zwischenzeitlich erfüllte Ziegesar im Landtag und im Patriotischen Institut, bzw. am Oberappellationsgericht seine vaterländische Pflicht. Die Art und Weise, wie er diese auffaßte, kam nicht nur in den nachfolgenden Debatten über die Zwangsmaßnahmen nach den Karlsbader Beschlüssen, zu Haushaltsfragen oder über die Öffentlichkeit der Landtagssitzungen, sondern z.B. auch bei der Behandlung der Judenverordnung im Jahre 1823 zum Ausdruck.

Ziegesars Haltung zur Judenfrage entbehrte nicht einer gewissen Pikanterie. Anton von Ziegesar hatte im Jahre 1808 in seine m Brief vom 12. Juni aus Preußisch Mark abfällig darüber Klage geführt, daß man die Nacht in »schmutzigen Judenbetten« habe verbringen müssen. Fünfzehn Jahre später hütete er sich vor einer derart leichtsinnigen Bemerkung. Er diente auch nicht mehr als junger, noch unbedarfter Kammerherr, sondern Ziegesar hatte sich in einen reputierlichen Rittergutsbesitzer mit hohen Staats- und Justizämtern gewandelt, mitten hineingestellt in eine Zeit harter Auseinandersetzungen zwischen ideellen, liberal-konstitutionellen Wünschen und politisch handfesten restaurativen Drangsalen. Allerdings wäre es auch überzogen, antijüdische Äußerungen am Beginn des 19. Jahrhunderts an den diesbezüglichen Erfahrungen und Wertungen aus dem 20. Jahrhundert zu messen.

Im Weimarer Landtag hielt das Ringen um Möglichkeiten und Grenzen des nach den Karlsbader Beschlüssen Erlaubten an. Die »bürgerliche Verbesserung der Juden« gehörte überdies zu den in ganz Deutschland heftig umstrittenen Problemen. Die Deutsche Bundesakte von 1815 hatte im Unterschied zur rechtlichen Gleichstellung der Juden in den vom Code Napoleon beeinflußten Gebieten oder den diesbezüglichen Fortschritten in der preußischen Reformgesetzgebung keine eindeutigen Formulierungen beinhaltet.

In Sachsen-Weimar-Eisenach gab es bis zum Jahre 1815 nur wenige jüdische Einwohner. Gesetzgebung und

Rechtspraxis hatten sich vor allem darauf konzentriert, Juden vom Lande fernzuhalten. Mit der Gebietserweiterung von 1815 kamen etwa 1.200 Juden zu den Untertanen Seiner Königlichen Hoheit hinzu, und für diese mußte eine allgemeingültige Rechtsordnung geschaffen werden, die nicht außerhalb der konstitutionellen Grundprinzipien, aber auch nicht außerhalb der den Karlsbader Beschlüssen folgenden politischen Repressalien liegen konnte. Der Streit um die Judenordnung von 1823 entwickelte sich zu einem wahren Prüfstein für den humanistischen Geist des klassischen Weimar und für die Frage, welchen Standort das Großherzogtum in seiner wechselvollen Rolle zwischen ancien regime und moderner bürgerlicher Gesellschaft einnehmen konnte.

Wie nicht anders zu erwarten, prallten auch in Weimar Gedanken aufgeklärter Toleranz mit der Forderung nach völliger rechtlicher Gleichstellung der Juden auf althergebrachte Vorurteile, stießen jedoch auch auf neue bürgerlich-nationalistische Ausgrenzungstendenzen, namentlich in der Administration. Das Grundgesetz von 1816 hatte den Juden sowohl das aktive wie auch das passive Wahlrecht verweigert. Die Entwürfe für eine generelle Judenordnung gingen zwar im allgemeinen Vorspann von dem humanistischen Prinzip der Gleichheit vor dem Gesetz aus, schlossen daran aber so viele Sonderregelungen an, daß das ganze Projekt im Sinne moderner bürgerlicher Menschenrechtsauffassungen auf ein in Teilen durchaus diskriminierendes Ausnahmerecht für die jüdische Minderheit zusteuerte. Es sollten ohne staatliche Zustimmung keine jüdischen Ehen geschlossen werden dürfen. Die Freizügigkeit wurde eingeschränkt, die Ansiedlung reglementiert. Die Juden sollten aus der Handelssphäre entfernt und stärker in produktiven Tätigkeiten eingesetzt werden. Mit diesem Ziele gingen aber auch zahlreiche Erleichterungen einher, die tatsächlich einer rechtlichen Gleichstellung mit allen steuerzahlenden Landeskindern entsprachen. Der Erwerb von Grundeigentum zu spekulativen Zwecken sollte im Gegensatz dazu strikt verboten werden.

Obwohl der 1823 in den Landtag eingebrachte Entwurf in sich bereits zahlreiche Widersprüche und einzelne Restriktionen enthielt, sah die Regierung wohl voraus, daß die Debatten möglicher weise in uferlose antijüdische Eloquenzen ausarten würde. Anton von Ziegesar, der als Referent für Gesetzgebungsfragen das Vertrauen der Regierung besaß, sollte aus diesem Grunde versuchen, einer Generaldebatte über das Judentum an sich die Spitze zu nehmen und die Diskussion auf ganz konkrete rechtliche Sachprobleme zu konzentrieren. Ziegesar gab sich große Mühe, den Wünschen seiner Auftraggeber gerecht zu werden. In seiner Begründung zu dem Gesetzentwurf klammerte er die Einleitungsparagraphen, die den Grundsatz der bürgerlichen Gleichstellung der Juden postulierten, völlig aus. Mehrere Abgeordnete protestierten energisch gegen diese Art der Beschneidung einer parlamentarischen Diskussion. Während liberale Vertreter wie der Historiker Heinrich Luden in einer Grundsatzdebatte die prinzipielle Übereinstimmung von gleichen Bürgerrechten und entsprechenden Bürgerpflichten für die Juden klären wollten, warf z.B. der Jenaer Bürgerschaftsabgeordnete Paulssen die Frage auf, ob denn der Landtag überhaupt daran interessiert sein könnte, die Bürgerrechte der Juden zu verbessern.

Es sprach für die geringe Toleranzfähigkeit und für die spitzen Finger zahlreicher Landtagsdeputierter, daß sie sich mehrheitlich auf den Kanon Ziegesars einigten und lediglich das Übereinkommen erzielten, den Entwurf Punkt für Punkt abzuarbeiten. Ziegesar setzte die Wünsche der Regierung in diesem Punkt durch. Aber bei den Beratungen wurde sehr schnell deutlich, daß die mangelnde Bereitschaft, die Grundsatzfrage einer jüdischen Gleichstellung zu klären, auch die Regelung im Einzelfall blockierte. Heinrich Luden versuchte in einer leidenschaftlichen Rede an die Moral des Parlaments zu appellieren, fand auch eine gewisse Resonanz, erreichte aber lediglich das Zugeständnis, trotz der massiven antijüdischen Front besonders bürgerlicher Kräfte, weiter nach dem von Ziegesar vorgegebenen Muster zu verfahren und obendrein einige Restriktionen großzügig abzuschwächen. Immer wieder, bei nahezu jeder einzelnen

Sachfrage, drohte die Debatte zu scheitern und es gehörte eine hohe diplomatische Kunst Ziegesars dazu, überhaupt bis zum Ende vorzudringen.

Als die Frage beraten wurde, ob Juden als gleichberechtigte Zeugen vor Gericht gegen Christen aussagen dürften, drohte gar der Eklat. Die Mehrheit der Abgeordneten lehnte das als unzumutbare Absurdität ab und verlangte eine Bestätigung der jüdischen Aussage durch einen christlichen Zeugen. Am Ende stand ein Gesetzentwurf, der den Juden nicht helfen konnte, sich zu emanzipieren, sondern deren Begrenzung auf einige soziale und wirtschaftliche Lebensbereiche festschrieb. Selbst der einleitende Integrationsparagraph wurde als reine Empfehlung an den Schluß des Dokuments verbannt. Der Landtagsbeschluß offenbarte trotz der Bemühungen Ziegesars oder Ludens um Rechtsstaatlichkeit ein solch hohes Maß antijüdischer Ressentiments, daß das Staatsministerium empört erklärte, in der vorliegenden Form könne das Gesetz dem Großherzog nicht zur Annahme empfohlen werden.

Carl August, das Staatsministerium und auch das Parlament, die so stolz auf ihre liberal-konstitutionellen Traditionen waren, der humanistische Geist der Goethe, Schiller, Herder und Wieland, die Gelehrsamkeit der Jenaer Universität, die streitbaren liberalen Publizisten und das rebellische Drängen der Burschenschaften – alles drohte in der konkreten Haltung zu den jüdischen Mitbürgern in Frage gestellt zu werden. Die Abgeordneten der Weimarer Stände, die ein beachtetes Muster für das deutsche Verfassungsrecht installiert hatten, behandelten die Juden mit abwertender Rigorosität. Auch durch die Eingriffe der Karlsbader Beschlüsse konnte diese Art antijüdischer Emotionen nicht gedeckt werden, denn die Juden besaßen damals in Weimar überhaupt keine Schlüsselpositionen in Wissenschaft, Kunst, Politik oder Wirtschaft. Es waren die allgemein im Volk verwurzelten animalischen Vorbehalte gegen Juden, gegen deren Streben nach Dominanz in Wirtschaft und Gesellschaft, der namentlich Bürger und Bauern zur Ablehnung der Gesetzesvorlage trieb. Daß dabei die jungen parlamentarisch-demokratischen Sprosse verkümmern konnten, übersah man.

Anton von Ziegesar hatte im Grunde die ihm gestellte Aufgabe doch noch nicht bewältigt. Aber er genoß Vertrauen genug, die verfahrene Situation zumindest politisch und im äußeren Schein zu bereinigen. Er bewährte sich auch tatsächlich als Retter aus der Not. In einer der letzten Sitzungen jenes denkwürdigen April 1823 veranlaßte er die widerstreitenden Interessengruppen, ihre Anträge zum Regierungsentwurf zurückzuziehen. Die Vorlage konnte nach den Richtlinien Ziegesars und des Staatsministeriums durchgesetzt werden. Die Juden galten nun dem Grundsatz nach als gleichberechtigt, und die Verbesserung ihrer bürgerlichen Rechte und Pflichten war nachhaltige offizielle Staatspolitik. Die Ehre des Staates schien gerettet, der Ruf gewahrt. Ziegesar hatte sich erneut als Friedensstifter bewährt. In der Sache selbst hatte sich jedoch nichts geändert. Man hatte sich der Disziplin gebeugt. Die hart gegeneinander stehenden Überzeugungen zum Wesen der parlamentarischen Demokratie und im Verhältnis zu den Juden blieben bestehen. Selbst Goethe war ein entschiedener Gegner jüdisch-christlicher Mischehen. Aber einen positiven Aspekt besaß die Debatte durchaus: Zum ersten Mal wurden auf Weimarer Boden grundlegende Fragen der Menschenrechte in einer parlamentarischen Diskussion erörtert. Der Landtag schritt auf dem Wege zu seiner konstitutionellen Selbstfindung voran. Niemand konnte erwarten, daß, noch dazu unter den Restriktionen der Restaurationsperiode, allein der humanistische Geist des klassischen Weimar genügte, eine moderne bürgerliche Gesellschaft aus dem Nichts zu schöpfen.

Das Auftreten Anton von Ziegesars in der Debatte demonstrierte einmal mehr die Charakteristika seines individuellen Wesens. Sicherlich wäre die Nachfrage reizvoll, wie sich Ziegesar in jeder anderen Debatte und politischen Wendung des Landtags verhalten hat. Das Gesamtbild könnte durch zahlreiche Facetten bereichert werden, würde im Wesen aber gleich bleiben: Solange Ziegesar dem Landtag angehörte, ließen sich Regierung und Parlament davon leiten, der

Welt und dem Volk nach Maßgabe der jeweiligen realen Möglichkeiten ein Bild einvernehmlicher Harmonie zu zeigen. Wie schwer die inneren Konflikte waren, hatte die Debatte um die Judenordnung demonstriert. Ähnliche Auseinandersetzungen wiederholten sich in den folgenden Jahren mit wechselnden Inhalten und Fronten, wenn es um Haushalts- und Finanzfragen ging. Stets gehörte Anton von Ziegesar zu den Sachwaltern des Ausgleichs und des politischen Friedens – nicht nur während der Herrschaft Carl Augusts.

Als dieser im Jahre 1828 starb und Carl Friedrich den Thron des Großherzogs bestieg, Maria Pawlowna noch größeren Einfluß auf die Landespolitik nehmen konnte, sich dabei aber gleichzeitig schrittweise vom direkten Einfluß durch das russische Kaiserhaus löste und zu eigener profilierter Gestaltungsfähigkeit fand, gewann auch Anton von Ziegesar als deren direkter Vertrauensmann im Patriotischen Institut weiter an politischer Bedeutung. Es war kein Zufall, daß seine Wahl zum Kurator der Universität Jena just in die erste Regierungszeit Carl Friedrichs und Maria Pawlownas fiel.

Anton von Ziegesar hatte das Auf und Ab der Parlamentsdebatten bis dahin im wachen Interesse seines Herrschers begleitet und beeinflußt. 1825 war er überdies zum Präsidenten des Oberappellationsgerichts in Jena aufgerückt und gerade die Verbindung dieses Amtes mit der Kuratel über die Universität in der Person Ziegesars sollte sich für den Großherzog und die Regierung als besonders glücklich erweisen: In den stürmischen – mitunter bereits revolutionären – dreißiger Jahren bewahrte Ziegesar Ruhe und relative Stabilität, an der Universität und im Lande.

In der gleichen Zeit – der Gedanke ist an dieser Stelle notwendig einzuschieben – wuchsen persönliche Sorgen herauf. 1833 legte Ziegesar im Landtag das Mandat als Sprecher der Ritterschaft nieder. Drei Jahre später mußte er seinen Platz als Landtagsabgeordneter ganz abgeben, weil er nach dem Verkauf von Drackendorf nicht mehr die erforderliche Voraussetzung als Repräsentant der Ritterschaft besaß. Dieser Rückschlag deprimierte ihn derart, daß er über ein Jahr lang den Austritt aus dem Landtag beim Adelsmarschall verschwieg. Der Verkauf Drackendorfs erfolgte im Einverständnis mit den Erben des 1832 verstorbenen Bruders Friedrich an Ziegesars Schwiegersohn Ferdinand von Helldorff, der im Jahre 1835 die Tochter Clara geheiratet hatte. Der Kaufpreis betrug 80.000 Taler. In der Familie Ziegesar ist der Verkauf Drackendorfs umstritten geblieben. Letztlich ging es wohl um die praktische Frage, die Erbschaft unter den zahlreichen Anwärtern zu regeln, denn aus Anton von Ziegesars Ehe gingen sechs Kinder hervor und er selbst hatte sechs Geschwister. Aber mit dem Verkauf ging die langjährige Parlamentsarbeit unwiederbringlich zu Ende, trotz aller politischer Verdienste. Anton von Ziegesar hatte dem Weimarer Landtag durch seine friedfertige und ausgleichende Art in Konfliktsituationen sogar Existenz und Zukunft gesichert – zumindest hat er einen großen Anteil daran besessen. Er hing auch persönlich an der Parlamentsarbeit. Aber nun begann eine neue Etappe, während der er in der Kombination als Berater im Patriotischen Institut, Kurator und Gerichtspräsident seinem Großherzog und dessen Gemahlin nicht minder dienlich sein konnte.

Am 12. August 1829 hat Goethe in der ihm eigenen Diktion an Anton von Ziegesar geschrieben: »Ew. Hochwohlgeboren ist die Theilnahme bekannt, womit ich schon seit so vielen Jahren der Stadt und Akademie Jena zugethan bin und welche Neigung mich an die Personen dieses Ortes und der Nachbarschaft fesselt. Dieselben werden daher gar wohl ermessen wie angenehm es mir seyn mußte daß zu Ihren bisherigen Pflichten und Einwirkungen sich noch ein ferneres Verhältniß von so großer Bedeutung angeschlossen hat.« Goethe schien darauf erpicht, mit dem neuen Kurator der Universität in ertragreichem Einvernehmen zu leben. Erst vier Tage zuvor war Ziegesar vor dem Senat der Universität, deren Väter noch immer die Fürsten von Sachsen-Weimar-Eisenach, Sachsen-Meiningen, Sachsen-Coburg-Gotha und Sachsen-Altenburg waren, in die ehrenamtliche Aufgabe eingeführt worden. Auch bei der Wahl Ziegesars hielten die Länder ausdrücklich daran fest, daß der Kurator als Bevollmächtigter der Regierungen wirkte. Die 1819 ausgesprochene Beschränkung der akademischen Autonomie blieb bestehen, obwohl die Zeiten seit 1819 langsam ein wenig ruhiger geworden waren.

Ziegesars ausgleichende Art verbot jeglichen Anflug einer Konfrontation zwischen Regierung und Universität. Er unterbreitete sofort Vorschläge zur kooperativen Zusammenarbeit zwischen Kurator, Universitätsamtmann und Senat und wollte keinesfalls als Schiedsrichter bei der weiteren Beschränkung akademischer Freiheiten auftreten, eine Funktion, zu der er laut seiner Arbeitsdirektive eigentlich verpflichtet war. Die Regierungen lehnten seine Vorschläge zunächst ab und stimmten ihnen erst zwei Jahre später in abgeschwächter Form zu. Aber Ziegesar ließ sich nicht entmutigen. Sein Spitzname »unser Vater Biedermann« entsprang dem immer wieder demonstrierten Willen, gütig zu sein, sozial schwachen Studenten zu helfen und vor allem Gerechtigkeit gegen jedermann zu üben.

Bei allem menschlichen Verständnis für die Probleme der Jenaer Professoren und Studenten nahm der Präsident des Oberappellationsgerichts selbstverständlich seine Verantwortung für die disziplinarische Überwachung der Universität entsprechend den jeweils konkret gegebenen staatspolitischen Voraussetzungen ernsthaft wahr. Er besaß allen Grund vorsichtig zu sein. Großherzog Carl Friedrich besaß nicht das gleichermaßen risikobereite wie großzügige Verständnis von akademischer Freiheit, die seinen Vater ausgezeichnet hatte. Der Gemahl Maria Pawlownas neigte eher zur konservativen Bewahrung von Ruhe und Ordnung. Der Geheime Staatsrat und Wissenschaftsminister Schweitzer, einst Teilnehmer des Wartburgfestes und im Landtag liberaler Anhänger Ziegesars, wich mehr und mehr vor dem politischen und administrativen Druck zurück, der nach dem Hambacher Fest und dem Sturm auf die Frankfurter Hauptwache in den Jahren 1832/33 in die berüchtigte Demagogenverfolgung mündete. Maria Pawlowna unterstützte die Universität materiell und besaß großes Interesse an den wissenschaftlichen Leistungen der Professoren. Besonders aufwallende Sympathien für die freiheitlich-demokratischen Umtriebe der Studenten mit dem Anspruch, über die Grenzen der Staatsraison hinauszugehen, waren von ihr nicht zu erwarten.

Ziegesar geriet durch diese Entwicklung in Zwiespalt, zwischen seinen eigenen Idealen und der Staatsdisziplin entscheiden zu müssen. Dabei war im Grunde Ruhe in die Universität eingekehrt und die radikalen Publizisten von einst, wie Luden, der Theologe Hase oder der Philosoph Fries mahnten die Studenten zu friedlichem Studium der Wissenschaften. Zum Glücke Ziegesars blieb ihm ein direktes energisches Eingreifen gegen Fälle wirklicher oder konstruierter politischer Subordination von Hochschullehrern weitgehend erspart. Es gibt wohl auch kaum etwas moralisch Schandbareres, als die gegenseitige politische Denunziation von Gelehrten.

Nur in zwei Fällen mußte er handeln. Die Regierung veranlaßte ihn, dem Privatdozenten Gustav Eduard Fischer jene Politikvorlesung zu untersagen, die dieser in Fortsetzung der Heinrich Luden bereits früher verbotenen Vorlesungen halten wollte. In einem anderen Falle mußte sich Ziegesar gar mit dem Kollegen am Oberappellationsgericht, Professor Martin auseinandersetzen. Martin hatte in einem Brief an den Professor Dahlmann, einen der gemaßregelten »Göttinger Sieben« geschrieben, daß Untertanen jenen Gesetzen, die unter Verletzung der Verfassung erlassen worden sind, keinen Gehorsam schuldig sind. Dahlmann hatte die Meinung Martins veröffentlicht und die Regierung in Hannover forderte Weimar zur Entlassung Martins auf. Anton von Ziegesar stellte sich vor Martin und erklärte, daß das gesamte Oberappellationsgericht diesen Grundsatz bürgerlichen Menschenrechts teilte und verhinderte einen ohnehin ungerechtfertigten Rauswurf seines Kollegen. Ziegesar hat keinem Hochschullehrer durch eine von ihm veranlaßte und politisch motivierte Entlassung aus dem Universitätsdienst persönlich geschadet.

Diese Haltung Ziegesars ist überlegt und besonders ehrenwert gewesen. »Unser Vater Biedermann« hat sich in dieser Hinsicht als ein Mann bewiesen, der das moralische Ansehen der Universität Jena besonders in der Zeit der Demagogenverfolgung hoch gehalten und keinem wohlfeilen politischen Opportunismus nachgegeben hat.

Da war das Verhalten gegenüber den Studenten der Universität Jena naturgemäß komplizierter. Im Jahre 1830 brach in Frankreich erneut eine Revolution aus, die Europa erschütterte, den antirussischen Aufstand in Polen nach sich zog und die in ihren Auswirkungen auch bis nach Sachsen-Weimar-Eisenach reichte. Die größten Unruhen gab es in den sich entwickelnden industriellen und in den sozial schwachen Gebieten, aber auch die Studenten in Jena machten wieder auf sich aufmerksam. Die im Geheimen wirkenden Burschenschaften spalteten sich in die radikalen »Germanen« und gemäßigten »Arminen«. Unter dem Einfluß der französischen Revolution gerieten die Studenten jedoch insgesamt in politische Unruhe, terrorisierten angesehene Professoren und Jenaer Bürger. Selbst dem einst so beliebten Heinrich Luden zerschnitt man die Weinstöcke in Lichtenhain. Der Protestzug von 300 Jenaer Studenten im Juli 1830 nach Blankenhain mag noch als mutwilliger Bürgerschreck gegolten haben. Als jedoch bekannt wurde, daß sich Jenaer Studenten am Hambacher Fest und 1833 am Sturm auf die Frankfurter Hauptwache beteiligt hatten, bekam die Angelegenheit einen unmittelbaren politischen Inhalt.

Dennoch versuchte Ziegesar die Wogen zu glätten. In Jena fanden polnische Revolutionäre geheime Unterkunft und übten einen bestimmten Einfluß auf die wiedererweckten Burschenschaften aus. Ziegesar erregte das Mißfallen seiner Regierung, als bekannt wurde, daß er mit anderen Bürgern Jenas einen Ausschuß zur Versorgung flüchtiger Polen gegründet hatte. Er mußte sich rechtfertigen und begründete den Ausschuß ausschließlich mit seinem persönlichen Mitleid für die heimatlos gewordenen Menschen. Eine derartige Motivation entsprach sicherlich dem Charakter Ziegesars. Es darf jedoch davon ausgegangen werden, daß er, wenn schon nicht im Auftrag, so doch mit der Zustimmung der Großherzogin Maria Pawlowna und des »Patriotischen Instituts der Frauenvereine« gehandelt hat.

Seit dem Tode der Zarinwitwe Maria Fjodorowna lockerten sich die Bindungen Maria Pawlownas an ihre Heimat. Zu dem regierenden Kaiser, ihrem Bruder Nikolaus I., besaß sie kein enges persönliches Verhältnis. Der engherzige Despotismus, der mit Nikolaus I. in die russische Politik eingezogen war, widerstrebte den Bemühungen Maria Pawlownas um den Erhalt des Rufs der literarischen Metropole Weimar. Entgegen der offiziellen Familiendisziplin betrachtete sie die Bemühungen der polnischen Revolutionäre um die nationale Unabhängigkeit mit verhaltener Sympathie. Auch Maria Pawlowna kümmerte sich um die Versorgung geflohener Polen und aus dieser Sicht erscheint das Handeln Ziegesars nicht mehr als individuelle Einzelaktion und nicht in jedem Punkte herrschte zwischen dem Staatsministerium und der russischen Großfürstin eine vollendete Harmonie.

Die Hilfestellung durch Maria Pawlowna änderte nichts daran, daß die Weimarer Regierung in Übereinstimmung mit dem ganzen Deutschen Bund energische Maßnahmen zur Unterdrückung jeglicher revolutionären oder auch nur liberaldemokratischen Umtriebe ergriff. Im Oktober 1830 drohte die Regierung in Weimar dem Senat der Universität die Entsendung von Militär und die Schließung der Universität an, falls die Unruhen nicht endeten. 1831 und 1832 warnte die Regierung vor der Immatrikulation von Studenten aus München, Göttingen und Halle. Der Kurator von Ziegesar erhielt die strikte Weisung, alle irgendwie politisch verdächtigen Studenten auszuweisen – mit Rücksicht auf deren soziale Lage und um unnötige Aufregung zu vermeiden, erst zum Ende des jeweiligen Semesters.

Im Juli 1832 verschärfte der Bundestag die Pressezensur, erließ ein Versammlungsverbot und verlangte die sorgfältigste Überwachung der Universitäten, sowie die rigorose Unterdrückung der Burschenschaften. Die Karlsbader Beschlüsse von 1819 hatten bereits genügend Einschränkungen an den liberalen und freiheitlichen Traditionen Weimars mit sich gebracht. Dennoch hatten das Streben nach einer verfaßten rechtsstaatlichen Ordnung, nach Freiheit der wissenschaftlichen Lehre und Forschung, nach Bewahrung und Erneuerung des geistigen und literarischen klassischen Erbes eine Fortsetzung gefunden. Sachsen-Weimar-Eisenach hatte es in Kauf genommen, weiterhin als »Nest des Jakobinismus« beschimpft zu werden. Der Zwang zum politischen Realismus und die eigene Würde verlangten nunmehr Entscheidungen von hohem Bedacht.

Die Regierung mußte die Bundesbeschlüsse über die Strangulierung der Presse ausführen, entschuldigte sich dafür aber gleichsam bei der Öffentlichkeit, indem der Bekanntgabe der die Erregung dämpfende Nachsatz hinzugefügt wurde, daß die Bevölkerung des Großherzogtums bislang ihre Ergebenheit gegenüber dem regierenden Haus hinreichend bezeugt habe. Selbst hinsichtlich der im Zentrum der Kritik stehenden Universität Jena fügte das Staatsministerium dem Bundesverdikt die beruhigende Bemerkung hinzu: »Und obwohl auf Universitäten jugendliche Teilnahme an den Zeitbegebenheiten gar leicht von der Bahn des Rechten zu entfernen vermag, so schreiben wir es doch gern neben dem Pflichteifer der Behörden dem Einflusse wohlgesinnter akademischer Lehrer zu, daß in Jena der politische Schwindelgeist noch nicht obzusiegen vermocht hat, vielmehr auf der Universität des Sachsen-Ernestinischen Gesamthauses im Ganzen auch nach den wiederholten Zeugnissen des gemeinschaftlichen Kurators und außerordentlichen Regierungsbevollmächtigten [Anton von Ziegesar – Anm. des Autors] Fleiß, Ordnung und echte Wissenschaftlichkeit die Herrschenden geblieben sind.«

Der Satz hätte aus der Feder Ziegesars selbst stammen können. Aber so leicht das abwiegelnde Lob ausgesprochen war, so schwierig gestaltete sich die Umsetzung der Ziegesar erteilten restriktiven Weisungen. Der Kurator konnte wohl die sorgfältige Prüfung aller neu zu immatrikulierenden Studenten anordnen und kontrollieren. Aber die Unterdrükkung der Burschenschaften und Verbindungen per Ausweisung der inkriminierten Studenten wäre einer Auflösung der Studentenschaft gleichgekommen, hätte die Professoren ihrer Lehrtätigkeit beraubt und den größten Arbeitgeber der Stadt ruiniert. Ziegesar konnte die vielen bunten Bänder, Mützen und Schärpen im Stadtbild nicht einfach übersehen. Aber er war natürlich zu vorsichtig und zu klug, eine offene Konfrontation mit den hoch motivierten Aktivisten der illegal organisierten Studentenschaft zu provozieren.

Ziegesar betrieb quasi eine Doppelstrategie. Mit dem Regierungsverantwortlichen, Professor Schweitzer, beriet er in privaten Gesprächen und Briefen die Lage. Gemeinsam erörterten sie die notwendigen Schritte und Beschlüsse. In die offiziellen Reskripte und Weisungen der Regierung wie des Kurators gelangten dann nur jene Forderungen, die den Autoren auch tatsächlich vernünftig realisierbar erschienen.

Ziegesar förderte in den amtlichen Schritten natürlich keinen Zweifel, daß er die »demagogischen Umtriebe« politisch militanter Studenten scharf verurteilte. Er wollte keine öffentlichen Krawalle. Seine Aufgabe sah er in der Rettung des Bestands der Universität im Interesse des Landes und der geistigen Tradition Jenas. So tat er seine Pflicht mit Augenmaß, abgeklärter Ruhe und einem gehörigen Schuß opportunistischer Demagogie. Später konnte Ziegesar beruhigt sagen, alle Studenten, die politisch aufgefallen waren, wurden rechtzeitig von der Universität Jena entfernt. Mehr konnte man wirklich nicht von ihm verlangen.

Diese Art einer Befriedung und auch Selbstberuhigung schloß indes nicht aus, daß die Studentenunruhen um die Jahreswende 1832/33 sogar extreme Auswüchse annahmen, daß es im Januar 1833 zur »Rosenschlacht« zwischen Arminen und Germanen kam, bei der ein Student das Leben lassen mußte.

Senat und Kurator baten um die Entsendung von Soldaten in die Stadt. Am 23. Januar 1833 rückte das Militär mit 200 Mann in Jena ein. Die Universitätsleitung untersuchte die Vorfälle in dem Universitätswirtshaus »Zur Rosen« gemeinsam mit Kriminalisten und Anton von Ziegesar leitete die gesamte Operation. Es kam zu mehreren Zwischenfällen, in die auch der spätere Dichter Fritz Reuter verwickelt wurde. Eine studentische Abordnung verlangte von Ziegesar den sofortigen Abzug des Militärs und drohte, andernfalls werde die Studentenschaft nach Kahla oder Roda (Stadtroda) ausziehen. Ziegesar blieb gegenüber dieser versuchten Erpressung standhaft und hatte wieder einmal richtig kalkuliert. Das Militär dämpfte die Emotionen und nahm der Eruption die innere Kraft. Nur etwa 90 Studenten zogen nach Kahla – einzeln und ohne Aufsehen. Die Wirkung der studentischen Manifestation verpuffte.

Mitte Februar wurden die Untersuchungen abgeschlossen. Sieben Studenten verurteilte man zur Festungshaft. Es gab Relegationen und insgesamt 29 Studenten mußten die Universität aus politischen Gründen verlassen. Man nutzte vor dem politischen Hintergrund jedoch auch die Gelegenheit, sich aller irgendwie unliebsamen Personen aus der Studentenschaft zu entledigen. Jena schien befriedet, das Militär zog am 23. Februar ab. Aber das ganze Jahr 1833 über hielten die polizeilichen und gerichtlichen Ermittlungen weiter an. Es hagelte Hausdurchsuchungen, Verhaftungen und Bestrafungen. Polizei und Gerichte nutzten dabei auch die Dienste Ziegesars, aber der mochte wohl des schändlichen Treibens längst überdrüssig sein. Noch vor dem Abschluß der Ermittlungen zog er sich nach Weimar zurück und ließ die Justiz gewähren. Er hatte das Seinige zur Wiederherstellung von Ruhe und Ordnung getan. Schließlich wollte er auch in den nächsten Jahren das Amt des Kurators unbeschädigt weiterführen. Er war sich darüber klar, daß eine Universitätspersönlichkeit, gleichgültig ob Kurator und Gelehrter, die sich lediglich durch die Vertreibung von jüngeren und älteren Wissenschaftlern einen Namen machen konnte, der Gefahr aussetzte, sehr schnell zumindest das Gesicht zu verlieren oder verachtet zu werden. Von derart niederer Denkungs- und Handlungsart ist Anton von Ziegesar wahrlich nicht gewesen.

Ziegesar wollte sich natürlich nicht aus den als notwendig erkannten Pflichten eines Staatsbürgers und Juristen davon stehlen. Als Mitglied der 1834 eingerichteten Immatrikulations-Kommission war er für die nahezu lückenlose politische Überwachung der Studenten mitverantwortlich. Jede Mitgliedschaft eines Studenten in einem politischen Verein schloß die Tätigkeit im öffentlichen Dienst aus. Pässe mußten abgegeben werden. Der Senat hatte zweimal in jedem Semester alle Studenten hinsichtlich ihrer Studienhaltung zu überprüfen. Es gab deutsch-thüringisch-typische

Kuriosa: Das Beherbergen fremder Studenten war an besondere Genehmigungen gebunden. Im Falle des Fürsten und späteren Reichskanzlers Otto von Bismarck lag eine solche Erlaubnis nicht vor – er mußte Jena verlassen. Gesetz ist Gesetz – wer wußte das besser als ein preußischer Junker. Ärgerlich war es dennoch.

Der harsche Umgang mit den Studenten und die zunehmende geistige Enge, die auch Ziegesars moderate Umgangsformen nicht aufhalten konnten, besaßen schwerwiegende Folgen für die Universität Jena. Die geheime Existenz der Burschenschaften konnte zwar nicht unterbunden werden, aber äußerlich kehrte eine unerwünschte Ruhe ein. Die Studentenzahlen gingen rapide zurück. Jenas Ruf war an seine Tradition gebunden. Hochvermögende Gelehrte gab es andernorts mehr, in Berlin, Breslau, Göttingen. Aber Jena, das war der Atem der modernen deutschen Geistesgeschichte, Fichte, Schiller, Hegel, Hufeland oder auch Fries und Luden oder Hase und andere. Jetzt regierte an der Universität vornehmlich der deutsche Obrigkeitsstaat. Goethe war 1832 in Weimar gestorben. Das Großherzogtum Sachsen-Weimar-Eisenach mußte sich besinnen und nach einem Neuansatz in seiner politischen und geistigen Kultur suchen. Der Universität Jena blieben zunächst einmal die Studenten weg. 596 waren es noch am Ende des Wintersemesters 1832/33, zwei Jahre später knapp 400!

Ziegesar trug an dieser negativen Entwicklung auch in persönlicher Hinsicht schwer. Er blieb in komplizierter Zeit seiner anständigen Lebensauffassung treu: Man gewann nichts, wenn man studentische Verbindungen einfach verbot und junge Akademiker ausgrenzte. Man mußte sie gewähren lassen und geschickt versuchen, ihren Geist und ihre Handlungen zu kanalisieren und zu nutzen. Das war ein Standpunkt, der zwar eine natürliche menschliche Logik besaß und auch den Spielregeln eines parlamentarischen Systems gut zu Gesichte stehen konnte, in der Regel jedoch von einem obrigkeitsstaatlichen System abgelehnt wurde und sich nicht durchsetzen konnte. Aber der Präsident des Oberappellationsgerichts und Kurator versuchte mehrfach, Einfluß auf die Gesetzgebung für Studenten zu nehmen. Er trat für die Beibehaltung der eigenen akademischen Gerichtsbarkeit, des Ehrenworts und der Karzerhaft ein, um Rechts- und Streitfälle in der eigenen Kompetenz der Universität klären zu können und die Traditionen liberaler Großzügigkeit gegenüber einer zunehmenden staatlichen Reglementierung zu retten. Er wußte offenbar aus seiner umfangreichen Tätigkeit als Präsident und Richter am Oberappellationsgericht, wie wichtig und notwendig die Justiz für den Schutz der Bürger vor bürokratischer und administrativer Willkür sein konnte – selbst bei Vorhandensein einer tragfähigen Verfassung – aber Ziegesar übertrieb in seinem edlen Streben den Wunsch, für jeden Vorgang und jedes Vergehen eine eigene Regelung an der Universität zu fixieren.

Gewiß, die Jenaer Studenten waren als aufmüpfig, aggressiv und ungehobelt bekannt. Ihre Bereitschaft zum Schlagen prägte nicht nur die Haltung in politisch zugespitzten Situationen, sondern auch den studentischen Alltag. Der biedere Bürger, die hochgestimmte Feiertagsgesellschaft, der fahrende Tragöde oder Schausteller – niemand blieb vor den rüden Späßen der Studierenden verschont. In Zeiten politischer Erregung und des Unwillens gegenüber der Universitätsleitung warf man den Professoren die Fenster ein, schnitt ihnen die sorgsam gepflegten Weinstöcke ab oder steckte sogar ihre Gartenhäuser in Brand. Straßenlaternen galten als Ziele sportlicher Wettbewerbe zur Zerstörung öffentlicher Sachmittel. Da in Jena das Fechten auf Stoßklinge öffentlich erlaubt war, ging es in den engen Gassen mitunter wie bei den abenteuerlichen Duellen der königlichen Musketiere Frankreichs zu – nur weniger elegant.

Aber nicht jede Pöbelei mußte gleich unter Strafe gestellt werden, nicht jede Regung jugendlichen Übermuts verlangte nach einem Rechtspapier. Wenn Jenaer Studenten bei Aufführungen des Weimarer Hoftheaters die Mützen aufbehielten, rauchten oder bekannte Opernweisen stimmungsvoll mitsangen, verlangte das nicht nach einem Strafkanon, sondern in erster Linie nach einer Überprüfung der Qualität des Spektakels. Aber der Kurator engagierte sich. Man konnte Ziegesar persönlich verstehen. Er mußte vor der Landesregierung den Kopf für die politischen Erhebungen der Studenten hinhalten und wollte dem Lande wie sich selbst eine gedeihliche Ruhe wiedergeben. Dabei schoß er wohl etwas über das Ziel hinaus – die Studenten hatten dieses Recht für sich selbst ja auch reklamiert.

Im Vergleich zu den stets mit der Gefahr drohender politischer Unruhen verbundenen Händel der Studenten schienen Ziegesars Probleme mit dem Lehrkörper geringer. Das Oberappellationsgericht in Jena hatte sich wiederholt mit Rechtsfragen im politischen Streit um die Verfassung, das Pressegesetz oder der Bürgerrechte auseinander zu setzen. Professoren der Universität wie Schweitzer, Luden, Oken, Fries, Hase und andere spielten über Jahrzehnte als Publizisten oder Parlamentarier eine aktive Rolle im Weimarer Staat und provozierten auch manchen politischen Kampf. Das berührte den Richter Ziegesar. Den Kurator mußten eher die kleinen inneruniversitären Mißlichkeiten der Jenaer Gelehrten interessieren. Gegenseitige Hahnenkämpfe, Eifersüchteleien und Sticheleien – man sage nicht, an der alma mater jenensis habe es derartiges nicht gegeben: Da wurden Vorlesungen zeitlich so angesetzt, daß sie dem verehrten Herrn Kollegen ungelegen erschienen und Prüfungen zählten ohnehin zu den unangenehmen Erscheinungen beschaulichen akademischen Lebens. Aber stets betraute man den Kurator Ziegesar mit der Lösung dieser kleinen Probleme und erwartete voller Vertrauen dessen schlichtendes Wort.

Anton von Ziegesar gab sich große Mühe, allen Menschen und allen Problemen gerecht zu werden. In Zeiten, die von derart harten politischen Auseinandersetzungen begleitet waren wie die Jahre nach der großen Revolution in Frankreich, als das zentrale Europa unter Qualen zur verfaßten Bürgergesellschaft und dem Nationalstaat strebte, da das Großherzogtum Sachsen-Weimar-Eisenach und die Universität Jena im Zentrum politischer Kämpfe standen, konnte das Bemühen um ausgleichende Gerechtigkeit kein Ersatz für zukunftsorientierte Konsequenz sein. Auch an der Universität Jena gab es Kräfte wie den Professor für Poesie Heinrich Karl Abraham Eichstädt, der seinen Kollegen politischen Schaden zugefügt hat und dennoch mit Ehren überhäuft wurde. Es existierten in jeder Phase der Gesellschaftsentwicklung politisch unterschiedliche Vorstellungen, für die der feinsinnige Kompromiß keine Lösung bedeutete.

Gerade in dieser Hinsicht mußte sich Anton von Ziegesar manch kritisches Wort sagen lassen. Man warf ihm vor, die der Universität zur Verfügung gestellten Mittel zu sehr verzettelt und die Universität gegenüber innovativen Kräften von außen verschlossen zu haben. Er habe zu sehr persönlichen Wünschen auf die Berufung von Wissenschaftlern aus den in Jena ansässigen Gelehrtendynastien nachgegeben. Die Vorwürfe mögen im Einzelfall nicht ganz unberechtigt gewesen sein. Ziegesar besaß nun einmal eine versöhnende und unaufgeregte Vermittlernatur. Gerade diese hat seinen gesamten Lebensweg bestimmt und ihn genau an jene Plätze gestellt, die er ausfüllte. Es wäre allerdings verfehlt, seine Tätigkeit als Kurator aus dem Kontext der wissenschaftsfeindlichen Politik zu lösen, die infolge der Karlsbader Beschlüsse und deren Verschärfung nach 1833 die Professoren und Universitäten knebelten – selbst in Sachsen-Weimar-Eisenach. Die große Zeit der Universität war überdies bereits am Beginn des 19. Jahrhunderts zu Ende gegangen. Mit dem Ableben Goethes, den wütenden politischen Attacken aus dem Deutschen Bund und den massiven literarischen Angriffen des »Jungen Deutschland« gegen das klassische Weimar begann hier eine geistige Neuorientierung, die sich über Jahrzehnte erstrecken sollte. Die Universität spielten in diesem gesamten komplizierten wissenschaftspolitischen Geflecht keine Sonderrolle.

Abgesehen von den politischen Voraussetzungen fehlte dem Weimarer Staat nach wie vor das Geld zu einer üppigen Ausstattung der alma mater mit den für eine moderne Universität notwendigen Lehrstühlen und Mitteln. Selbst die wiederholt bereitgestellten Gelder aus der Privatschatulle der Großherzogin Maria Pawlowna blieben im Grunde sinnvolle Tropfen auf dem heißen Stein.

Trotz alledem besaß die Universität noch immer einen historisch begründeten Ruf und nach wie vor wirkten an ihren Fakultäten Gelehrte mit eigenständigem und anerkanntem wissenschaftlichen Profil. Der Theologe Hase, der Anatom Huschke, der Philosoph Reinhold, der Botaniker Schleiden, der Orientalist Stickel, der Chemiker Doebereiner oder auch der Philologe Göttling gehörten zu einer ganzen Phalanx überzeugender und leistungsfähiger Wissenschaftler, die von der Großherzogin Maria Pawlowna systematisch in die Bildungstätigkeit des Weimarer Hofs einbezogen und gefördert wurden. Anton von Ziegesar unterstützte auch diese Seite in der Tätigkeit seiner Herrin nach Kräften.

Zur Entlastung Ziegesars sei auch angeführt, daß er seine personalpolitischen Vorstellungen nicht mit Gewalt durchsetzte und sich sehr wohl auch dem Votum des Senats der Universität beugte. Sein Vorschlag, dem Hegelianer Robert Prutz eine unbesoldete Professur zu geben, scheiterte am Widerstand des Kantianers Reinhold und des Senats. Ziegesar bemühte sich generell darum, so wenig wie möglich in das wissenschaftliche Leben der Universität einzugreifen. Bereits damals stritten Regierung und Senat über die dogmatische Frage, ob dem übungsintensiven und an den Bedürfnissen der Praxis orientierten Seminar oder der hohen wissenschaftlichen Ansprüchen genügenden akademischen Vorlesung im Universitätsleben der Vorrang einzuräumen sei. In der mit dieser Frage verbundenen erregten Grundsatzdebatte verharrte der Senat auf dem konservativen Vorlesungsprimat und Ziegesar stellte sich sogar gegen seinen Dienstherrn – die Regierung – auf den Senatsstandpunkt. Diese Haltung entsprach seinem streng an die Gesetzlichkeit gebundenen Gerechtigkeitsgefühl.

Aus diesem Grunde kümmerte er sich in allen Universitätsangelegenheiten auch weniger um finanzielle oder wirtschaftliche Belange, sofern es nicht unumgänglich schien. Nur auf ein Ereignis nahm er herausragenden Einfluß. 1836 sollte in Jena die 14. Tagung des von Oken begründeten Vereins der Ärzte und Naturforscher Deutschlands stattfinden. Ziegesar beschaffte umfangreiche Mittel für Umbauten an der Aula und in den Rosensälen, um den etwa 600 Gästen bestmögliche Arbeitsbedingungen sichern zu können. Die Konferenz bildete ein Prestigeobjekt für das Großherzogtum. Nach Jahren politischer Drangsalierungen gegen die Professoren und Studenten konnte vor aller Welt der ungebrochene wissenschaftliche Geist Jenas demonstriert werden. Alexander von Humboldt gab sich die Ehre! Die Landesherrn nahmen an der Eröffnung teil. Der Weimarer Hof empfing die Konferenzteilnehmer und Großherzogin Maria Pawlowna ging sogar zu einigen Arbeitssitzungen. Sie sprach mit den Gelehrten, ließ sich Vortragsmanuskripte geben und diskutierte mit den Wissenschaftlern über Forschungsprobleme – wie es sie einst der große Goethe gelehrt hatte. Die Konferenz vermittelte der Großherzogin die Anregung, die vor vielen Jahren von Herzogin Anna Amalia praktizierten gelehrten Abende erneut ins Leben zu rufen.

Tatsächlich sprachen in den folgenden Jahren, vermittelt durch Ziegesar und Schweitzer, namhafte Wissenschaftler der Universität auf den literarischen Abenden der Großherzogin, festigten in dieser das Verständnis für Universitätsprobleme und erarbeiteten sich selbst größere Chancen für die Publizierung ihrer eigenen Leistungen in der Öffentlichkeit. In diesem besten Sinne leistete auch Anton von Ziegesar eine vorbildliche Arbeit für die Erneuerung des humanistischen Rufs Weimars und Jenas. Und außerdem: Bereits im Jahre 1836 überstiegen die Ausgaben für die repräsentative Veranstaltung deren Einnahmen. Ziegesar geriet in Verlegenheit, besaß jedoch in seinen Dienstherren verständnisvolle Förderer der Wissenschaften. Carl Friedrich und Maria Pawlowna deckten den Fehlbetrag von 4.000 Talern aus ihren Privatschatullen! Es war eine großzügige Geste, die längst nicht in jedem Falle gewährt worden ist. Vielleicht erhob die Universität ja auch den Anspruch auf eine derart große Zahl akademischer Jubiläen und Feierlichkeiten, daß der ohnehin schmale Weimarer Geldbeutel deutlich überfordert wurde.

Insgesamt hat die Tätigkeit Antons von Ziegesar als Kurator dazu beigetragen, daß die Beziehungen zwischen der Universität und den zuständigen Herrschern in einer politisch extrem zugespitzten Zeit nicht ebenfalls eine Eskalation erfahren hat – trotz der restriktiven Zwangsmaßnahmen von 1833. Ziegesars nach Harmonie strebendes Rechtsgefühl, das ihn in allen seinen Tätigkeiten geleitet hat, war auch für das Amt des Kurators charakterisierend. Und er hatte Erfolg. Als Ziegesar 1843 starb und das Amt des Kurators vakant wurde, setzten die Regierungen vorerst keinen neuen administrativen Bevollmächtigten ein, sondern bis zum Jahre 1851 fungierte der jeweilige Prorektor des akademischen Lehrkörpers gleichzeitig als Kurator. Die Universität hatte sich politischen Restriktionen damals nicht in jedem Falle wortlos unterworfen, sondern Regierung und Universität harmonierten oftmals zum Wohle der Wissenschaften miteinander. Das war ganz ohne Zweifel auch ein Verdienst Anton von Ziegesars. Daß hier keine idyllische Interessenharmonie vorlag, zeigte wenige Jahre später die Revolution von 1848/49. Da lebte Ziegesar nicht mehr und mit Karl Julius Moritz Seebach nahm ein neuer Kurator die Arbeit auf – eine Folge der Revolution, in der die Jenaer Studenten am Sturz des für sie zuständigen Ministers Schweitzer beigetragen hatten.

In seinen letzten Lebensjahren hat Anton von Ziegesar manche Ehrungen erfahren: 1839 wählte man ihn, den »sehr tüchtigen Beamten und liebenswürdigen Menschen« zum Spruchmann, d.h. zum Schiedsrichter für die Thüringischen Landesteile in das Frankfurter Bundesschiedsgericht. 1840 kamen die Prinzen Ernst und Moritz von Sachsen-Altenburg zum Studium nach Jena und wurden von Ziegesar betreut.

Aber auch dieser große und kräftige Mann mit dem ausgeprägten Harmoniebedürfnis wurde älter. Im Frühjahr 1843 erkrankte er an einem schweren Leberleiden. Die älteste Tochter starb. Mehrere Kuraufenthalte blieben ohne Ergebnis. Ziegesar war vom Tode gezeichnet. Er hatte einst erlebt, wie der Vater trotz schmerzhaften Leidens bis zur letzten Stunde an seinem Lebenswerk gearbeitet hatte. So hielt es auch der Sohn. Letzte schriftliche Zeugnisse gingen an Professor Schweitzer nach Weimar. Am 6. November 1843 ist Anton von Ziegesar gestorben. Er war gerade einmal sechzig Jahre alt. Auf dem Familiengut in Drackendorf bei Jena hat er die letzte Ruhe gefunden.

August Friedrich Carl und Anton von Ziegesar stehen bislang im Schatten jener Persönlichkeiten, die am Beginn des 19. Jahrhunderts das klassische Weimar und das thüringische Rechts- und Verfassungssystem geprägt haben. Das ist nicht gerecht und entspricht auch den geschichtlichen Tatsachen nicht. Die Reise nach Petersburg im Jahre 1808 ist eine Episode gewesen, die in das Lebensbild Antons von Ziegesar gehört und dessen Gesamtpersönlichkeit auf einer bestimmten Altersstufe dokumentiert hat. Es bedarf weiterer gründlicher wissenschaftlicher Forschungsarbeit, alle Seiten im Leben dieser beiden Ziegesars herauszuarbeiten. Der Ansatz liegt in der thüringischen Verfassungs- und Parlamentsgeschichte, sowie in den vielfältigen und originellen Beziehungen zwischen Weimar und Rußland im 18. und 19. Jahrhundert. Tiefere Erkenntnisse können über Anton von Ziegesar aus einer detaillierten Beschäftigung mit dessen Wirken im Weimarer Landtag, am Oberappellationsgericht in Jena, innerhalb des Patriotischen Instituts der Frauenvereine und an der Universität gewonnen werden, von Antons Stellung in der Familientradition der Ziegesars ganz zu schweigen.

Die vorhandenen Erkenntnisse offenbaren ein interessantes Phänomen: In einer von politischen Auseinandersetzung zerrissenen Zeit konnte der durch den Willen zum Ausgleich, zur Versöhnung und zur Glättung von Konflikten berufene Mann lange Jahre verantwortungsvolle Aufgaben im Staat, der Justiz und der Wissenschaft wahrnehmen. Er ließ sich durch gewaltsam ausgetragene Widersprüche nicht zerreiben und bewahrte stets seine Menschenfreundlichkeit. Und er hatte Erfolg. Auch diese Seite der menschlichen Existenz ist des Nachruhms wert. Bedauern schwingt mit: Anton von Ziegesars Kinder haben das Werk des Großvaters und Vaters in Thüringen nicht mit gleicher Intensität fortsetzen können. Aber die Familie der Freiherrn von Ziegésar ist Bestandteil der deutschen Geschichte und Gegenwart geblieben.

Ach, Luise ... !

Anton von Ziegesars Reise von Weimar nach St. Petersburg – Die Briefe und ein Tagebuch aus dem Jahre 1808

Bearbeitet und kommentiert von Detlef Jena

Editorische Vorbemerkung

Die Herausgabe der Briefe Anton von Ziegesars aus dem Jahre 1808 an die Gemahlin Luise ist durch Anton (III) Freiherr von Ziegésar vorbereitet und durch den Herausgeber besorgt worden. Beider Grundanliegen bestand in der möglichst originalgetreuen Wiedergabe der Texte. Darum ist in die Texte nur in ganz seltenen Ausnahmefällen eingegriffen worden. Ausdruck, Satzbau, Grammatik und Interpunktion sind nicht verändert worden. Lediglich die abgekürzten Wörter werden durch in Klammern gesetzte Buchstaben ergänzt. Selbst wenn Anton von Ziegesar sich in einem Datum, einer Bezeichnung oder einem Personennamen geirrt hat, sind diese nicht im Brieftext, sondern in einer entsprechenden Fußnote korrigiert worden.

Die Originalbriefe liegen in zusammengebundener Form und nicht als Blattsammlung vor. Beim Einbinden sind einzelne Blätter vertauscht worden. Dieser Mangel findet bei der Veröffentlichung keine Berücksichtigung.

Die Fußnoten zu den Briefen stammen ausschließlich von Anton (III) Freiherr von Ziegesar und dem Herausgeber. Sie sind durch den Herausgeber insgesamt inhaltlich bearbeitet und in eine einheitliche Form gebracht worden.

Rockau im Herbst 2000

Detlef Jena

N 1.

Herzberg den 2ten Juni 1808.
Abend 12. Uhr.

Zwey Tage sind es, meine Luise, daß ich Dich verließ in Thränen, und selbst mit ernster Trauer im Herzen – jede Stunde war ich mit Dir und wünschte mir nur ein späteres Wort von Dir zu haben, als das letzte, was Du mir sagtest, denn mit diesem verbindet sich mir das Bild der Trauer und der tiefsten Rührung; nun bist Du ruhiger, denke ich mir, aber ich weiß es nicht – doch dem Himmel vertrauend, dem guten Gott, der unser ganzes Schicksal leitet, verliere ich nicht den Muth und reiste weiter mit Zuversicht. Unbedeutende Kleinigkeiten abgerechnet, sind wir glücklich diesen Abend nach 10 Uhr hier angekommen. Gestern waren Trauer, Hitze, Staub und Langeweile meine Begleiter; um 5 Uhr kamen wir in Leipzig an und wurden nach dem Mittagessen durch die Taufe[1] noch mehr ermüdet, daß es mir unmöglich wurde, ein Wort dahin zu schreiben, wo meine ganze Seele ruht. – Der heutige Tag war noch heißer und staubiger, und die langen 9 Meilen dehnten sich von diesem Morgen 6 Uhr bis diesen Abend um 10 unter dem ständigen Wirbel lästiger Staubwolken.[2] Man ist freundlich und gut gegen mich, und damit bin ich, wie Du weißt, leicht zufrieden. Zwey Stunden von hier stiegen wir aus, um den schönen Abend zu genießen; an einer feuchten Gegend im Walde pflückten wir freundliche Vergißmeinnicht für die Damen[3], und Deiner dachte ich, meine Luise, als ich sie hin gab, und ich schien verstanden zu werden. Die Fürstin[4] gab mir eine Blume zurück mit der Bitte, sie Dir mit einem Gruße zu schicken; so ein Wort kann unendlich mich erfreuen, ein stummer Dank war meine Antwort, aber es stimmte mich zum ersten Mal heiter, und leichter ging ich unter dem freundlichen Neumonde. Hier ist die Blume und mit ihr die Thränen der Erinnerung, der innigsten Liebe. Gott mit Dir! meine Luise! mein gutes, theures Weib. Er wird auch mich nicht verlassen, nie verlassen; wir sind immer vereint, auch durch die weite Ferne. Übermorgen kommen wir nach Frankfurth, von dort aus schreibe ich Dir wieder, werde ich nicht ganz daran verhindert. Schreibe mir bald nach Petersburg, mit der nächsten Post, so finde ich den Brief bald nach unserer Ankunft, Grüße Ältern und Verwandte, Freunde, Bekannte und meine Collegen. – Wir sind alle wohl, heute abend müde, aber auch mein Schmerz im Leib hat sich ganz verloren. – Ach, daß ich so lange keine Nachricht von Dir erhalten kann! Doch ich vertraue dem Guten und bin ruhig. Leb wohl! Luise, ich schließe früh, aber ich bin zu müde und kann nicht viel über 2 Stunden schlafen, weil wir punct 4 Uhr morgen abreisen, um gegen 14 Meilen[5] zurück zu legen. Gute, liebe Luise, mit inniger Liebe drücke ich Dich an mein Herz, ewig

Dein

treuer Anton

Sage bitte dem Hofmarschall[6] gelegentl(ich). mit meinem herzlichen Gruß, oder dem alten Grummholz, daß des Letzteren Sohn bis jetzt seinen schwierigen Dienst zu unserer Zufriedenheit geleistet habe und alle Aufmunterung verdiene.[7] – Der Prinz[8] grüßt Dich vielmals, auch die Damen; mit ersterem fuhr ich heut den ganzen Tag.

2

Frankfurth a/M.[9] d(en). 5. Juni 1808.
früh 8. Uhr.
(N 1. war von Herzberg d(en). 2. Juni)

Seit gestern Mittag 12 Uhr sind wir hier, meine theure, liebe Luise, und erst in zwey Stunden reisen wir ab, um heute nur 7 Meilen bis Balz[10] zu gehen. Die große Hitze und die fürchterlich staubigen Sandwege haben uns so aufgehalten, daß wir in Beeskow, wo wir die Nacht von vorgestern auf gestern zubringen wollten, erst gestern früh gegen 5 Uhr ankamen, wo wir die Churprinzessin von Hessen[11] nach zwey Stunden fanden, und nun natürlich sogleich weiter hierher fuhren, und hier von der Prinz(essin). von Oranien und ihrer Tochter[12] empfangen wurden. Ein Bad, das ich mit dem Prinzen noch vor dem Mittagessen an der Oder nahm, stärkte mich zwar etwas, aber dennoch war der Rest des Tages fast zu ermüdend auf die vorhergehenden Spazierfahrten, und ich dankte Gott, als ich des Abends, nachdem ich noch zu dem Monumente des Prinzen Leopold von Braunschweig[13] an den schönen Ufern der Oder gewallfahret war, um 10 Uhr zu Bette kam. Wir sind indes alle wohl, nur die Beust hat einen etwas geschwollenen Fuß; die Grossfürstin war gestern am muntersten von uns allen. Auch ist bis jetzt noch alles recht glücklich gegangen, aber nach den seitherigen Erfahrungen der lästigen Wege ist die Reise von hier bis Königsberg in kleineren Tagesreisen abgestellt und um 2 Tage verlängert worden, so daß wir mit den Nachtquartieren zu Balz, Driesen, Schneidemühl, Navkel, Ostrometzkow, Graudenz, Preus-s(isch). Mark, Braunsberg und von da nach Königsb(erg)., erst am 13. d(iesen). M(onats). in Königsberg ankommen werden, statt am 11.ten. Es ist hier des Elendes und der Noth zwar viel, doch dieses sollte doch nicht zu solchen Betrügereyen Veranlassung geben, wie wir im heutigen Quartier unterworfen worden. Unsere Rechnung, nebst der unserer Fürstl(ichen). Gäste, nehml(ich). 4 Personen mit 5 Bedienten, wurde diesen Morgen für die gestrigen Mittag-

N. 9.

Frankfurth a/M. d. 5. Juni 1808.
früh 8. Uhr.

(No. 1. war von [illegible]burg d. 2. Juni.)

Seit gestern Mittag 12 Uhr sind wir hier, meine theure, liebe Luise, und erst in zwey Stunden reisten wir ab, um heute nur 7. Meilen bis [illegible] zu gehen. Die große Hitze und die fürchterlich staubigen Sandwege haben uns so aufgehalten, daß wir in ~~Lieberose~~ Beeskow, wo wir die Nacht von vorgestern auf gestern zubringen wollten, erst gestern früh gegen 5 Uhr ankamen, wo wir die [illegible] vorbereitet nach zwey Stunden fanden, und nun endlich [illegible] mit [illegible] schliefen und hier von der Prinz. v. Oranien und Ihrer Schwester empfangen wurden. Ein Bad, das ich mit dem Prinzen auf vor dem Mittagessen in der Oder nahm, stärkte mich ganz nach [illegible], aber [illegible] war der [illegible] des [illegible] fast zu verwünschen nach den vorhergehenden [illegible] und ich dankte Gott, als ich des Abends, nachdem ich noch zu dem Monumente des Prinzen Leopold von ~~[illegible]~~ Braunschweig an den schönen Ufern der Oder, gewallfahrtet war, um 10 Uhr zu Bette kam. Wir sind indeß alle kräftig und die [illegible] hat einen [illegible] gesunden Schlaf; die [illegible] am gestern am meisten von uns allen. Auch ist bis jetzt noch alles recht glücklich gegangen, aber nach den [illegible] Erfahrungen der [illegible] Wege ist die Reise von hier bis Königsberg in kleinern Tagereisen abgetheilt und um 2 Tage verlängert worden, so daß wir mit den Nachtquartieren zu [illegible], ~~[illegible]~~, Schneidemühl, Nackel, Ostrometzkow, Graudenz, Preußl. Mark, Brandenburg und von da nach Königsb., erst am 13. d. M. in Königsberg ankommen werden, statt am 11.ten. Es ist hier des Elends und der Noth gar viel, daß dieses [illegible] doch nicht zu solchen Betrachtungen und Abendessen und ein ganz kleines Frühstück auf 574 Th(aler). gemacht, wobei für Logis und Betten, d(as). h(heißt). ausserordentlich enge Zimmer und kurze Betten, 200 Th(aler). angesetzt war. Einige zweckmäßige und eindringliche Redensarten vom Kammerherrn Ende[14] haben zwar in Zeit einer Viertelstunde diese Rechnung auf 350 Th(aler)., also um 224 Th(aler). vermindert, aber dennoch sind wir unerhört betrogen, besonders wenn man bedenkt, daß unsere Leute, die ihr Kostgeld haben, jeder für ein kleines Mittag- und Abendessen 2 Th(aler). bezahlen mußten! Solche Dinge werden leider noch mehrere vorkommen. Wären wir nur schon durch die fürchterlichen Sandwüsten hindurch, in denen, selbst in den Städten, wenig oder gar nichts zu sehen ist, daß Körper und Geist erschlaffen. Der freundliche Anblick der Oder war mir gestern Abend nach Sonnenuntergang sehr wohltäthig, erinnerte nur nicht alles an die Disharmonien der menschlichen Natur und der übrigen Schöpfung. Dein Bild, meine theure, liebe Luise, erhöht mir jeden freundlichen Blick und erheitert mir die traurigen Abwechslungen; wo es todt um mich her ist, lebt es kräftig und wohltäthig in meinem Innern, und bei freundlichen Umgebungen finde ich es überall wieder. Ich muß fort, alle Wagen sind angespannt – tausend Grüße an alle Verwandte und Freunde, heute konnte ich nicht mehr schreiben. – Gott sey mit Dir, meine Luise, und schenke mir Deine ewige Liebe zu meinem einzigen Glück.

Ewig Dein Anton.

N 3.

Navkel, den 8. Juni 1808.
Abend.

Mit vier Tagesreisen, meine liebe theure Luise, sind wir von Frankfurth bis hierher, nun 72 Meilen weit von Weimar, gelangt[15], und kaum erinnere ich mich, wie die einzelnen Stunden und Tage verlaufen sind, denn zu einförmig war ihr Gang durch einsame Sand-Gegenden und traurige Umgebungen, wenige Puncte an der Warte und der Netze ausgenommen. So langsam auch die einzelnen Stunden oft verlaufen, so fallen sie doch in der Erinnerung in einander, daß sie kaum zu unterscheiden sind. Seit meinen letzten Zeilen an Dich, meine theure Luise, aus Frankfurth vom 5. d(es). M(onats). früh, haben wir den 5. Abends in dem einsamen, fast ganz verarmten, aber durch die Abwechslung und die schnell getroffenen Einrichtungen der ankommenden interessanten Balz, den 6. Abends in dem freundlichen Driesen, dem ersten West-Preußischen Städtchen, den 7. Abends in dem schmutzigen, dürftigen Schneidemühl, das voll ist von armen Juden, zugebracht, und diesen Abend sind wir schon nah 4 Uhr hier angelangt, da wir gute Pferde, guten Weg und nur 8 Meilen zu reisen hatten, auch fast mehr Kälte, als Hitze ertragen haben. Jetzt regnet es, stürmend und heftig, und lässt uns morgen keine gute Tagereise erwarten, doch werden wir erst später aufstehen, da wir morgen nur 7 Meilen bis Ostrometzkow haben. Ich fahre viel mit dem Prinzen in der Chaise, abwechselnd auch im grossen Wagen, wo mich Beinitz[16] oft durch seine gutmüthigen Spässe sehr unterhält. Gegen Mittag wird gewöhnlich eine Stunde angehalten zu einem Frühstücke, und am Abend vereinigen wir uns zum eigentlichen Mittagessen, wo die Unterhaltung ziemlich allgemein, ungezwungen und munter ist, käme sie nur nicht zu oft auf traurige und unangenehme Gegenstände zurück. Glücklicher sind für mich die Augenblicke, die mir in stiller Erinnerung Deine Gegenwart schenken, und nicht selten ist das Schicksal gütig genug gewesen, mir Dein liebes Bild ganz lebhaft im

Traum darzustellen. – Könnte ich nur bald einige Nachricht von Dir haben! Oft befällt mich eine unendliche Sehnsucht, und wenn mir lebhaft der weite Weg einfällt, der uns trennt, die Ferne von 72 Meilen, die noch nicht der dritte Theil der künftigen ist, da muß ich eilen, der beklommenen Brust durch irgend etwas Luft zu machen, das ich ergreife, ohne strenge Auswahl. – Die gestrige Unterhaltung am Tische hat mich aber sehr erfreut, sie betraf großen Theils unsere gute Marie[17], für die die Prinzessin mit wahrer Wärme und großer Theilnahme sprach, und wo ich oft mit ihr im Urtheile und in einzelnen Bemerkungen zusammen traf. Auch heute war viel die Rede von dem Schönen und Guten im Leben, was leicht zu einer wohltätigen Rührung stimmt, ginge es nur nicht zu oft in die unfreundlichen Ansichten über, die mir Unruhe und Besorgnis erwecken. – Wir sind alle wohl, wenn auch von dem beständigen Fahren etwas ermüdet und zuweilen betäubt; heute durchschaudert uns der erste kalte Wind in dem fremden, traurigen Lande. In den 4 Tagen, da ich Dir nicht schrieb, war ich immer am Abend zu ermüdet, auch fehlte es mir an einer örtlichen Gelegenheit, und auch diese Zeilen schreibe ich Dir in derselben Stube mit Ende, Kölbel, Schwabe und dem Popen[18] bey einem flackernden Lichte. – Göthes Gedichte haben mir zuweilen eine angenehme Unterhaltung gegeben, und wenn ich durch irgend einen besseren Gedanken beschäftigt, oder – wie noch gestern Abend beym herrlichen Untergang der Sonne – vom Anblick der schönen Natur erheitert mich fühlte, da dachte ich Deiner mit Liebe und mit Andacht, dachte Deiner Beschäftigungen und Umgebungen. Gewiß bist Du zuweilen bei der Pr(inzessin). Caroline[19] ; sie war so theilnehmend und gnädig gegen mich, daß ich mit Freuden denke, Du seyest bey ihr; versäume es so wenig als möglich und empfiehl mich ihr mit der innigsten Verehrung zu Gnaden, die Du früher in mir kennst. Noch, sage ihr, sey ich nicht ganz dünn geworden, aber allerdings schwächer, weit schwächer, doch gäbe es Augenblicke, die stark und mächtig uns erheben könnten, und deren Werth ersetze manchen traurigen , der fast bewußtlos ganz verloren ging. Mehr als je fühle ich jetzt, was es heißt Vaterland und die

Seinigen, was ist das Leben außer ihnen? Mag der Menschen Streben gehen nach allen Seiten hin, mag jeder sich im Norden, wie im Süden finden können, ich kenne doch nur ein Bestreben, ein glücklich hohes Ziel, und nimmer wird es aus dem Herzen mir verschwinden. Ach! daß es kräftig mich erhalte, mich beseele und beglücke, und scheint die Gegenwart ihm nicht geneigt, so steh' die süße Hoffnung mir zur Seite, die meine Augen vor der finsteren Zukunft fest verschließt und heitere Gefilde mir eröffnet. -

In 5 Tagereisen sind wir in Königsberg. Von dort aus schreibe ich Dir wieder und von dort aus will ich auch an die Ältern und an Sylvie gerade nach Karlsbad schreiben[20] ; über Weimar wäre es zu weitläufig, und jetzt mehr in den abgebrochenen Abendstunden zu schreiben, als an Dich, ist mir kaum möglich. Melde indeß den Ältern täglich, was Du von mir weißt, und empfiel mich ihnen zu Gnaden, auch grüße alle unsere Geschwister innigst, meine Freunde, Collegen und Bekannte. Gott gebe, daß Du gesund seyest, meine Luise! und schenke Dir Kraft, Muth und Zuversicht bey allem, was Dir begegnen kann; mein tägliches, heißestes Gebet, das mich jeden Tag mit Dir vereinigt. Oft schmeichle ich mir mit der süßen Hoffnung, in Königsberg einige Nachricht von Dir zu finden – Käme doch nur eine Post, wie ich sie abgehen sehe! Was ist die Trennung, die weite Trennung? Doch ich klage nicht gern und soll wohl auch nicht klagen; ich gehe zu Bette, vielleicht daß ein schöner Traum mich durch die weite Ferne zu Dir führt, da faß ich Deine liebe Hand und bin unendlich glücklich. Gute Nacht! Manche Nacht und mancher Tag werden vergangen seyn, wenn Du diese Worte lesen wirst, doch jeden Abend sag ich gute Nacht, als sey ich bey Dir. Sieh in der nächsten schönen Nacht das heitere Siebengestirn, das wenig schräge über Dir am weiten Himmel glänzt, da finde ich Dich im Blick wieder und finde Deine Antwort für mein sehnsuchtsvolles Gemüth! An Friedrich und Marie tausend herzliche Grüße, auch an Deine Schwester und an Seebach[21] , und an letzteren, daß wir zwar mit kleinen Unglücken am Wagen angefangen hätten, bis jetzt aber noch desto glücklicher gewesen wären. – Der Prinz hat mir wiederholt viele Empfehlungen an Dich aufgetragen, und eben so auch die Beust und die Fritsch, die zu Zeiten wohl klagen, doch wohl und gesund sind, wie wir alle.

Lebe wohl, meine theure, liebe Luise, mögen diese Zeilen, so wie die aus Herzberg und Frankfurth, glücklich in Deine Hände kommen, und Dir von neuem das Bild Deines treuesten Freundes, Deines Dich ewig liebenden Antons zurück führen. Nur eine Stunde mit Dir, einen Kuß auf Deine Lippen, und ich wollte wieder weiter mit neuem Muthe – doch mit der festen Hoffnung der glücklichen Zukunft wünsche ich auch den Schmerz der neuen Trennung nicht. Sie werden vorüber gehen, die zwölf und 14 Wochen, wie die eine, und welches Glück wird dann mich in dem guten Vaterlande empfangen, so scheide ich von Dir mit inniger Liebe; treu auf immer

Dein Anton.

N. 4. Preußisch-Mark den 12. Juni 1808

Meine Luise! an einem heitern Morgen.

Nach meinem letzten Schreiben von Mockel d. 8. d. M. Abends hatten wir kein gutes Reise-Wetter zu hoffen, denn Regen und Wind tobten in der Luft, doch am andern Morgen war der Himmel heiter, die Luft rein und der Boden von dem längst gewünschten Regen wohlthätig erfrischt, und noch jetzt fühlten wir den Nutzen dieses Regens und hören ihn preisen, denn ohne ihn hätte man in dieser ohnehin noch bedrängten Gegend neuen Jammer und Noth gefürchtet, statt dass nun die Blumen jeder Art der Sommerzeit so gedrängt und stehen, als die Fruchtbarkeit des Bodens es möglich macht. Wir haben seitdem wieder heitern Tag, und das Reisewetter wohlthätig war, nicht zu heiße Tage zur Reise gehabt, und wäre nicht die Langeweile, die sich nicht selten bey der immer gleichen Lage im Wagen einfindet, und nicht das Unbehagliche, das sich in den Hüften anfängt und sich dann leicht in den ganzen Körper verbreitet, so möchte der anhaltende Genuß der reinen frischen Luft unter den beständigen Abwechselungen der Gegenden und bey der den Körper überhaupt zuträglichen Bewegung, sehr beglückend seyn. Königsberg ~~Sonnabend~~ den 15. Juni Mittag.

Und nun, meine theure Luise sind wir seit vorgestern Nachmittag hier in Königsberg, und noch habe ich Dir nicht mit Muße schreiben können, wie ich es am meisten wünschte. Es ist das Reiseleben kein Leben und wenn der Tag vorüber ist, ist er wie verschwunden. – Den 9. Abends kamen wir nach dem hier liegenden Osterode, nachdem einen Hügel an den jenseitigen, hier sind nur diese Brücken Ufern der Weichsel, nach einer stürmigen Fahrt über

N 4.

Preußisch. Mark den 12. Juni 1808
an einem heiteren Morgen.

Meine Luise!

Nach meinen letzten Zeilen von Navkel d(en). 8. d(diesen). M(Monats). Abends hatten wir kein gutes Reise-Wetter zu hoffen, denn Regen und Wind tobten in der Luft, doch am andern Morgen war der Himmel heiter, die Luft rein, und der dürre Boden von dem längst gewünschten Regen wohlthätig aufgefrischt, und noch jetzt fühlen wir den Nutzen dieses Regens und hören ihn preisen, denn ohne ihn hätte man in dieser ohnehin noch bedrängten Gegend neue Teuerung und Noth befürchtet, statt daß nun die Fluren zum Trost der Einwohner so gesegnet stehen, als die Verschiedenheit des Bodens es möglich macht. Wir haben seitdem wieder heitere und, was uns besonders wohlthätig war, nicht zu heiße Tage zur Reise gehabt, und wäre nicht die Langeweile, die sich nicht selten bey der immer gleichen Lage im Wagen einfindet, und nicht das Unbehagliche, das meist in den Füßen anfängt und sich dann leicht in den ganzen Körper verbreitet, es müßte der anhaltende Geruch der reinen frischen Luft unter den beständigen Abwechslungen der Gegend und bey der dem Körper sonst zuträglichen Bewegung sehr beglückend seyn.

Königsberg, den 15. Juni Mittag.

Und nun, meine theure Luise, sind wir seit vorgestern Nachmittag hier in Königsberg, und noch habe ich Dir nicht mit Muße schreiben können, wo ich es am meisten hoffte. Es ist des Treibens kein Ende und wenn der Tag vorüber ist, ist er wie verschwunden. – Den 9. Abends kamen wir nach dem schön liegenden Ostrometzko, auf einem Hügel an dem jenseitigen, für uns nun diesseitigen Ufern der Weichsel, nach einer stürmischen Fahrt über diesen schönen Fluß. Ich weidete mich an dem Anblick der Gegend beym Untergang der Sonne; aber hätte ich auch nur die Nacht im Freyen zubringen können, denn diese habe ich in schmutzigen Judenbetten auf eine mir unvergeßliche Art zugebracht.

Den 10. gingen wir bis Graudenz, der interessanten Festung, wo wir die erste Preußische Garnison fanden. Sandige langweilige Wege hatten uns sehr ermüdet und gaben uns sanften Schlaf auf die auch sonst nicht angenehme Nacht.

Den 11. bis Pr(eußisch). Mark[22] , einigen einzelnen reinlichen Häusern in einer freundl(ichen). Gegend, von wo aus ich den Anfang dieser Zeilen schrieb, wo ich aber durch ein eiliges Herbyrufen zur Abfahrt unterbrochen wurde.

Den 12. bis Braunsberg in ein erträgliches Nachtquartier. – Am 13. standen wir zeitig auf, uns gehörig zu ajustieren und zu ordnen, und gegen 4 Uhr nachmittags wurden wir eine halbe Stunde von hier vom König und der Königin empfangen, und unter vielen Kanonenschüssen hierher begleitet.[23] Und seitdem sind die Stunden verlaufen,, ich weiß nicht wie, und in einer halben Stunde soll ich zur Tafel. Diesen Abend 8 Uhr reisen wir ab, um über morgen bey guter Zeit in Memel zu seyn. Eine unendliche Sehnsucht treibt mich oft zurück, Heimweh mag ich es nicht nennen, doch kann ich mir diese Krankheit erklären. 116 Meilen[24] trennen uns nun, meine Luise, und noch nicht die Hälfte! – Ich finde nun heute keine Ruhe mehr zum Schreiben und muß diese flüchtigen Zeilen abgehen lassen. Sie sagen Dir, daß ich mit der ganzen Gesellschaft wohl bin, daß ich immer Deiner gedenke mit der innigsten Liebe, und daß ich nur einen Gedanken des Glücks kenne. Gott möge bald unsern Wunsch erfüllen! und führe mich bald in Deine Arme zurück. Ach! Luise! könnte ich aussprechen, was ich alles empfinde, könnte ich nur eine Stunde bey Dir seyn, freyer athmen würde mein von so vielen Seiten beklommenes Herz. Hätte ich nur einige Nachricht von Dir! noch kein Wort, versäume ja keine Gelegenheit, mir zu schreiben. Umarme Fritz und Marie, bey ihnen bist Du nun wohl? Ich ende, denn ich muß schließen; meine Sehnsucht kennt keine Grenzen. Ewig! Ewig!

Dein

treuer Anton

Unser Erbprinz hat gestern nach Tafel aus den Händen des Königs den Schwarzen Adler-Orden auf eine wirkl(ich). rührende Art erhalten.[25]

N.5.

Memel den 18. Juni 1808.
Abend.

Noch einmal, meine theure, liebe Luise, schreibe ich Dir aus Vaterländischen Umgebungen; morgen rollt in wenig Stunden der große Schlagbaum[26] hinter uns zu, und mit ihm wird auch die freyere Aussicht nach der Heymath verschlossen. – Gott gebe, daß er sich bald wieder öffnet vor meinen Augen, und daß das höchste Glück, was mir auf Erden ist geworden, sich nicht vor mir in dunkle Zukunft ziehe. Ich gehe hinüber und lasse alles zurück, was ich besitze, was ich bin, und finde es wieder, finde Dich wieder, bald! und neu beglückt. So leitet die Hoffnung meinen Weg, die ich noch hinter mir zurücklasse, doch ihre Kraft ist stärkend und erquickend, wie das weite Meer, das heute sich zum ersten Mal in seiner ganzen Größe vor meinem Blick eröffnete. Wo hat die Phantasie den schöneren Traum, als bey dem Göttlichen Anblick dieser unendlichen Weite? Wo ist Gottes Schöpfung größer, edler, als wo der Masse allgewaltige Kraft in edler Würde sich bewegt und bald im milden Glanz, bald wogend auf und ab die hohe Urkraft klar verkündet, die jedes fühlende Gemüth in seinem Busen trägt? Nach jeder Himmelsgegend hin der freye, weite Raum in gleicher Majestät, verborgen in dem weiten Schooß das Größeste der Schöpfung, verborgen hinter sanften, fernen Wellen der Menschen Thätigkeit und einzelne Begierden, die gleich den Wüsten sich im ewgen Thun verlieren. So sah ich heute von dem Leuchtthurm dieser Stadt herab auf ganze Völker, ihre Länder, die in dem Punct der ewgen Ferne sich verloren und dunkle Bilder verworrender Thätigkeit auf einen lichten Punct vereinigten. Ach! früge doch ein jeder sich bey solchem Anblick, was ist und was er seyn soll? und legte dann sein Innerstes vor Gottes Allmacht wahr und offen dar, er würde leichter dann dem nächsten Tag entgegen gehn und freudiger vom folgenden auf seinen letzten sehen. Doch ich vermag es nicht, Dir klar zu schildern, welchen hohen Anblick mir der Augenblick gewährt, da ich zum ersten Mal die Erde in des Wassers Größe übersah.

Wir fuhren, wie Du von meinem letzten Brief von Königsberg, d(en). 15. d(iesen). M(onats)., wissen wirst, noch an demselben Abend 10 Uhr von dort ab, und sehr schnell in 20 Stunden 23 Meilen bis Heydekrug, einem einsamen Orte in der Heyde, wo uns jedoch ein reinliches Haus aufnahm; und obgleich unser ein in einem schlechteren Krug auf eine gute Streuhe sich bequemen mußte, so schlief ich doch weit besser, als mancher auf dem weichsten Bette schlafen mag. So war auch der 16. Tag verschwunden unter den einförmigen Bewegungen des Wagens, die nicht viel zur Lebhaftigkeit der Unterhaltung beytrugen, und in einer naß-kalten Witterung, die uns von den Ufern der Memel überfiel.

Der 17. früh war fast der traurigste Tag unserer Reise, denn stürmend schlug der Regen an die Fenster, und jeder glaubte sich dem rauhen Winter näher als dem Sommer; wir fuhren erst spät aus und legten mit schlechten Pferden die 7 Meilen bis hierher erst gegen Abend um 6 Uhr zurück; doch ward der Himmel wieder heiter und gestattete mir noch gestern Abend nach dem Essen, meine große Neugierde, die mich an den Hafen trieb, zu befriedigen. Ich fand unter vielen größeren und kleineren Schiffen, die unthätig lagen, das größte und das schönste von drey Etagen, mit drey großen Masten und von 62 meiner Schritte Länge, so nahe am Ufer mit einer bequemen Treppe liegen, daß ich ohne Umstände sie bestieg und mich auf einmal unter fremden Matrosen an Bord befand. Der Kapitän, ein Holländer, der dieses Russische Kauffartey-Schiff kommandierte, empfing mich, den Erbprinzen und die Gräfin Beust, die ich mit dahin gezogen hatte, ganz freundlich, und führte uns überall herum, so weit es noch die Dämmerung erlaubte, und wie ein Vogel in einem fremden Nest suchte ich mich überall bekannt zu machen und meine sonstigen Begriffe auf diese neue Erscheinung zu passen. Besonders wohl gefiel es mir in der geräumigen, reinlichen Kajüte, wo die Frau des Kapitäns ein freundliches gesundes Kind in einem Bettchen wiegte. – Nur in der Ferne sah ich von dem hohen Bord die hohe See noch glänzen, und bald verbarg die Dämmerung die ganze Gegend in ihrem dunklen Schoß und wiegte mich zu Hause in einen sanften Schlaf.

Heute der 18.te fing mit Besuchen von und bey Russen an, so wie auch dieses uns schon gestern beschäftigt hatte, und schon bey guter Zeit kam ein Kayserl(icher). Kammerherr mit Bedeckung von Kosacken von der 2 Meilen entfernten Gränze hier an, der von der Gränze an uns bis zum Ziele soll geleiten – ein freundlicher, gebildeter Mann. Die Route wurde reguliert – denn den ganzen Tag hier zu bleiben, nöthigte uns nicht bloß die Ermüdung der Prinzessin, sondern auch eine bedeutendere Reparatur am Wagen – und nach dieser Bestimmung treffen wir von morgen an, am 10.ten Tage an dem Ziele ein, also am 18.ten d(iesen). M(onats). und unserer Reise. So verging der Vormittag fast unbemerkt, doch eilte ich vor Tische noch einmal auf mein gestriges Schiff und fand da zufällig den eben angekommenen Eigenthümer desselben, konnte aber nur wenig von der offenen See erblicken, die hier noch von den über liegenden Sandbergen – die Kurische Nehrung[27] – eine Strecke weit abgeschnitten wird. Nach dem Mittagessen in zahlreicher Gesellschaft, ging die Prinzessin selbst spatzieren, und wohin endend am schicklichsten, als nach dem Schiff, das so bequem und leicht zu besteigen war? So kam ich zum dritten Mal darauf, nun nur mit dem Unterschiede, daß auch ich mit größeren Höflichkeiten empfangen und entlassen wurde, und das Hoch! Rufen der Matrosen hinter uns ertönte. Graf Henkel, der schon gestern bey uns war, hatte schon seit drey Stunden seine Pferdte parat stehen, uns nach dem Leuchtthurm zu bringen, dennoch mußten wir erst Thee noch trinken, und erst um 7 Uhr kam ich mit ihm zu Pferdte, und unsere beyden Damen in seinen Wagen. In einer Viertelstunde hatten wir den tiefen Sand auf eine Viertelmeile durcheilt, und noch stand die Sonne am Himmel, als ich von der Zinne des Thurms die weite See in ihrer hohen Majestät erblickte. Da trieb mein Blick auch nach der fernen süßen Heymath mich zurück, und wo der Himmel sich in tiefe Fluten fern verlohr, da sank auch er in stillen Abgrund tiefer Phantasie zurück, und der Gedanke schreckte mich dann auf, daß weite 146 Meilen mich von jenen Puncten trennen, die meine Welt umfassen. Das Brausen des Meeres nahm meine unendliche Sehnsucht auf, die gleich den wogenden Wellen, mich aufwärts trieb und hernieder und immer und immer von neuem in unendlichen Zügen. – So gehe ich nun zur Ruhe, noch tönt vor meinen Ohren der ewige Ton, und mit ihm schenke mir der Schlaf Dein süßes, heiteres Bild, daß ich in ihm mich ganz verliere und Ruhe finde. -

Morgen stehen uns neue Erscheinungen und mannigfaltige Ehrenbezeugungen bevor und so fast jeden Tag, und nun wird kein Brief an Dich wieder abgehen können, als aus unserem Standquartier. – Bis dahin lebe wohl. Doch wenn Du diese Zeilen erhalten wirst, kann ich auch schon einen neuen Brief an Dich absenden. Ach hätte ich nur ein Wort von Dir! – nun 18 Tage, seit ich Dich verließ, wie ich es nie vergessen werde. Meine Luise! noch bist Du, wie ich damals Dich verließ, Gott wallte über Dir, und lenke unser Schicksal. Bald wird ein Brief mich erfreuen, doch was kann auch dazwischen wohl geschehen seyn? doch ich frage nicht. – Grüße alle unsere Verwandte und Bekannte, ach! um wieviel theurer scheint mir jeder in der weiten Ferne! und bist Du bey Fritz und Marie, umarme sie auf das innigste von mir und halte Dich an sie, wie Du an mich, wenn ich nur bey Dir seyn könnte. Ich bin unter Euch und doch so fern – gute Nacht! es wallt in meiner Brust, und um mich her wird alles jetzt so still, daß ich der Sehnsucht keine Schranken setzen kann. Ich wollte noch an Fritz eine Zeile beylegen, doch ich muß zu Bette und Du theilst ihm doch aus diesen Zeilen mit – tausend Grüße und Küsse noch von mir. Den Ältern schrieb ich kürzl(ich). von Königsberg nach Karlsbad, von wo sie hoffentlich bald zurück fahren. – Lebe wohl, meine Luise, lebe wohl, mein gutes liebes Vaterland! auf baldiges, frohes Wiedersehen! Ewig

Dein

treuer Anton.

Der Gräfin Henckel[28] bitte ich gelegentl(ich). meine Dankbarkeit zu versichern, die ich hier für das freundl(iche). und zuvorkommende gütige Betragen ihres Herrn Sohnes empfinden mußte.

N 6.

Pawlowsk den 29. u(nd) 30 Juni 1808

gegen Mittag

Mit dem Gefühl eines Bekehrten verließ ich am 19.ten Juni früh 8 Uhr Memel und einige Stunden später die große Gränze, die uns jetzt von einander scheidet, meine theure, geliebte Luise. Ich war ruhig und zufrieden, des Abends vorher mich noch weitläufiger mit Dir unterhalten zu haben, mein Herz war mir leichter, mich selbst glaubte ich zurück gelassen zu haben, und wie an ein zweytes Ich dachte ich an das zurück, was jenseits lag und seelig in Deiner Nähe ruhte. Ein schönes Corps von 40-50 Mann Cosacken und eben so viel gelbe Husaren mit herrlichen Pferdten erwarteten uns an der Gränze und in Polangen[29], der ersten Stadt von Litauen, ein reichliches, sehr gutes Mittagsmahl unter der Leitung des eben so gefälligen als freundlichen und zutraulichen Cammerherrn Grafen Golowkiny.[30] Die Bekanntschaft einiger Cosacken-Generals, deren Kleidung eben so bequem wie zweckmäßig als geschmackvoll ist, interessierte mich sehr, und obgleich sie so wenig von meiner Sprache, als ich von der ihrigen verstand, so wußten wir uns doch, theils durch Dolmetscher, theils durch Zeichen über Mehreres verständlich zu machen. Nach Tische reisten wir noch unter beständiger Bedeckung von Cosacken bis Rutzau[31] 8 Meilen von Memel – einem Krongute auf einer freundlichen Anhöhe in einer waldigen, nicht unangenehmen Gegend. Das Wetter war kalt; wir logierten zwar nicht ganz schlecht, aber unsere Wohnung war gemeinschaftlich, wurde noch in Ordnung gebracht; selbst das Lesen und Schreiben war mir abgeschnitten, und ich befand mich bis zum Schlafen-Gehen in einiger Verzweiflung von Langeweile. – In der Folge fanden wir noch zwey Tage lang auf jeder Station eine militärische Escorte von ½ Escadron von dem schönen gelben Husaren-Regimente, die aber immer verboten wurde, und bloß beym Einsteigen paradirte. Überdies begleitete uns, außer dem von hier aus geschickten Grafen

Golowkiny, ein Graf Medem als Deputierter der Curländischen Ritterschaft bis Riga, und später mit ihm zugleich ein Baron Schliffenbach[32], ein als Jurist u(nd) Belletrist bekannter junger Schriftsteller, der uns sehr interessierte und oft angenehm unterhielt, auch dieser bis Riga.

Den 20.ten reisten wir 14 Meilen bis Schrunden[33], ein Krongut, das ein anderer Hr.(Herr) von Medem in Besitz hat. Der kalte Regen verhinderte uns, einen nach Tische projectirten Spatzirgang – denn wir reisen immer erst am Abend ins Nachtquartier und heute gegen 6 Uhr des Abends – auszuführen; die Unterhaltung im Zimmer wurde gegen 10 Uhr abgebrochen, und jeder suchte sein Bett auf.

Den 21. von Schrunden bis Doblen[34] diesseits Mitau – 11 ½ Meilen. Ein wie gewöhnlich gutes Mittag- oder Abendessen erwartete uns durch die in der Nacht vorauseilenden Anstalten des Grafen Golowkiny, und zugl.(eich) wurden wir vom Vice-Gouverneur von Mitau und einigen anderen Herren aus Mitau erwartet. Es war ein herrlicher Abend, und nach 10 Uhr noch so hell wie am Tage. Ich ging noch spät mit unseren beyden Damen und dem Baron Schliffenbach nach einer großen schönen Ruine – jedoch aus der neueren Zeit – welche ¼ Stunde von unserer Wohnung lag und noch deutl.(iche) Spuren und große Mauern eines ehrwürdigen Ritterschlosses zeigte. Die Aussicht von der kleinen Höhe war sehr freundlich, mit grünen, mit Wald durchschnittenen und freundl.(ichen) Häusern angebauten Wiesengründen, die von einem kleinen Fluß durchschnitten wurden. – Es war der Geburtstag unserer guten Sylvie; wie sehr hätte ich gewünscht, einen Augenblick bey ihr seyn und sie an mein Herz drücken zu können. – ach! der Sehnsucht, die mich oft so unbegränzt beherrscht! gute liebe Luise!

Der 22.te war ein etwas ermüdender Tag, dessen Anordnung zur möglichsten Zeit- und Kraftersparnis unserm Hofmarschall große Ehre macht, und der gut vollendet wurde. Wir mußten schon halb 5 Uhr ausfahren. In der Nacht wurden wir durch einen aus Frankreich zurückkehrenden Russischen Courier geweckt, der einige Zeilen von Wollzogen[35] an unsre Fürstlichkeiten mit brachte. Der allgemeine Ausdruck, daß alles wohl sey, mußte mir genügen, sonst erfuhr ich kein Wort von Dir, und wenn ich auch wußte, daß die Eile des Couriers und die Umstände es unmöglich gemacht hatten, etwas von Dir zu erhalten, so war ich doch traurig über das Schicksal, das mich so lange ohne alle Nachricht ließ, während ich jede Stunde nur diese große Sehnsucht fühlte. – In Mitau nahmen wir beym Pferdewechsel ein Frühstück beim H(er)r(n). von Offenberg in einem sehr eleganten Hause ein, und der kurze Augenblick unseres dortigen Aufenthaltes war nicht hinreichend, alle die Herren zu betrachten, die sich wollten vorstellen lassen. Mitau[36], ein freundliches Städtchen, so weit ich es im Fluge sehen konnte, war jetzt zur Johanniseid- und Zahlzeit ganz ausgefüllt von dem Curländischen Adel, der sich jährlich um diese Zeit von allen Seiten hier versammelt. In Olag, der ersten Station von Liefland, erwartete uns ein zweytes Frühstück von dem Magistrat aus Riga[37], nebst einigen Deputierten von diesem und dem Gouverneur von Richter daher, und schon von Mitau aus wurden wir von Cosacken begleitet. Auch dieses zweyte Frühstück hielt uns nur so lange auf, als wir nöthig hatten, uns zu sättigen; in kaltem Regenwetter fuhren wir weiter und wurden bei Riga auf eine sehr imponierende Art empfangen. Viele Herren in gestickten Uniformen zu Pferde und später ein starkes Commando Cürassirs begleiteten nebst vielen Cosacken den Wagen der Prinzessin, und trotz des starken Regenwetters waren doch viele Menschen auf den Straßen versammelt. Der Anblick der stolzen Düna imponierte mir außerordentlich; wir fuhren fast eine Viertelstunde über eine sehr zweckmäßig gebaute Brücke, die jedes Jahr beym starken Eisgange abgenommen werden muß. Beyde Seiten der Brücke waren mit lauter Russischen Känen besetzt, welche die Thätigkeit des inneren Handels bezeichneten, und von denen herab die vielen interessanten Gesichter der Russischen Handelsleute und Schiffer, die freundlich und neugierig ihre langen Bärte über die Kähne herüber streckten, mich sehr unterhielten. In Riga war eine kurze Cour von vielen Herren, während welcher im Hof die Musik von zwey Regimentern mit Gesängen von zwey Corps Russischer Sänger abwechselte – dann eine Mittagstafel von

36 Personen, und nach Tafel reisten wir noch bis zur russischen Station nach Neuenmühl[38], und hatten so über 14 Meilen unter mannigfaltigen Hindernissen zurück gelegt.

D.(en) 23. reisten wir nach einem schlechten Nachtlager, was Ende und ich zum ersten Mal auf dem bloßen Stroh mit Wagentüchern fanden, bis Wolmar, oder vielmehr Wolmarshof[39], einem prächtigen Landhause eines H(er)rn. v(on). Löwenstern, Stiefbruder des unsrigen, nahe bey dem kleinen freundlichen Städtchen Wolmar, 0.5 Werst[40], ein Werst zu 1500 Schritte, also eine reichliche Viertelstunde. Kurz nach Mittag überraschte uns mitten im Walde ein heftiges Gewitter; rund um uns herum rasselte fürchterlicher Donner, und noch nie glaubte ich mich der Gefahr erschlagen zu werden, so nahe, als dieses Mal. Der Wagen der Prinzeß war einige hundert Schritte vor dem unsrigen, und zwischen diesem und dem unsrigen, nur etwas Seit-wärts und höchstens hundert Schritte von unserem Wagen schlug das Wetter durch einen Baum in die Erde ein; ich sah einen großen Feuerklumpen herabstürzen und fühlte einen Schlag auf der Brust, wie man ihn wohl von einer blind geladenen, auf sich in einiger Entfernung gerichteten Canone empfindet. Der Prinz, Schwabe und ich, die wir in diesem Wagen vereinigt waren, sahen uns einige Minuten ganz blaß an, ohne zu wissen, ob wir selbst noch lebten, aber bald ward ich durch diese nahe und verschwundene Gefahr viel heiterer, als ich den ganzen Tag gewesen war. Nachher schlug das Gewitter noch einige Male um uns herum in Entfernungen von 5-600 Schritten ein, ließ uns aber frey passiren. Wir selbst hatten nur Regen, keine Schlossen[41] empfunden, aber auf der russischen Station, nahe beym Gute unseres Hermann von Kampenhausen[42], fanden wir eine Stunde, nachdem das Gewitter vorüber war, die Schlossen an einigen Stellen eine gute Hand hoch liegen. Die letzte Station bis Wolmar von 18 Werst, also gute 4 ½ Stunden, fingen wir schon an, auf Russische Art schnell und diese gute Strecke in nicht ganz 5/4 Stunden zu fahren. Das prächtige Landgut des H(err)n. v(on). Löwenstern gab uns gute Betten, und ich ruhte gut. Vorher hatte ich noch die Freude, einen alten Universitäts-

Freund, Gundeloh aus Meiningen, der als Sekretär beym Ordnungs-Gericht in Wolmar angestellt ist, zu finden.

Der 24. war nichts als ein schneller Flug auf guten Wegen, zum Theil doch sandig, bis Uddern[43], 104 Werst, wo ein elendes Quartier unserer erwartete. Wir kamen durch das schnelle Fahren zeitig an, zu früh nach unserem Nachtlager, das Ende und ich in der Scheune auf dem Heu nehmen mußten; wir schliefen aber gut, amüsirten uns sehr über die mancherley Ordnungs-Anstalten unseres Begleiters und Ordnungs-Richters Baron von Unger[44] aus Wolmar, der uns gute Dienste leistete, aber nicht allen so angenehm gewesen seyn mag, u(nd) machten am andern Morgen unsere Toilette so sorgfältig und schön in der Scheune, wie in dem schönsten Zimmer. Ich freute mich sehr auf der heutigen Reise, einen Oberst von Treu und einen Baron Wrangel als Postcavalire in Sterkeln und Gulben[45] zu finden und kennen zu lernen. Bey beyden ist unser Reinhardt[46] als Lehrer angestellt gewesen, und beyde freuten sich von ihm zu hören, da sie ihm noch sehr attachirt zu seyn schienen. Der erstere Treu empfing mich mit großer Freundlichkeit, und ich mußte eine Station mit dem alten armen Mann im Wagen fahren, um ihm zu erzählen. Auch sein kleiner Sohn von 14 Jahren, ein sehr artiger Knabe, den Reinhardt noch in der Erinnerung gehabt, freute sich sehr, von seinem alten Lehrer zu hören. Sage dieses, meine Luise, gelegentl(ich). an Reinhardt mit herzl(icher). Empfehlung von mir und von seinen alten hiesigen Freunden.

Den 25. kamen wir früh bey guter Zeit durch die nächste Station, das freundliche Dorpat[47]. Die Verwandten der guten Marie[48], Fr(au). v(on). Berg und Frau von Stjernhjelm, waren so gütig gewesen, nahe beym Posthause in der Sonnenhitze im Wagen auf uns zu warten, um auch mir die Freude ihrer Bekanntschaft nicht zu entziehen. Während die Pferde umgespannt wurden, und die Deputirten der Stadt und der Academie sich präsentirten, war ich bey diesen freundlichen Damen am Wagen, gab meine Briefe ab und mußte so viel erzählen, als ich konnte in der kurzen Viertelstunde, die mir nicht erlaubte, ihr wiederholtes Anerbieten: mit in ihr Haus zu gehen, anzunehmen. Ich freute mich sehr, ihre Bekanntschaft zu machen, denn ich erkannte ganz in ihnen die Herzlichkeit und Zutraulichkeit unserer Marie – nur zu schnell mußte ich mich von ihnen trennen, doch mit dem festen Vorsatze auf dem Rückwege – wenn ich es zu bestimmen oder vorzuschlagen habe – ein Nachtquartier in Dorpat einzurichten. – Wir fuhren dann schnell noch drey Stationen bis Nennal an dem schönen Peipus-See[49], im ganzen 96 Werst. Nach dem Essen machten wir noch eine kleine Spatzierfahrt auf dem See, der 150 Werst lang und 90 Werst breit ist, und von welchem man an den meisten Stellen das jenseitige Ufer nicht erkennen kann. Später veranstaltete noch unser H(er)r. von Unger ein kleines Feuerwerk auf einigen Känen im See durch brennende Tannen und mit Flintenschüssen, was einen sehr guten Effect machte.

Der 26. Mein Geburtstag wurde incognito mit einer angenehmen Wasserfahrt eröffnet. Da die erste Station bis Run-Pungern sehr sandiger Weg war, und diese Station auch noch am See liegt, so wurden die Wagen leer fortgeschickt, u(nd) wir fuhren die 15 Werst zu Wasser auf drey Kähnen, einer mit den Fürstlichkeiten und uns, ein zweyter mit den Cammerfrauen u(nd) Secretärs und ein drittes mit russischen Sängern und Tänzern, die uns viel Freude und Vergnügen machten. Nach 2 ½ Stunden liefen wir in den kleinen Fluß[50] bei Run-Pungern ein, und zwar ohne übele Empfindung vom Fahren gehabt zu haben, das übrigens, wenigstens auf der einen Seite, ganz wie auf offener See war, denn man sah nichts als Himmel und Wasser – ein schönes herrliches Wasser! – Dann setzten wir unseren Weg schnell bis Narwa[51], zum Theil nahe am Meere hin, fort, kamen aber doch recht spät in dem Hause des dortigen gefälligen Commandanten an, denn die Wasserfahrt hatte uns etwas aufgehalten, und dennoch hatten wir im Ganzen 109 Werst zurück gelegt. – Und hier, meine Luise! welches schönere Geschenk hätte ich zu dem heutigen Tage haben können, als einen Brief von Dir, vom 5.ten d(iesen). M(onats)., die ersten Zeilen seit der langen Trennung, und welch ein schöner, liebevoller Brief! Du bist wohl, bist ruhiger und denkst meiner mit Liebe und in schöner Zuversicht – was brauche ich mehr zu wissen? ja Luise! Thränen der Freude, die noch jetzt meine Augen anfüllen, sind unendlich süß – o daß ihr schöner Werth mir immer bleiben möge! Der Brief war bis Petersburg gegangen und uns von da nach Narwa zurück geschickt worden. Er wirkte mächtig auf mein ganzes Wesen, ich fühlte mich wie neu belebt, heiter und glücklich, und alle, die ich sehe, schienen mir näher. – Trotz aller Müdigkeit mußte ich noch spät am Abend nach dem majestätischen, Weltberühmten Wasserfall der Narowa, eine kleine halbe Stunde von der Stadt. Der Commandant war so gnädig, mir eine elegante Droschke anspannen zu lassen, und so fuhr ich in der Nacht nach 11 Uhr allein noch dahin. Die Nacht ist jetzt nicht dunkel, um diese Stunde war es wie bey uns jetzt um 9 Uhr, und ich konnte um Mitternacht noch sehr gut den schönen blauen Strohm, der schnell in einer blitzenden Fläche sich fortbewegt, erkennen und genau den mächtigen Fall des Wassers von der Brücke herunter betrachten, auf der ich in ziemlicher Höhe in einem beständigen Dunste stand. Noch nie sah ich eine solche Erscheinung, als nur in hundertfach kleineren Seen bey großen Wehren – und hätte ich hier nur das majestätische Brausen in der herrlichen Nacht gehört, ich wäre tausendfach belohnt gewesen, für den entbehrten Schlaf, dessen ich sonst wohl bedürfte. Einen schöneren Fluß sah ich noch nie, sein Blau scheint mir ganz eigen, und bis zur Stadt hin und weiter bewegt er sich vom hohen Sturz in tausend mannigfaltigen Wellen fort – doch hoffte ich ihn noch näher am hellen Tage kennen zu lernen.

Der 27. Nach wenig Stunden Ruhe, reisten wir schon früh 6 Uhr aus, dem längst ersehnten Ziel näher, und schneller als wir heute fuhren, waren wir noch nie gefahren, und kann man auch wohl nicht. Obgleich gestern vom Wagen der Grenzstation[52] d(urc)h das schnelle Fahren ein Rad abgelaufen war, und die Damen über einander gefallen, glückl(icher). Weise aber nichts beschädigt u(nd) zerbrochen war, so schien man doch heute wieder ganz dem Glücke und der sicheren Einrichtung zu vertrauen. Wir fuhren von früh 6 Uhr bis Mittag nach 1 Uhr, 84 Werst bis Kuskom, in 7 Stunden, von denen wir uns wenigstens ¾ Stunden aufgehalten hatten, 21 Stunden Weges, daß ich anfangs die Augen nicht öffnen konnte. Wie oft habe ich da nicht an Fritz gedacht:

was würde der sagen, wenn auf dem schönsten, ebensten Wege die großen schweren Wagen, bloß durch die große Schnelligkeit des Fahrens immer von einer Seite zur anderen schwankten, und oft mit dem einen Hinterrade die Erde kaum berühren? Doch man wird alles gewohnt, nur darf man einen anderen Wagen nicht in dieser Art fahren sehen, dann zittert man vor sich selbst. Ich schloß die Augen zu und rief zuletzt selbst mein pohaha[53], wenn wir zurück bleiben mochten. Eine Stunde von Narwa ertönte auf einmal der freundliche Ruf: die Kayserin.[54] Alles stürzte aus dem Wagen, die Großfürstin eilte auf dem staubigen Wege fort, so schnell sie Ihre Füße trugen, und Ihre Kayserl(iche). Mutter kam ihr auch zu Fuße entgegen; wie soll ich Dir den Ausdruck und Entzücken von beyden Seiten beschreiben? Ich konnte nur meiner eigenen Mutter gedenken, so kam auch diese mir nach einer längeren Trennung entgegen, und eine Thräne der Rührung und der Freude trat mir in das Auge bey diesem hohen Gegensatze. Nach einer Stunde Ruhe wurde gemeinschaftl(ich). gespeist, doch beym ersten Anblick der Tafel glaubten wir nicht mehr nach Norden, nur nach Süden gereist zu seyn, solche Art von Früchten sahen wir hier. Von der Erdbeere bis zur Weintraube, und in solcher Vollkommenheit, die Ananas, die Melone, die Pfirsiche, die Apricose und selbst die Traube, die wie im späten Herbst bey voller Reife vom Stock geschnitten schien, aus der gesegnesten Gegend des Südens in einer Größe von mehr als einem Fuß Länge und über die Hälfte so viel im Durchmesser. Wir aßen vortrefflich, und dann ging es weiter – die hohen Herrschaften in einem sechssitzigen Wagen vereinigt, wir mit unseren beyden Damen. Auf dem Wege hierher kamen die Großfürsten u(nd) Großfürstinnen und S(eine)r. M(ajestät). d(er). Kayser selbst entgegen[55]; doch wir fuhren gerade hierher und kamen nach 10 Uhr glücklich hier an, nachdem wir auch diesen Nachmittag wieder ein starkes Gewitter gehabt, uns selbst aber durch das schnelle Fahren und das Rasseln der Wagen auf den Steinwegen betäubt hatten. – Wir 4 aßen zusammen zu Abend und bekamen dann unsere sehr bequeme und schöne Wohnung mit allen Bequemlichkeiten angewiesen. Ende und ich wohnen in einem anderen Palais, aber sehr angenehm in drey Zimmern und zwey Cabinets, mit einer Stube für unsere Bedienten, und nach Abend zu unter dem Schutze schattiger Bäume, und noch hat uns an nichts gemangelt, als an der Gabe, uns unserm sehr thätigen und prompten Roßknecht deutlich u(nd) verständlich zu machen. Jetzt geht es schon viel besser, und er scheint eher Deutsch als wir Russisch zu lernen. Unsere Damen wohnen ebenfalls sehr schön, neben der Großfürstin, nur etwas heißer als wir, und hier ist die Hitze jetzt größer als je bey uns.

Den 28. Die Nächte sind so schön und hell, daß man um 12 Uhr, um 9 Uhr zu Bette zu gehen glaubt; so ging es uns auch gestern, dafür schliefen wir auch diesen Morgen bis 10 Uhr. Dann eine Visite bey der Gräfin Liven[56] und unsern Fürstl(ichkeiten)., nach 2 Uhr bey den beyden kleinen – so überaus liebenswürdigen – Großfürsten, später bey den beyden Großfürstinnen Katharina u(nd) Anna und um drey Uhr zur Kayserl(ichen). Tafel in einem herrlichen Marmorsaal, der durch eine gläserne Kuppel von oben beleuchtet wird. Das hiesige Schloß[57], in halber Form, mit drey großen Hauptgebäuden, die im halben Zirkel durch Flügel vereinigt sind[58] und eingeschlossen von dem schönsten Engl(ischen). Garten, den man sich denken kann, und der wenigstens drey Meilen im Umfange hat, wird kleines Schloß genannt, und gehört zu den schönsten und prächtigsten Erscheinungen, die ich mir gedacht habe – eine Beschreibung davon ist mir nach den Umständen und nach den wenigen Augenblikken, die mir noch bleiben, ganz unmöglich; wohl zwanzig Mal bin ich in den nächsten Umgebungen herum gegangen, ehe ich mich nur einiger Maßen finden konnte. Und welche immense Einrichtung von Pracht und Geschmack? alles erscheint im Großen, von der Anzahl der Dienerschaft an bis zu den Zimmern, alles in der größten Ordnung und Reinlichkeit von den schönsten Monumenten an bis herunter zu dem kleinsten Blumen-Arrangement. – I(hre). H(oheit). der Großfürst Konstantin kamen heute zur Tafel, und auch die jüngeren Prinzen speisten mit. Auch hier war nur Überfluß und Reichtum – man müßte 10 Magen haben, wenn man die Hälfte essen wollte von dem, was man darbietet. – Nach Tafel gegen 6 Uhr waren wir frey. I(hre). M(ajestät). die

Kayserin hatte uns selbst die Spatziergänge empfohlen; Ende und ich gingen nun, nachdem wir uns umgezogen hatten, so weit uns die müden Beine tragen wollten, und blieben jede 10 Schritte vor Bewunderung u(nd) vor Erstaunen stehen – unter den schönsten Producten der Kunst zeigte sich die Natur gewiß und schön, das herrlichste Grün auf den Wiesen, die schönsten Blumen in jedem Winkel, Hortensien zu hunderten und in einer 10fachen Größe wie bey uns, Rosen auf Bäumen, höher als ich, und viele ausländische Gewächse und Sträucher mit dem schönsten Grün. – Den Abend um 11 Uhr aßen wir mit unseren Damen auf deren Zimmer, auch hier sehr gut und reichlich, und schleppten uns dann müde nach unseren Betten.

Den 29. So müde wie diesen Morgen hatte ich mich noch nie gefühlt; die Müdigkeit schlug, wie man zu sagen pflegt, nach uns; ich lag bis 10 Uhr zu Bette, schrieb dann an diesen Zeilen eine Stunde und legte mich wieder auf mein Bett. Ein Oberst von Albedyl[59], Adjutant S(eine)r. Majestät, störte uns in dieser späten Morgenruhe; wir begleiteten ihn zu unseren Fürstlichkeiten, zogen uns dann in Ruhe um, und fanden uns um drey Uhr wieder beym prächtigen Speisesaal ein. S(eine)r. Majestät der Kayser waren gestern angekommen, die Gesellschaft war etwas zahlreicher, etwa 40 Personen; erst gegen 6 Uhr ging es zur Tafel, vorher wurden wir noch präsentiert. I(hre). M(ajestät). die Kayserin frugen uns nach allem, was wir gesehen, und da wir auf den müden Beinen nicht so weit hatten kommen können, als wir gewünscht, u(nd) Sie dieses hörten, sagte Sie uns Selbst, wir müßten Fahren und Reiten, und schickte uns zum Oberstallmeister. Nun fuhren wir auch sogleich diesen Nachmittag auf einer Linie[60] mit unserem Oberst herum und fanden wirkl(ich)., obgleich wir nur einen Theil des Gartens befuhren, weit mehr, als man fassen und begreifen kann, von dem zu sprechen gehört mehr als ein Tag und eine Woche. Ein neues Monument, was zu Ehren des Gottesseel(igen). Kaysers[61] errichtet wird, u(nd) noch in der Arbeit ist, wird ein Meisterstück von Bau, Kunst u(nd) Bildhauerey. Der Eingang ruht auf 4 Cranit-Säulen von 30-40 Fuß Höhe und so stark, daß Ende und ich zusammen nicht eine umspannen können; sie sind in Dorischer Ordnung und nehmen nur wenig oben ab, und jede ist aus einem einzigen Stücke – voilà un exemple. – Bey einer Meyerey von Kühen u(nd) anderen Thieren, wo die Kühe wie in einem reinlichen Putzschränkchen stehen, habe ich unserer guten Mutter gedacht; welche Freude würde sie haben, diese nette Wirtschaft, welche I(hre).M(ajestät). oft selbst besuchen, zu sehen? Der Aufseher ist ein Regensburger; ich habe ihn von Dir, meine Luise, gegrüßt. – Wir kamen nach 11 Uhr zu Hause, voll der schönen Gegenstände, die wir gesehen, aßen noch mit unseren Damen u(nd) eilten dann zur Ruhe.

Heute den 30. Juni gegen Mittag schreibe ich, seit ich auf bin, an diesen Zeilen, u(nd) eile nun zu einigen Besuchen u(nd) zum Anziehen. Diesen Abend reisen wir nach Petersburg, um übermorgen zurück zu kehren. Viel Ruhe hatte ich nicht bey diesen Zeilen, ich ward immer gestört; flüchtig sind sie geschrieben, und was ich im Tiefsten meines Herzens empfinde bey der Erinnerung an Dich, ist kaum angedeutet. Gott sey mit Dir, meine Luise, umarme unsere Eltern, wenn sie zurück sind, und unsere Geschwister von mir, u(nd) grüße alle Bekannte. Lebe wohl, meine theure, innigst geliebte Luise, ewig Dein treu-ergebener Anton. Stunden u(nd) Tage verfliegen u(nd) bald lieg ich in Deinen Armen wieder!

N 7.

Pawlowsk den 5. Juli 1808.
Dienstag früh.

Ich müßte sehr undankbar seyn, meine theure, geliebte Luise, wenn ich über meinen hiesigen Aufenthalt klagen wollte, daß es mir nicht gut ginge – doch was auch das Leben, die Kunst und die Pracht mir hier gewähren können, etwas fehlt mir doch, was nur die Heymath mir zurück geben kann. Dein Bild, meine theure Luise, beschäftigt mich ununterbrochen, und nur in Dir kann ich mein Glück, meine Zufriedenheit finden. Mit dem Gedenken an Dich beschäftige ich mich beym Erwachen, und wenn ich zur Ruhe gehe, überall begleitest Du mich, und ungern sehe ich auf die Stunde zurück, die ich nicht lebhaft mit Dir verlebt hätte. Oft befällt mich eine Sehnsucht nach Dir, nach dem lieben Vaterlande, nach den theuren Ältern, Geschwistern und Verwandten, daß ich nur mit Mühe mich finde – doch sie wird bald wieder erscheinen, die glückliche Stunde des Wiedersehens, gewiß zu unser aller Glück. In ihr erheitert sich mein ganzes Wesen, und ihrer eingedenk, will ich die Gegenwart genießen, mit ihren großen, neuen, abwechselnden Bildern, die ich wohl nirgends wieder finde. Noch ist nichts über unsere Rückreise bestimmt, noch bleibt alles beym alten Plan, daß der Prinz und ich allein, nach der Mitte des August, schon den 15. oder 16. von hier abreisen, und in 14-16 Tagen zu Hause eintreffen: doch äußerte er vor einigen Tagen, daß, wenn seine Frau Gemahlin schon zu Anfang oder in der Mitte des September von hier abreisen würde, so könne es wohl seyn, daß auch er bis zu ihrer Abreise bliebe. Rechne also in keinem Falle auf unser Wiedersehen als zu Anfang September, u(n)d denke an die Möglichkeit, daß es erst in der Mitte des October seyn kann. Mit schwerem Herzen sage ich dieses, denn ewig lang scheint mir die Zeit dahin, doch Du willst so wenig getäuscht seyn, als ich Dich täuschen kann, und es ist auch besser, später das Glücklichere unerwartet zu finden, als unvorbereitet von dem Traurigen betroffen zu werden.

Mehr als ein Monat ist nun vorüber, so werden auch noch drey vergehen, und ich bin wieder in Deinen Armen. Was diese Zeit in ihrem dunkeln Schoß verbergen mag, ich fürchte sie nicht, ich vertraue auf Gott und blicke weit hinaus auf jenen lichten Punct.

Als ich Dich, meine Luise! am vorigen Donnerstag den 30. Juni gegen Mittag bey meinen Zeilen unter N.6. verlassen hatte, mußte ich zum Essen eilen, und bald nach Tafel gieng es in großen 6sitzigen, zugemachten Wagen, wir 4 Weimarer mit zwey hiesigen Staatsdamen zusammen, nach der großen Stadt, die unsere Erwartung so sehr spannte. Wir fuhren so schnell, als man wohl nur fahren kann, die 26 Werst von hier bis Petersburg, fast 4 gute Meilen, in ein und einer halben Stunde und einigen Minuten. Und dabey war unser Wagen durch einige Kleinigkeiten an den Pferden so lange aufgehalten worden, daß wir die Kayserin und Großfürstin nicht mehr in der Kirche fanden, wo sie zunächst abgestiegen waren, sondern gerade nach dem schönen Taurischen Palais fuhren[62]; vom Thore bis dahin gerade noch ½ Stunde lang und immer schnell. Der erste Wagen hatte von hier bis an die Thore von Petersburg nur ¾ Stunden nöthig gehabt. Als ich im Pallast in mein freundliches Zimmer trat, gieng eben die Sonne gegenüber unter und warf einen herrlichen Schein auf die schöne Newa, die ganz nahe dort vorbey fließt. Was ich in solchen Augenblicken denke und empfinde, weißt Du wohl längst, meine Luise! – Wir aßen zu Abend mit unseren Hofdamen und giengen nach 12 Uhr zu Bette bey so hellem Himmel, daß ich ohne alle Mühe ohne Licht hätte schreiben können.

Der 1. Juli war ein heißer Tag. Ich stand zwar wie gewöhnlich spät auf, denn hier wird meine Neigung spät zu Bette zu gehen und spät aufzustehen durch die Natur selbst und durch alle Verhältnisse begünstiget. Früh machten wir einige Besuche mit dem Prinzen beym Großfürst Konstantin in dem schönen Marmor-Palast[63], bey den Prinzen von Philippsthal[64], die als Obristlieutenants beyde angestellt worden sind und vielleicht in wenig Tagen nach der Moldau in ihre neuen Dienstverhältnisse abgehen werden[65], und bey dem Prinzen von Oldenburg[66], der in der prächtigen Ermitage neben dem großen Winter-Palais wohnt.[67] Wir durchliefen in der Eile die vielen schönen Zimmer und Säle mit ihren Kunstproducten, Schätzen und Seltenheiten, sahen nur im Fluge die schönsten Gemälde, Vasen, Säulen, Kunstwerke der Mechanik und prächtige Verzierungen aller Art, und mußten nach Hause zur Cour eilen, die um 2 Uhr angesagt war. Hunderte von Wagen kamen angezogen und von 2 Uhr an waren drey verschiedene Couren, 1) von den Damen, 2) von den einheimischen Gesandten u(nd) 3) von allen auswärtigen Ministern, wobey wir überall eine ganz passive Rolle im Gefolge der Großfürstin und des Erbprinzen spielten, mit unsern einfachen Röcken gewaltig gegen die mit Gold beladenen Kleider abstehen mochten und uns damit begnügten, uns von Ferne so viel es möglich mit den einzelnen Herren und Damen bekannt zu machen. Nach 4 Uhr war das Stehen zu Ende, und länger hätten es auch fast unsere Füße nicht ausgehalten. Fast hätte ich vergessen,, daß vor diesen Couren die 4te, die der Synode[68] war, der Erzbischof mit 4 andern, ein ehrwürdiger Anblick, der mir wirkl(ich). vielen Eindruck machte. Unser Prinz unterhielt sich Lateinisch, so gut es gehen wollte. – Nach 4 Uhr aßen wir allein mit unsern Damen, da keine Tafel war, und von 7 Uhr an fuhren wir mit dem Prinzen und dem ihm als Cavalier gegebenen Obersten Albedyl, Adjutanten S(eine)r. Majestät, bis nach 10 Uhr, mehrere Meilen weit und breit Visiten in der ganzen großen, prächtigen Stadt, die in jeder Hinsicht durch ihre vielen mächtigen Gebäude, ihre breiten Straßen, großen Plätze und den herrlichen Fluß, der sie durchschneidet, die vielen Kanäle, die sie durchkreuzen, meine Erwartungen übertraf, und jedem Fremden als eine einzige Erscheinung unendlich imponieren muß. Doch ihr Pflaster quälte mich heute in einem engen Wagen u(nd) bey dem immer schnellen Fahren nicht wenig, und ich stieg ganz steif und krumm nach 3 ½ Stunden aus dem Marterkasten, der mir manche Schweißtropfen gekostet hatte. Wir aßen u(nd) legten uns ganz ermattet zu Bette, um

den 2. Juli einen nicht interessanten Vormittag mit Unterhaltungen und Complimenten in u(nd) neben dem Zimmer des Erbprinzen zuzubringen. Die Prinzen von Philippsthal wurden mir unter andern zur Unterhaltung zurück gelassen, während der Prinz ausfuhr. Wir fuhren zur Abwechslung längs dem Kay nach dem Sommergarten[69], einem kleinen Walde mitten in der Stadt, der nach der Wasserseite von einem prächtigen Gitter von Eisen, zum Theil vergoldet, und mit Cranit-Säulen begränzt ist, dasselbe Gitter, weshalb ein Engelländer hierher gereist seyn soll, der, als er es gesehen hatte, nichts weiter sehen wollte und wieder abreiste.

d(en). 5. Mittag 3. Uhr.

Der Prinz ließ mich abrufen zu einem Spatzierritte nach Zarskoeselo[70], dem Landsitze der regierenden Kayser; der Regen überraschte uns dort in dem schönen Garten; wir baten um einen Wagen, fanden endl(ich). ein deutsches Organ, durch dieses einen bequemen Wagen u(nd) kehrten so zurück, nachdem wir indes die prächtigen Zimmer durchlaufen hatten. Jetzt ist die höchste Zeit zu Mittag, die größte Eile nöthigt mich, Dich zu verlassen, meine theure, liebe Luise; vorgestern erhielt ich drey Deiner Briefe auf einmal, tausend Dank. N. 4 aber fehlt,

ewig Dein treuer

Anton

Ach daß ich nicht länger hier verweilen konnte u(nd) so abbrechen muß. Ewig Dein.

N 8.

Pawlowsk den 8. Juli 1808.
Freytag Vormittag.

Meinen letzten Brief, meine theure, liebe Luise! vom vorigen Dienstag d(em). 5. d(iesen). M(onats). mußte ich leider zu schnell schließen und konnte nichts von alle dem ausdrücken, was ich dabey empfand: das Lack brannte mir schon vor Eile auf den Fingern, als ich die wenigen Worte zum Schluß noch hinzu setzte. Ich war in meiner Beschreibung beym

2ten d(iesen). M(onats). stehen geblieben. Als wir von der warmen Spatzierfahrt durch den Sommergarten zurück gekehrt waren, hatte ich noch die Freude, drey Briefe von Dir auf einmal zu erhalten, N. 2, 3, 5; N. 4 fehlte leider, und noch bis jetzt habe ich diesen nicht erhalten. Um mehrere Stunden mußte ich sie mit mir herum tragen, ohne sie lesen zu können, doch fühlte ich mich reich und glücklich. Wir fuhren nach drey Uhr zur Tafel nach Wassiliostrow[71], die zweyte der Inseln, welche von der schönen Newa bey Petersburg gebildet ward, auf ein kleines, aber sehr freundl(iches). Schloß[72], wo S(eine). M(ajestät). d(er). Kayser jetzt wohnt. Nach Tafel, wo ich mehrere neue, sehr interessante Bekanntschaften machte, fuhr die Kayserl(iche). Familie spatzieren; wir fuhren über den zweyten Arm der Newa auf das jenseits liegende feste Land, in einen mit vieler Kunst u(nd) Geschmack angelegten Garten des alten Grafen Strokanof[73], in dem sich nicht heute, aber besonders des Sonntags eine Menge Menschen zur Freude des Eigenthümers versammeln. Nach 1 Stunde kehrten wir über die drey herrlichen Flüsse zurück in unsere Wohnung und hatten nach Tische noch spät einen Besuch von einem alten academischen Freunde, Baron Firks und einem Baron Korff, einer neuen Bekanntschaft.[74] – Die Nacht war so schön, daß ich ½ 1 Uhr, da ich zu Bette gieng, gern an Dich und zwar ohne Licht geschrieben hätte, um die Klarheit der Nacht zu beweisen, denn das Geschriebene aus meiner Brieftasche konnte ich vollkommen gut lesen[75], allein ich war zu müde von der Hitze des Tages, den weiten Entfernungen und dem ewigen Fahren, denn wirkl(ich). braucht man in einer solchen Stadt weit mehr Kräfte zu jeder Unternehmung, als in einer andern. Meinen Bedienten schickte ich nach dem Schneider u(nd) glaubte ihn bald wieder zu sehen; er hatte 7 Werst bis dahin, u(nd) war klug genug gewesen, für 1 Rubel zu fahren, um in 2 Stunden zurück seyn zu können.

Deine Briefe, meine Luise, machten mir auch diesen Tag zu einem Festtag; ich las sie zu meinem Trost und dankte Gott, daß Du so wohl und im Allgemeinen doch ruhig seyest. Doch wenn Du glauben kannst, daß je ein Augenblick mich mein Schicksal: mit Dir vereint zu seyn, beklagen ließe, dann fühle ich den Schmerz der weiten Entfernung doppelt, denn bey Dir glaubte ich Dir leichter das Gegentheil beweisen zu können, auch ist es nicht Dein Ernst, Du kannst nicht oft solche Augenbkicke des Zweifels haben, was wäre dann mein Glück, die feste Zuversicht, die mich in jeder Lage meines Lebens leitet? und die mich stets so innig mit Dir vereint?[76] – Ich soll Dir genau bestimmen, wann wir abreisen. Schon in meinem letzten Briefe schrieb ich Dir, daß es noch der Plan des Prinzen ist, in der Mitte des August, den 15. – 18., allein von hier abzureisen, und dann wären wir in den ersten Tagen des Sept(em)b(e)r zurück, doch reist die Großfürstin um die Mitte Sept(em)b(e)r zurück, so will er auf ihre Abreise warten, und so könnte sich unsere Zurückkunft bis nach Mitte Oct(o)b(e)r verziehen. Doch glaube ich das letzte kaum und hoffe nur das erste. Unter diesen Umständen wirst Du mit der Taufe unseres kleinen Wesens, wenn Gott uns dieses gesund schenkt, nicht bis zu meiner Zurückkunft warten können; ich werde bey Dir seyn, meine Luise! wie in jeder Stunde meines Lebens, doch Deine Hand werde ich nicht fassen können[77] – ach, daß sie doch bald zurück kehrte, die schöne Zeit des Wiedersehens, die ein neues Glück für mich bewahrt, das ich auszusprechen nicht vermag. – Seitdem ich Deine letzten Briefe erhielt – morgen sind es 8 Tage – sind wohl für andere wieder Briefe angekommen, doch ich habe keine erhalten., und hättest Du mich nicht auf diesen Fall vorbereitet, ich würde mich nicht gut zu finden gewußt haben.

Gott! Gott! zuweilen wenn die weite Ferne mir keine Nachricht bringt und bringen kann, da wird es mir so bang und so seltsam – doch es findet sich die Hoffnung und die Ruhe wieder. Und von den lieben Ältern u(nd) von Sylvie habe ich noch kein Wort gehört; dem Vater habe ich gerade nach Carlsbad geschrieben; ob er meinen Brief erhalten haben mag? – Doch ich muß schon wieder eilen.

Den 3. Juli Sonntag ritten wir nach 8 Uhr auf die große Kayserparade[78] in der Suite des Kaysers auf einer Linie von etwa 4000 Mann, 3000 M(ann). Infanterie von 10 verschiedenen Regimentern, und 1000 M(ann). Cavalrie, die prächtige chevalier-Garde darunter. Der Anblick war prächtig, wie die Musik in 11 verschiedenen Corps, und beym Aufmarschieren erweckte jeder einzelne Zug meine Bewunderung über die schönen Leute u(nd) die ausgezeichnet schönen Pferde. Nur das meinige brachte mich in einige Verlegenheit, da es nicht stehen wollte u(nd) bey der kleinsten Bewegung stieg, doch gieng es noch ohne Blamasche ab. Die Hitze auf dem großen Platze vor dem Winter-Palais war ganz unbändig und ich danke Gott, als ich mich umziehen konnte. – Um 12 Uhr war Gottesdienst in der Griechischen Kirche[79], der auch mich sehr ergriff. Bey einem solchen Gesang muß jedes Gemüth, auch das roheste, bessere Gefühle empfinden; ein Chor von 24 Sängern, durch welchen der tiefe kräftige Bass des Oberpriesters gewaltig durchgriff, war das Schönste, was ich je in dieser Art gehört habe, und die Thränen kamen mir einige Male unwillkührlich in die Augen. In solchen Augenblicken, meine Luise, nur einen mit Dir zu erleben, wäre mir das höchste Glück. – Wir aßen an einer kleinen Tafel von etwa 20 Personen in dem ungeheuren Saal des Taurischen Palais, der 110 von meinen Schritten lang, mit 4 hohen Reihen von Säulen, jede von 18 Säulen, und 23 Schritte breit ist; unmittelbar hinter ihm und nur d(urc)h die doppelte Säulenreihe getrennt, ist der Wintergarten, der im Winter ganz mit Bäumen und Blumen besetzt, vor ihm ein herrlicher runder Saal von einer ungeheuren Höhe u(nd) mit schönen Marmor-Säulen geziert u(nd) vor diesem noch der Vorsaal; alles ist offen und und nur d(urc)h Säulen getrennt, so daß man d(urc)h das Ganze durchsehen kann.[80] Dieses macht das Hauptgebäude des Taurischen Palais aus, das sich aber nur noch in seinen Flügeln, von denen jeder wieder ein Corps de Logis emthält, sehr weit ausgedehnt, und gewiß zu einem der schönsten Gebäude gerechnet werden kann.

Vor Tafel hatte ich noch eine Visite mit dem Prinzen beym Französ(ischen). Gesandten gemacht[81], der zwey Mal den Prinzen nicht zu Hause gefunden hatte, u(nd) den auch wir dieses Mal nicht fanden. Die freyen Stunden nach Tafel benutzten wir zu einem Besuch zu der neuen Casanischen Kirche[82], die eben unter der Dirction des alten Grafen Strokanof[83] errichtet wird u(nd) immer ein großes Denkmal der Kunst bleiben wird. Obgleich sie noch ganz mit Gerüsten umgeben u(nd) angefüllt ist, so konnten wir doch die schöne Bauart, die herrliche Höhe und schönen Proportionen von innen und die 56 Cranitsäulen von mehr als 40 Fuß Höhe und stärker, als Ende u(nd) ich umspannen konnten, die in der Kirche stehen, bewundern, und ich die herrliche Aussicht von der obersten Kuppel der Kirche über die ganze prächtige Stadt, der ich allein die Mühe nicht gescheut hatte, auf Brettern hinauf zu steigen – ein Anblick, der mir unvergeßlich seyn wird, u(nd) den ich mir zu erneuern suchen werde, besonders da ich nur wegen des trüben Wetters die Festung Kronstadt nicht sehen konnte.[84] Um 8 Uhr fuhren wir von St. Petersburg weg u(nd) rückwärts die 26 Werst oder 4 Meilen noch schneller, nähml(ich). in 5/4 Stunden u(nd) 8 Minut(en)., aber mit zweyerley Pferden.

D(en). 4. Juli brachte ich Vormittag mit Rechnen u(nd) Annahmen v(on). Besuchen zu. Mittag aßen wir wie gewöhnlich an der Kayserl(ichen). Tafel; der Kayser war anwesend, reiste aber nachmittag wieder ab. Den Abend wurde eine Partie auf der Linie in dem schönen Garten gemacht, in der Menagerie gespeist u(nd) gegen 11 U(hr). zurück gefahren. Diese Spatzierfahrten würden doppelt angenehm seyn, wenn man nicht, wie besonders heute, sehr viel vom Staube litte.

D(er). 5. Juli beschäftigte mich früh, wie Du weißt, mit Briefen, dann mußte ich mit dem Prinzen nach dem prächtigen Schloß Zarskoeselo reiten und hatte, da uns der Regen aufgehalten hatte, kaum Zeit zum umziehen. Von den vielen prächtigen Zimmern dieses Kayserl(ichen). Landsitzes zu sprechen, erlaubt mir die Zeit nicht. Auch der Garten ist sehr schön; ein Gartensaal zeichnet sich d(urc)h schöne Mosaik-Arbeit, so wie ein Zimmer im Schlosse dadurch aus, daß alle Wände von Bernstein sind.[85] – Nach Tafel wurde in Wagen spatzieren gefahren u(nd) dann an kleinen Tischen gespeist, wo ich unter einem Zirkel von Damen so gut die Unterhaltung machte, als es mir mögl(ich). war, jedoch mich nur auf meine Nachbarinnen beschränkte.

4000 Mann, 2000 M. Infanterie aus 10 verschiedenen Regimentern, und 1000 M. Cavalerie, die prächtige Chevalier-Garde, bewunder. Der Anblick war prächtig, wie die Musik in 11 verschiedenen Chören und beym Aufmarschieren erweckte jeder einzelne Zug meine Bewunderung über die schönen Leute u. die Gleichheit ihrer Pferde. Aber das wenige brachte mich in einige Verlegenheit, da es nicht stehen wollte u. bey der kleinsten Bewegung stieg, doch ging es auch ohne Blumenstreu ab. Die Kälte auf dem großen Platze vor dem Winter-Palais war ganz unbändig und ich dankte Gott, als ich mich ausziehen ~~[illegible]~~ hat. – Um 12. Uhr war Gottesdienst in der Griechischen Kirche, der auch mich sehr ergriff. Bey einem solchen Gesang muß jedes Gemüth, auch das roheste, bey dem Gesange verschwinden, ein Chor von 24 Sängern, deren welcher der tiefe kräftige Bass das Übergewicht gewaltig durchgreift, war das Schönste, was ich je in dieser Art gehört habe, und die Thränen kamen mir einige Mal unwillkührlich in die Augen. In solchen Augenblicken, meine Luise, würde einem mit Dir zu erleben, wäre mir das höchste Glück. – Wir aßen an einer kleinen Tafel von etwa 20 Personen in dem sogenannten Saal des Taurischen Palais, der 110 von meinen Schritt lang, mit 4 facher Reihen von Säulen jede von 18 Säulen, und 25 Schritt breit ist; [illegible] hinter ihm und nur durch die doppelte Säulenreihe

getrennt ist der Wintergarten, der im Winter ganz mit Bäumen u. Blumen besetzt, von ihm ein herrlicher runder Saal von einer besonderen Höhe u. mit schönen Marmor-Statuen geziert u. von diesem auf der Kapelle, alles ist offen und nur durch Säulen getrennt, so daß man durch das Ganze durchsehen kann. Dieses macht das Hauptgebäude des Taurischen Palais aus, das sich aber aber noch in seinen Flügeln, von denen jeder wieder ein corps de logis enthält, sehr weit ausdehnt, und gewiß zu einem der schönsten Gebäude gerechnet werden kann.

Vor Tafel hatte ich auch meine Visite mit dem Prinzen beym Preuß. Gesandten gemacht, der ganze Mal den Prinzen nicht zu Gesicht ge-

zu N.8.

D(en). 6. Juli. Leider kann man immer nur spät aufstehen, und der Morgen vergieng schnell mit einigen Besuchen, unter anderm bey einem jungen H(errn). v(on). Benkendorf, einem Bruder des in Paris angestellten, der mir aber auch viele Empfehlungen von unserm Müller[86], seinem Jugendfreund aufgetragen hat. Ein interessanter, viel gereister junger Mann, der zu meiner großen Freude immer hier bleiben wird. Er kennt auch Dich, meine Luise, von Regensburg, wo er bey der Gesandtschaft angestellt war, und darum mag er mir doppelt lieb geworden seyn. – Vor Tafel mußte ich noch meine Lectionen in Boston[87] mit dem Prinzen anfangen, doch habe ich vom Lehrer u(nd) Schüler nicht die besten Erwartungen. – Nach Tafel versammelte man sich wieder, ein drohendes Gewitter erlaubte keinen Spatziergang, man konnte sogar nur einige Augenblicke in dem Gartensaal des Palais selbst zubringen, und mußte s(ich). vor dem Regen in d(as). Zimmer zurück ziehen, wo der Abend unter Arbeiten der Damen u(nd) d(er) Unterhaltung zugebracht werden mußte. In jenem Saale mußte ich mehrere Perspektiven von dem Maler Gonsago[88] bewundern, die in einer kleinen Entfernung wirkl(ich). vollkommen täuschend sind. Wenn die Stille des Abends mich zu Betrachtungen weckt, u(nd) ich dann, in meine Sehnsucht vertieft, die Ruhe suche, dann hole ich Deine Briefe hervor, die ich immer mit mir trage, und jede Zeile ist mir dann unendlich werth, ach! daß ich doch bald wieder einige Nachricht von Dir erhielte!

Der 7. Juli war gestern ein Tag des Festes und der Freude, als der Geburtstag des kleinen Großfürsten Nicolas[89], der eine Menge Vornehmer aus der Stadt, und besonders alle Minister hier vereinigte. Um 12 Uhr war Gottesdienst in der hiesigen sehr schönen Capelle. Der Gesang von einem andern Corps Sänger bezauberte und erheiterte mich für den ganzen Tag. Nachher war eine kurze Cour bey der Kayserin, dann bey den kleinen Großfürsten, u(nd) der Mittag vereinigte die ganze Kayserl(iche). Familie u(nd) etwa 80 Personen an einer figurirten Tafel im großen Saal. – Ich habe mir seit einigen Tagen Gränzen gesetzt im Essen, u(nd) war heute sehr froh, sie befolgt zu haben, sonst hätte mich leicht die schreckliche Hitze des Tages gänzlich vernichten können – von allem, was mir angeboten wird, nehme ich in der Regel nur den 6ten Theil, und von diesem nur den 3teh zu mir. – Nach einer Stunde Ruhe nach Tafel gieng man in das sehr schön gebaute u(nd) niedlich eingerichtete Theater, wo ein kleines französisches Schauspiel mich sehr unterhielt, nachher aber ein Ballett ungemein überraschte. Die Maschinerie übertraf alles, was man von einem solchen Raum kaum erwarten konnte, und die Gewandheit u(nd) Grazie einiger Tänzerinnen meine zeitherigen Erfahrungen u(nd) Erwartungen. – Man soupirte in einer großen Volière, die sehr schön eingerichtet ist, an kleinen Tafeln, während die in jeder Hinsicht bewunderungswürdige Kayserin von Tisch zu Tisch gieng und nirgends aufzustehen erlaubte. Gegen 11 Uhr kam ich sehr zufrieden mit diesem Tage u(nd) ganz vergnügt nach Hause. Doch auch dieser Abend vereinigte mich mit Dir in meinem ernsten Gebet. Gott erhalte Dich mir! meine Luise und unsere Verwandten! Umarme sie alle auf das Zärtlichste, Fritz u(nd) Marie, und sind die Ältern zurück, so küsse ihnen die Hände, u(nd) Sylvie tausend Küsse. Alle Drackendorfer grüße ich auf das herzlichste. In meinem nächsten Brief will ich an den lieben Vater nach Drackendorf schreiben. Wir sind alle wohl, besonders ich selbst; Gott wolle dasselbe für Dich u(nd) Euch alle. Ewig, ewig, meine innigst geliebte Luise,

Dein treuer Anton.

N 9.

Pawlowsk den 9. Juli 1808.
Sonnabend früh.

Wenn ich an Ahndungen glaubte, meine Luise, so würde ich gewiß überzeugt seyn, daß Du diesen Morgen um drey Uhr niedergekommen seyest.[90] Ein seltsamer Traum hat mich beschäftigt und erweckt. Wir waren im Wagen, Du mit den Ältern voraus, glaubtest sicher über ein fest gefrohrenes Wasser fahren zu können; auf einmal brach das Eis, der Wagen schlug in das tiefe Wasser; ich eilte herbey und sah Euch alle in d(en). Eis-Fluthen mit unendlichem Schmerz; auf einmal standest Du blaß, entkräftet, aber wohl, wie Du sagtest, und ganz schlank neben mir am festen Ufer u(nd) sprachst selbst mir Trost zu. Mit diesem Blicke voll Liebe und voll Schmerz erwachte ich und noch steht mir das Bild, das heiße Thränen mir erpreßte, lebendig vor meinen Augen. Eine unendliche Sehnsucht hat mich ergriffen u(nd) ich fühlte das Schmerzliche der weiten Trennung in seiner ganzen Kraft, der Gedanke an Gott war mein Trost u(nd) meine Beruhigung, und mit diesem schlief ich wieder ein. Welcher Gedanke auch sonst könnte mich beruhigen in dieser Zeit, wo das Größte über mich ergehen kann, ja, Luise! in Dir ist mein ganzes Leben begraben, kein Glück, kein Gedanke mag mich beleben außer Dir, denn nur das Gute kann gedeihen bey Deinem Bilde. Eine seltsame Wehmuth hat mich ergriffen, es ist heute hier überall ein stilles heiliges Fest[91] , man versammelt sich nicht, u(nd) jeder ist sich selbst mehr überlassen, dieses stimmt zu meinem Gemüthe, u(nd) gern werde ich heute die Einsamkeit aufsuchen, so lange ich kann, um ganz mit Dir zu leben, mit den schönsten Bildern meiner Phantasie. Ich möchte weinen, so für mich im Stillen, aber ich will es vermeiden, was kann es helfen, sich zu erweichen? ein spottendes Menschen-Auge kann leicht Bitterkeit erregen, u(nd) die ist nicht gut, und es giebt auch andere Puncte, die mich nicht weiter von Dir entfernen. Jedes Schöne, das ich sehe, jeder bessere Gedanke, den ich lese, jedes Gute, über das ich denke u(nd) das ich zu fassen suche, vereiniget mich mit Dir, denn dieses alles ist innigst verwandt mit Dir u(nd) dem Bilde, das ich in mir trage, und auch das Tadelswerthe, das ich in mir entdeckte, führt mich zu Dir, vor Deinen Richterstuhl zurück, vor dem ich gern die Schuld bekenne, die ich sonst wohl verschweigen möchte, denn wo versönt man sich wohl leichter mit sich selbst, als bey dem Guten, dem man als dem Seinigen so ganz vertrauen darf. So habe ich gestern Abend, als ich Deinen so lange ausgebliebenen Brief N. 4 (derselbe, den Du Müller zur Bestellung nach Berlin mit gegeben hast) endlich erhielt, die ganze Zeit, die ich von Dir getrennt bin, mit ernstem Blick durchlaufen, denn jene Zeilen forderten mich zum Ernste u(nd) zur Strenge auf, es war mir schmerzlich, Dir einen solchen Augenblick, vielleicht mehr als einen Tag des Zweifels und der Trauer, verursacht zu haben, doch Gott sey es gedankt, es geschah nicht durch meine Schuld, und mit dem tröstlichen Bewußtseyn, daß Dein liebes Bild, daß meine Pflicht, daß die Wahrheit meiner Gesinnungen nie ganz aus meiner Seele gewichen ist, konnte ich nur das Schicksal anklagen, daß solche Augenblicke zwischen uns liegen. Ich weiß nicht einmal u(nd) kann mich nicht besinnen, von wo aus jener Brief des Prinzen geschrieben seyn mag, der Deine Hoffnungen so unangenehm täuschte und Dich, statt eines freundlichen Wortes von mir, nur an Leichtsinn erinnerte,, den ich wohl schon oft bewies, u(nd) der aus der Ferne ernster und bedenklicher erscheint. Doch ich klage auch das Schicksal nicht mehr an, solche Erinnerungen sind mir heilsam, und auch dieser Eindruck wird mir zuträglich seyn, er wird das leichtfertige Spiel des Lebens, von dem ich mich nicht frey sprechen kann, von seiner wahren Seite mir zeigen, u(nd) schneller in jedem Augenblick mir zurück rufen, was Dein Bild mir lebendig darstellt: daß Glück u(nd) Frieden nur in der ernsten Wahrheit liegen. Ja, meine Luise, ich fühle mich besser in diesem Augenblick, und danke Gott für dieses seelige Gefühl, das mich in der Erinnerung u(nd) in der Gegenwart ganz mit Dir vereinet, u(nd) ich danke auch Dir selbst für diesen Brief, der mir so wahr u(nd) offen Deine treue Liebe, Dein Vertrauen, Deine reine Seele ausspricht, die nur in der meinen ruht, u(nd) durch die reinste Offenheit sich glücklich fühlen kann. Um keinen Preis möchte ich nun diesen Brief entbehren, aber ich bin froh, daß er sich ungewöhnlich verzögert hat, und daß ich einen späteren besitze, den ich zu meinem Trost von neuem lesen konnte, und der mir jene Ruhe wieder gab, die mir auf Augenblicke entzogen war. Und vielleicht bald ist auch dieser Brief der letzte nicht mehr, denn ich besitze ihn nun schon 8 Tage, und zwey Mal sind inzwischen Briefe aus Weimar gekommen, die mir keine Zeile von meiner Luise brachten. Ich rechne diese Verzögerung auf Deine Entfernung von Weimar und sehe ruhig dem vielleicht nahen Glücke entgegen. Nimm diese wenigen Zeilen als ein Morgengeschenk, das ich Dir bringe aus dem Tiefsten meines Herzerns und das ein ruhiges Glück in mir zurück läßt; reich u(nd) zufrieden verlasse ich dieses Blatt, das Du, meine Luise, leicht von dem folgenden Tagebuche trennen kannst, wenn Du dieses den Ältern mittheilen willst, denen ich ohnehin so wenig schreiben kann, am wenigsten Wiederholungen der vergangenen Begebenheiten.

N.9.

Pawlowsk. d(en). 9. Juli.

Freytag d(en). 8. Juli So kühl u(nd) angenehm es auch in unserer schattigen Wohnung ist, so preßte mir doch das heutige Schreiben, das mich bis gegen Mittag beschäftigte, manche Schweißtropfen aus, besonders wenn ich gegen das Ende, wie gewöhnlich, eilen muß. Mein Brief vom gestrigen dat(um). d(em). 5., der Dir, meine Theure Luise, meine Lebensweise bis zu vorgestern Abend beschreiben sollte, ist gestern noch abgegangen, mit den besten Wünschen, daß er und alle vorhergehenden sicher in Deine Hände kommen möge; es ist ja dieses der einzige Trost, der uns jetzt bleibt. – Die gestrige Hitze schien mir stärker, als ich sie bey uns empfunden zu haben glaube, und wurde trotz aller der herrlichen Einrichtungen u(nd) Zubereitungen zur Abkühlung, fast unerträglich. Sie soll im schattigen Zimmer auf 28 Grad gewesen seyn.[92] – Vor Tafel mußte ich noch eine Stunde dem Prinzen Unterricht im Boston geben, ohne merkl(iche). Fortschritte, die auch d(urc)h d(ie). Hitze einen großen Feind fanden. Die Kayserl(iche). Tafel war nur klein, man blieb aber zieml(ich). lange nach Tafel zusammen. Nachher las ich zu Hause, wo ich immer die Hitze am wenigsten empfinde, eine Stunde im Faust v(on). Göthe[93], der mir sehr viel Freude macht u(nd) doppelte, da auch Du, meine Luise, Dich nach Deinen vorigen Briefen kürzl(ich). damit beschäftigt hast. Welch schöne Stellen enthält nicht dieses Buch, u(nd) wenn ich auch über die Tendenz des Ganzen noch nicht einig bin, so giebt doch das Einzelne mir vielen Genuß u(nd) Stoff zum Nachdenken. – Um 8 Uhr sollte man sich wieder versammeln zur Spatzierfahrt auf der Linie, die Wärme verzögerte aber die Abfahrt bis um 9 U(hr). Desto schöner u(nd) angenehmer war der Abend, den wir auf dem platten Dach eines kleinen Garten-Salons, neben einem schönen Wasserfall unter dunkeln Kiefern zubrachten. Man aß da beym herrlichsten Mondenschein zu Abend, u(nd) die Nacht war wieder so hell, daß kein Stern zu sehen war. Als eine eigene Erscheinung bemerkte ich diesen Abend den Nebel, der sich von Zeit zu Zeit über eine nahe gelegene Wiese, in der Höhe von 2-3 Schuhen verbreitete, sich wieder zurück zog u(nd) bald wieder verbreitete, wie ein weißer Blumen-Teppich über den grünen Grund. – Den Abend um 11 Uhr fand ich zu Hause Deinen Brief, meine Luise, N. 4., der an demselben Tage von Berlin abgegangen ist, wo der letzte, den ich von Dir besitze, N. 5 von Weimar abgieng, nehml(ich). am 15. Juni, u(nd) der fast 8 Tage später hier angekommen ist. Ich ließ dem später geschriebenen sein Recht, las ihn noch nach jenem u(nd) schlief mit dem Gedanken an Dich ein, meine theure, liebe Luise.

Sonnabend d(en). 9. Juli Und dieser Gedanke weckte mich auch wieder am frühen Morgen um 3 Uhr aus dem ängstlichen Traum, Dich aus dem durchbrochenen Eise eines tiefen Wassers gerettet, blaß und entkräftet, aber doch wohl zu sehen. Der Traum beschäftigte mich lange wachend, und noch immer kann ich mich seiner Deutung nicht erwehren, ach! könnte ich doch nur einen Augenblick in Deiner Nähe seyn! – Ich sollte mit Ende nach Zarskojeselo fahren, aber meine Stimmung paßte nicht dazu, u(nd) mein Körper nicht zu der Hitze, u(nd) gern benutze ich diese so seltenen, ganz ungestörten Augenblicke zu einigen Zeilen an Dich, meine Luise. Sonst ist immer einige Unruhe um mich herum, die auch jetzt gegen Mittag wieder anfängt, doch die heutigen Morgenstunden passen ganz gut zu dem stillen Feste, was heute hier allgemein gefeyert wird, und weshalb weder Versammlung noch Tafel seyn wird. Morgen u(nd) übermorgen wird diese Ruhe noch fortdauern. Dienstag werden wir, wie es heißt, auf einen Tag nach der Stadt fahren, um ein Kriegsschiff von 100 Canonen von Stapel laufen zu sehen, ein Anblick, auf den ich mich sehr freue. Zugleich hoffe ich dann diese Zeilen selbst auf die Post in einem Briefe des Prinzen schicken zu können, denn erst Dienstag ist wieder Posttag. – Noch habe ich Dir nicht für die Silhouette gedankt, die Du mir in Deinem letzten Briefe schicktest, u(nd) ich hohle es jetzt nach. Ich hätte sie aber nicht erkannt ohne Deine Erklärung, und habe sie darum auch, nach Deiner Bestimmung, der Gräfin Beust gegeben, die Dir mit vielen Empfehlungen sehr dafür dankt; ich trage schon ein besseres Bild an meinem Bande u(nd) ein noch viel besseres in meinem Herzen. -

Pawlowsk d(en). 11. Juli Montag früh.

Vorgestern gegen Mittag, als ich an Dich, meine Luise, geschrieben u(nd) mich noch mit meiner gewöhnl(ichen). Gesellschaft etwas unterhalten hatte, frug ich in der Überzeugung, daß wir ganz für uns bleiben würden, nur beym Prinzen, der schon in d(er). Kirche gewesen war, nach seinem Befinden an. Aber es war der Geburtstag der Gräfin Liwen – derselbe Tag der Schlacht von Buldowa 1709[94] und der Trennungstag der beyden Monarchen nach dem Frieden von Tilsit 1807[95] – wir mußten unsere Stiefel mit weißen Strümpfen vertauschen u(nd) unseren Glückwunsch bey der Gräfin abstatten, bey welcher Gelegenheit wir eine sehr interessante Unterhaltung hatten, die nur hier keinen Platz finden kann. Obgleich uns diese bis gegen drey Uhr zurück hielt, mußten wir uns doch noch in Trauer – die bis jetzt noch gewöhnl(ich). u(nd) an dem heutigen Tage noch allgemeinere Tracht – umkleiden, um eiligst in die gewöhnl(ichen). Versammlungs-Zimmer zur Marschalls-Tafel[96] zu kommen, die heute aus 5 Damen u(nd) 5 Herren bestand. Da ich nach Tische mich noch einmal zum Spatzierengehen umzog, so hatte ich 4 Mal u(nd) zum Theil mit der größten Schwierigkeit meine Toilette gemacht, eine Sache die nicht selten vorkommt. In der Ruhestunde nach Tafel beschäftigte ich mich mit dem Faust, von 7 bis nach 9 Uhr war ich mit unserem Oberst u(nd) Ende beym Prinzen zum Thee. Dann verging zu Hause eine Stunde mit Flötenblasen, das wir gemeinschaftl(ich). etwas üben, u(nd) gegen 11 Uhr lockte uns der herrliche Abend noch in das Freye, u(nd) wir wurden belohnt, denn auf dem Rückwege hörten wir aus einem der vielen einzelnen Kronshäuser, die das Schloß umgeben, eine herrliche Vocal-Musik von 4 Stimmen, mit einer Guitarre begleitet, der wir bis nach Mitternacht unter Italienischem Himmel im weiten Norden mit wahrem Genuß zuhörten – und hier, meine Luise, siehst Du, daß Dein Wunsch, den Du in Deinem letzten Briefe über diese Vereinigung aussprichst, erfüllt ist u(nd) gerade an dem Abend zuerst, da ich diesen lieben Brief N. 6, den Du vom letzten Tage Deines Aufenthalts un Weimar schreibst, erhielt. Ja, mein sehnliches Verlangen vom Morgen war gestillt, jener Brief, den ich Abends vorher erhielt, blieb nicht lange der letzte, schon diesen Nachmittag erhielt ich diesen letzten, der mein Herz mit freudiger Rührung erfüllte, u(nd) für den ich Dir nicht genug danken kann. -

Pawlowsk d(en). 12. Juli Dienstag früh.

Auch dieser Brief von Dir, meine Luise, endiget sich zufriedener, als er anzufangen schien; der meinige aus Navkel schien noch zur guten Stunde bey Dir angekommen zu seyn; ich weiß noch recht gut, was ich Dir an jenem naßkalten Abend aus dem unfreundl(ichen). Neste geschrieben habe; mir graute dort schon vor der weiten Entfernung, und nun? wie weit sind wir nun getrennt? Durch alle diese langweiligen Orte u(nd) Wege muß ich zurück denken, um bis zu

Dir zu kommen. Noch ist es der feste Plan des Prinzen, den 16. August von hier abzureisen, wenn die Prinzeß nicht schon im Sept(em)b(e)r. zurück kehrt, dann wollen wir schnell die drohenden Wege bekämpfen u(nd) gern das Ungemach der schnellen Reise ertragen, das frohe Ziel im Auge. Doch will der Prinz, wenn er allein zurückkehrt, auf 8 Tage erst nach Dresden; so sehr ich auch diesen Aufenthalt schätze, u(nd) die Kunst verehre, dieses Mal laß ich ihn gern seitwärts, denn vor mir winkt mir noch ein schönerer Punct. – Was Du mir über die Gevatterschaft des Prinzen Reuß[97] sagtest, ist mir eben so recht, als die häuslichen Einrichtungen, die Du getroffen hast, doch wenn Reuß wieder in sein Standquartier zurück gekehrt ist – doch nein, Du hast ganz recht. – Deine arme Hanne ist nun von Dir; gewiß hat diese Trauung Dir sehr wehe gethan u(nd) nun ist sie wohl schon Frau; statte ihr meinen Glückwunsch ab. – Stichling[98] bin ich für all seine Güte u(nd) Sorgfalt sehr dankbar u(nd) werde ihm mit der nächsten Post, wenn ich es mit der heutigen nicht mehr kann, besonders dafür danken. – Der Beust soll ich wegen ihres Kindes übel gerathen haben; erlaube mir hier nur die kurze Rechtfertigung, daß sie mir kein Wort davon gesagt hat, u(nd) ich das ganze Arrangement erst auf der Reise erfahren habe. –

Noch einmal durchlaufe ich Deinen lieben Brief u(nd) fühle mich unendlich glücklich; wenn ich die Worte lese, Ruhe, Zufriedenheit und Zuversicht aussprechen, die Dein Glück, als ein fest gegründetes, dauerhaftes mir schildern, das Deinen jetzigen Zustand erleichtert, das selbst durch ihn erhöht wird, Du glaubst nicht, meine Luise, welchen Himmel dieses in mich legt – Ach! daß ich bey Dir seye, daß ich einen Augenblick es Dir aussprechen könnte! immer, immer muß ich darauf zurück kommen. -

Die Zeilen, welche die Lod(er).[99] Deinem Briefe beygefügt hat, haben mich sehr erfreut; gieb ihr mit meinem innigsten Danke die anliegenden – heute sollst Du von Hummelshayn nach Drackendorf kommen u(nd) sie zu Dir. – Gott sey mit Euch! Wenn Ihr mit einander sprecht, so ist ein Dritter bey Euch, der Euch nie verläßt – ach! u(nd) hier sich oft so ganz allein, so ganz getrennt von allem fühlt, was ihm mit Innigkeit zugethan ist! Grüße u(nd) umarme Ältern, Bruder u(nd) Schwestern[100] von mir; jedem möchte ich in einem besonderen Briefe meine Liebe aussprechen, u(nd) immer ende ich die Zeit mit diesen Zeilen; auch kannst Du ihnen allen mittheilen, was mich betrifft; ich schreibe Dir ja alles, u(nd) kann nur hinzu setzen, was ich für sie empfinde. Für den lieben Vater lege ich einige Zeilen hier bey, da ich nicht weiß, wo er ist, u(nd) wie sie ihn sonst finden können. Noch habe ich keine Zeilen von ihm u(nd) von sonst jemand; es mag manches verlohren gegangen seyn, u(nd) doch ist ein einziger Federzug in einer solchen Entfernung von so großem Werth.

D(en). 10. Juli[101] Sonntag. Ich ritt früh ein munteres Pferdchen ganz auf meine eigene Hand spatzieren. Anfangs fürchtete ich, daß mir die Munterkeit schlecht bekommen könnte, denn die Pferde in fremden Landen können leicht auch fremder Natur seyn, doch bald merkte ich, daß diese gutartig sey, u(nd) freute mich über sie. Gegen 12 U(hr). gieng es zum Griechischen Gottesdienste, wo mich der schöne Gesang sehr erbaute, und wo ich mich immer sehr zufrieden u(nd) glücklich fühle. – Wir aßen wieder an einer Marschalltafel, u(nd) den Nachmittag brachten wir beym Prinzen u(nd) mit ihm auf einer Linie zu, die uns im Park herum führte. Vormittag hatte ein ungeheueres Gewitter den Boden mit Regen u(nd) Schlossen von der Größe der Hasel- bis Welschennüsse[102] durchnäßt, u(nd) befreyte uns jetzt, so sehr es mich früh in Respect u(nd) Aufmerksamkeit gesetzt hat, bey einer angenehmen Fahrt, von allem Staube. Wir sahen bey dieser Gelegenheit ein herrliches Monument[103], vor dem ich schon 20 Mal vorbey gegangen, gefahren u(nd) geritten bin, ohne es zu entdecken, ein Monument in schwarzem u(nd) karrarischen Marmor gearbeitet, das die Kayserin ihren verstorbenen Ältern und Geschwistern unter einer sehr schön geformten Nische hat setzen lassen. – Unten sind die Verstorbenen theils en Medaillon, theils in ganzer Gestalt abgebildet, u(nd) über dem Ganzen ruht eine trauernde Gestalt, deren Traperie vorzügl(ich). schön in weißem Marmor gearbeitet ist. Über ihr stehen Trauer-Urnen, u(nd) zur Seite sind schwarze Marmortafeln in die

Wand eingelegt, mit Russischen Inschriften. Die Nische selbst ruht auf d(er) Vorderseite in ihrerWölbung auf einigen Säulen, u(nd) vor ihr ist ein freundliches Plätzchen mit Sträuchern umgeben u(nd) in der Mitte durch ein schönes Blumen-Bouquet von herrlichen Hortensien u(nd) andern Blumen aus einer Urne geziert. – Am Abend blies ich noch mit Ende bis um 12 Uhr auf der Flöte; wir fanden ein kleines Auditorium und ernteten Lob ein

11. Juli. Montags von den Damen unserer Mittagsgesellschaft, die durch die zweyte Hand davon gehört hatten. – Kaum hatte ich des Morgens einige Zeilen an Dich geschrieben, meine Luise, so ließ mich der Prinz zum Spatzierenreiten rufen. Es war nicht sehr heiß, mit unter ein kühlender Wind, u(nd) wir machten eine ziemlich große Tour, ich auf einem außerordentlich schönen u(nd) angenehmen Pferde, das mich ganz heiter machte. – Doch ich bin nicht, wie Du zu fürchten scheinst, von übler Laune, ich bekämpfe vielmehr diesen Lebensfeind, soviel ich kann, u(nd) tadle ihn an andern; auch stellt er sich nur selten bey mir ein. Fürchte also nichts, meine gute, liebe Luise. – Auf den heiteren Spatzierritt, bey dem ich nur eine bessere u(nd) divertiertere Art zu reiten hätte einführen mögen, folgte eine langweilige Partie Boston mit dem Prinzen u(nd) den Hofdamen, die ich gern wiederhohlen will, wenn sie nur etwas fruchtet. Der Unterricht greift meine Brust an, wie die Hitze meinen Kopf, u(nd) nach einer Stunde war mir ganz angegriffen zu Muthe. – Nach Tafel sahen wir die Wohnzimmer der Kayserin[104], während sie noch en retraite speiste. Diese sind der schönste Theil des schönen Schlosses, reich an Gegenständen der Geschicklichkeit, der Kunst u(nd) des Geschmackes, ganz geeignet für den Sommeraufenthalt einer Kayserin – doch zur näheren Beschreibung zu abwechselnd u(nd) mannigfaltig. Ein ganzer Kamin von Jaspis und Stücke von Malazit[105] in der Größe eines Kubik-Fußes als Verzierung darauf, sind Kleinigkeiten aus diesem Vereinigungspuncte des Schönen u(nd) Seltenen. – Wir giengen nach Hause, der Prinz ließ uns nicht rufen; wir giengen nicht hin, u(nd) ließen uns lieber am schönen Abend ins Freye looten. Zum ersten Mal wußten wir nicht recht wohin;

dahin gefiel es uns nicht zu gehen, dort hin schien es uns nicht passend, so giengen wir gerade aus, u(nd) der angenehme Abend war gefunden. Am Hause des Stats-Raths Storch[106] ließen wir uns melden – es ist dieser einer der Lehrer der Kayserl(ichen). Kinder, ein junger interessanter u(nd) als Schriftsteller bekannter Mann. – Wir wurden freundlich aufgenommen, in ein lebhaftes Gespräch mit noch einigen andern gezogen u(nd) zu Abend eingeladen, u(nd) vergaßen unsern Oberst mit unserm Abendessen zu Hause, der uns bis fast um Mitternacht erwartet hatte. Die Nacht war außerordentlich schön, und erst um 1 Uhr kamen wir zu Bette, zufrieden mit dem verlebten Abend u(nd) den neuen Bekanntschaften, die wir erworben hatten.

D(en). 12. Juli Dafür kann ich aber auch selten viel vor 9 Uhr aufstehen, so auch heute trotz aller guter Vorsätze u(nd) Entschlüsse am Abend, wenn ich mich noch munter fühle. – Noch war der heutige Tag nur eine Unterhaltung mit Dir, und nun muß ich mich trennen, um noch einige Briefchen beyzufügen u(nd) dann den Prinzen aufzusuchen. Diesen Abend reisen wir nach der Stadt, aber sicherer schicke ich diese Zeilen schon diesen Mittag ab mit dem gewöhnl(ichen). Postboten. Der Himmel geleite sie sicher in Deine Hände! u(nd) führe Dir mein Andenken zu. Wüßte ich doch, in welchem Zustande sie Dich finden werden, wäre nur diese Ungewißheit nicht von Tag zu Tag, von Stunde zu Stunde. Ich fürchte nichts, denn mein festes Vertrauen auf Gott verläßt mich nicht, u(nd) doch bin ich immer unruhig, u(nd) wenn je eine Zeit berechtigen kann, an Ahndungen zu glauben, so ist es wohl die, in der ich jetzt lebe. – Wenn Du diese Zeilen erhälst, wird das Ende des Monats nicht mehr fern seyn, vielleicht schon vorüber, dann ist auch die schwere Stunde vorüber, und Du bist uns wieder gegeben, u(nd) lebst wieder für mich, für Dein Kind. Gott sey mit Dir, meine Luise! u(nd) schnke Dir Muth u(nd) Kraft. Ewig mit inniger Liebe Dein treuer Anton.

Noch tausend, tausend Grüße an meinen guten Bruder.

N 10.

Pawlowsk den 17. Juli 1808.

Sonntag Mittag.

Ich komme aus der Kirche zurück, meine theure Luise, und freue mich noch des schönen Eindrucks, den dieser Gesang auf mich macht, wie jedes Schöne, das uns zu dem Besseren erhebt und freudiger mit dem verbindet, was uns zunächst umgiebt. Ich höre jedes Mal mit wahrer Andacht zu und fühle mich unserm Gotte näher, der solche Gaben in den Menschen legte, daß er durch sie die die hohe Kunst verkünden soll, die unserer Worte Sinn nicht auszudrükken vermag. Wo ist man lieber im besseren Gefühl seiner Selbst als vor Gott? und wo ist man inniger mit den Seinen verbunden als vor dem heiligen Urquell alles Guten, alles Edlen? so bin ich es mit Dir meine Luise! vor ihm, und Er möge mir diese Augenblicke erhalten bis an das Ende meines Lebens, und ich kann nicht erliegen. Täglich stehe ich dankbar vor ihm, daß ich Dich gefunden habe, daß ein Wesen wie Du ganz mir angehört, dem ich vertrauen kann, und das ich mit dieser innigen Verehrung und Liebe umfasse. Ja, meine Luise, Dein Bild ist stärkend und erhebend für mich, denn Deine reine Seele drückt sich in diesem Bilde aus, und ihrer würdiger zu seyn, ist mein aufrichtiges Bestreben. Gestern Abend erhielt ich Deinen ersten Brief aus Hummelshayn, N. 7; nicht ohne Thränen konnte ich ihn lesen, aber es waren Thränen einer süßen Rührung, der innigsten Liebe zu Dir und der Dankbarkeit zu Gott; mit Andacht war mein Gemüth erfüllt, und fühlte sich vereinet mit dem Deinen, das sich in gleicher Stimmung so schön und edel vor mir aufgeschlossen hatte. Gott wird uns nicht trennen, er wird Dich erhalten und uns bald wieder vereinigen zu neuem Glück; was sollte ich noch auf der Welt ohne Dich? er wird es nicht wollen; fest ist mein Vertrauen, und unerschütterlich sey es durch das Bewußtseyn, durch die Erkenntnis unserer Selbst. Bald kehre ich aus diesem Leben von Glanz und Herrlichkeit zurück in die geliebte Heymath, wo allein das Herz ganz frey athmet, wo die Stil-

N. 10.

[illegible] den 17. Juli 1808.

Sonntag Mittag.

Ich kam aus der Kirche zurück, meine theure Geliebte und [fin]de mich noch voll des schönen Eindrucks, den dieser Gesang auf mich [ge]macht, wie jedes Schöne, das uns zu dem Göttlichen erhebt und freudig [m]it dem verbindet, was uns zunächst umgiebt. Ich höre jedes Mal mit [w]ahrer Andacht zu und fühle mich besonders stille[illegible], der solche [G]aben in den Menschen legte, daß er doch für die hohe Kunst [illegible] [illegible] sollte, die unsere Worte kaum nicht auszudrücken vermag. Wo ist [m]an lieber im besseren Gefühl seiner Selbst als vor Gott? und wo ist man inniger mit den Seinigen verbunden als vor dem heiligen [illegible] allerhöchsten, alles Edlen? so bin ich es mit Dir meine Liebe! vor Ihm und Er möge mir diesen Augenblick erhalten bis an das [E]nde meines Lebens und ich kann nicht verlangen. Täglich flehe ich darum zu Ihm, daß ich Dich gefunden habe, daß ein Wesen wie Du ganz mir angehört, dem ich verbunden bin, und das ich mit dieser innigen Verehrung und Liebe umfasse. Ja, meine Liebe, Dein Bild ist stärkend und erhebend für mich, denn Deine reine Seele drückt sich in diesem Bilde aus und ihrer würdig zu seyn, ist mein aufrichtiges Be-streben. Gestern Abend erhielt ich Deinen ersten Brief aus [illegible], N. 7.; nicht ohne Thränen konnte ich ihn lesen, aber es waren Thränen der süßesten Rührung, der innigsten Liebe zu Dir und der Dankbarkeit ge-[gen Go]tt; mit Andacht war mein Gemüth erfüllt und fühlte sich vereint mit dem Deinen, das sich in gleicher Stimmung so schön und edel aus-[illegible] hatte. Gott wird uns nicht trennen, er wird Dich er-[ha]lten und uns bald wieder vereinigen zu neuem Glück, und sollte ich auch [illegible] die Welt ohne Dich? er wird es nicht wollen; fest ist mein Vertrauen [un]d unerschütterlich fest in der Macht der Vorsehung, durch die [illegible] [illegible] [illegible]. Bald kehre ich aus diesem Leben von Glanz und Herrlichkeit zurück in die geliebte Heymath, wo allein das Herz ganz frey athmet, wo die [St]ille des Abends, die Heiterkeit des Morgens meinen Blick erheitert und mit den[illegible] in dem meinen auch, wo nur das einzige Glück zu finden ist, das uns [illegible] immer festhalten, und veredeln muß. Nie wird uns lieber doch die Freude [un]d dennoch ist die Freude von so hohem Werth, in diesem [illegible] sich [da]s Leben [illegible] in jenem sich verlieren und über alles Glänzende [illegible] [illegible] die stille Ruhe, die in dem gleich-gestimmten Herzen ihre Heymath findet. Ach! daß ich bald an Deinem Herzen wieder ruhen kann, daß keine [Ver]gangenheit und noch weniger die eigenen Mißverständnisse [illegible] [illegible] uns jemals trennen, den treuen Bund unserer Herzen stören mögen!

le des Abends, die Heiterkeit des Morgens meinen Blick vereinen wird mit dem, der in dem meinen ruht, wo nur das einzige Glück zu finden ist, das uns auf immer fesseln und veredeln muß. Sie wird uns lieber durch die Freude, und darum ist die Freude von so hohem Werthe, in dieser muß sich das Leben finden, in jener sich verlieren, und über aller Glorie irdischen Gutes steht die stille Ruhe, die in dem gleich-gesinnten Herzen ihre Heymath findet. Ach! daß ich bald an Deinem Herzen wieder ruhen kann, daß kein Verhängnis und noch weniger der eigne Mißverständnisse täuschende Irrthum uns jemals trennen, den Frieden unseres ewigen Vereines stören mögen! Mit welcher Freude, mit welchem Glück werfe ich wieder einen Blick auf Deine letzten Zeilen, die nur das Innerste meines Herzens ansprechen; ja wenn Dein jetziges Schicksal Dir das Äußere des Lebens in einem wahren Lichte zeigt, wie es Dir sonst wohl nicht erschienen ist, dann mußt Du glücklich seyn, und dankbar bin ich für das hohe Glück, das mir durch Dich zu Theil geworden; unser ist das Leben dann, und wir gehören nicht dem Leben an, wir werden uns durch uns erhalten und erheitern und weiter noch zum höheren Ziele führen. Denke nicht den traurigen Gedanken Deines geringeren Werthes, der selbst noch jetzt in Dir zu spuken scheint, erhalte nur dies große innige Bewußtseyen des gegenseitigen Glücks und fühle Deinen höheren Werth, vor dem ich oft mit dem reinsten Gefühl der Achtung, meine leisesten Gefühle prüfe. – Ach, Luise! daß wir doch nur einen Augenblick jetzt vereinet seyn könnten! Wie anders kann ich sonst die heiße Sehnsucht stillen? die uns so traurig und so glücklich macht? Gott sey gedankt, daß Du nach dem letzten Briefe noch wohl und guten Muthes warest, ein harter Augenblick wird kommen, und gewiß er wird auch durch die weite Ferne zu mir dringen, wenn er noch nicht gewesen ist[107], aber Gott wird ihn leiten, wie unser ganzes Leben, und wird ihm seelige Augenblicke folgen lassen – noch kann ich sie nicht fassen, nicht begreifen, nur ahnden kann ich das hohe Glück des ersten Augenblicks, der mich mit Dir vereinen wird. – Es ist jetzt noch nichts Näheres über unsere Rückreise bestimmt; geht die Großfürstin nicht im

Sept(em)b(e)r, so reise ich nach dem noch jetzt bestehenden Plan den 16. August, also gerade in einem Monat, nach der lieben Heimath wieder ab, und komme nach drey Wochen wieder an, wohin mich jede Stunde meines Lebens zieht.

Dienstag[108] den 17. Juli früh.

Es sind nun 8 Tage, daß ich Dir, meine Luise, mein Tagebuch schuldig bin, was ich bis jetzt nur einzeln mit Bleystift notiert habe, und es ist viel zu sagen von diesen letzten 8 Tagen. Du frägst mich, ob ich Dir alles mittheilen würde, und ich kann Dir versichern, daß jeder Tag, von dem ich Dir nichts mittheilte, mir wie verlohren scheinen würde, und daß ich nur dann die Begebenheiten für vergangen ansehe, wenn ich Dir davon gesprochen habe; jeden Umstand führe ich auf, denn ich möchte so gern Dich von allem unterrichten, was mir begegnet, damit wir nach Monaten die Lücke in unserm Leben leichter ausfüllen, leichter vergessen können, denn nur mit Dir finde ich mein ganzes Leben nur von Werth. Ich gehe nun zu meinem Tagebuche, doch vorher muß ich Dir noch auf diesem Blatte für die Erzählung danken, die Du mir von der zufällig bedeutenden Geschwätzigkeit der Generalin Vogt gemacht hast, und die mir den deutlichsten Beweis Deines aufrichtigsten innigsten Vertrauens abgiebt, das ich Dir nie genug danken kann. Was kann ich thun, um solche Augenblicke von bitterem Gefühle zu ersetzen? Ich muß nur schweigen und auf die Kraft des eigenen Stolzes der Einigkeit mit sich selbst vertrauen, die unsre edle Freundin nie verlassen wird und bald dem Unverstand die Schranken seiner Schwachheit zeigen muß.

N 10.

Pawlowsk den 19. Juli 1808.
Dienstag früh.

Dienstag d(en). 12. Juli Erst kurz vor dem Mittagessen verließ ich Dich, meine theure Luise, von meinem Schreibtische; der Mittag war dad(urc)h interessant, daß sich ein kleines Mißverständnis auflöste, was mich schon früher beschäftiget hatte. Zwey Abende vorher sprach die Kayserin mit mir von Marie und, wie schon einige Male, sehr vortheilhaft; ich kam auf die Vorsteherin des Stiftes[109] und die Kayserin antwortete, sprach weiter, ich glaubte von der Vorsteherin, sie aber sprach noch von Marie; ich sagte, daß ich sehr gewünscht hätte, sie kennen zu lernen; sie verwunderte sich, daß es nicht geschehen sey, da sie doch noch bey der Großfürstin gewesen sey; ich versicherte (da die Vorsteherin bey unserm ersten Aufenthalte in Petersburg auch bey der Großfürstin gewesen seyn soll), daß ich nicht das Glück gehabt hätte, mich ihr vorzustellen, obgleich ich es sehr gewünscht hätte, und erst durch das letzte Wort, mit welchem sich die Kayserin herum drehte, merkte ich meinen Unverstand und glaubte mich nun schon für das schöne Irrenhaus in Petersburg bestimmt. Aber diesen Mittag wurde mein Verstand gerettet, da die Kayserin, als sie von meiner Anstellung bey der Herzogin Mutter[110] hörte, sich verwunderte, daß ich nicht Gelegenheit gehabt hätte, meine Schwägerin kennen zu lernen. So sehr ich verwundert war, daß sie sich noch jenes Gesprächs erinnerte, so sehr freute ich mich, jenes Mißverständnis lösen zu können, u(nd) versäumte nicht die Gelegenheit. – Bald nach Tafel fuhren wir nach der Stadt und brachten da eine langweilige Stunde bis zur Ankunft unserer Leute u(nd) Sachen zu – doch machte es uns Freude, nun schon in dem großen schönen Taurischen Palais wie zu Hause zu seyn.

Mittwoch d(en). 13. Juli. Früh fuhr ich mit dem Prinzen zu den Prinzen von Philippsthal, die erst in einigen Tagen nach der Moldau zu ihrer neuen Bestimmung abreisen werden, u(nd) wir fuhren so ungeheuer schnell, daß mir zuweilen ganz bange wurde. Dann muß ich immer an Fritz denken, was der für ein Gesicht machen würde, wenn er so in einem verschlossenen Wagen mit 4 Pferden, alle in gestrecktem Galop, auf dem Pflaster u(nd) um die Ecken herum fahren sollte. In unsern kleinen engen Städten haben wir wirklich keine Vorstellung von dieser – ich möchte fast hier sagen unvernünftigen Art zu fahren.

Gegen 12 Uhr fuhren wir alle in Staatswagen, jeder mit sechs Parade-Pferden nach der Admiralität[111] , an der Newa in der Mitte der Stadt, rings umgeben von einem Festungs-Wall, um dem bevorstehenden Schauspiele beyzuwohnen. Ein großer Balkon von Holz war die Newa hinaus gebaut, mit grünem Tuch überzogen, von einem Zelte bedeckt u(nd) mit schönen Möbels geziert; auf beyden Seiten desselben unmittelbar daran lagen die eben vollendeten Kriegsschiffe zwischen dem hölzernen Kanal auf ihren Kufen voll von Menschen, die mit Ungeduld den Augenblick der Abfahrt erwarteten. Von der Admiralität bis nach dem schönen Zelte durch den langen Hof führte eine Reihe von Matrosen, die durch mehrere Musik-Corps unterbrochen, und mit mannigfaltigen Schiffsdecorationen von verschiedenen Flaggen sehr schön geziert war, und rund herum waren die Ufer der Newa mit Menschen bedeckt, der schöne Strom selbst aber mit 8 bis 10 großen Jagden[112] und einer zahlreichen Menge bunter Kähne bedeckt, die wie Ameisen herum wimmelten.Welch ein Anblick hätte dieses seyn können, wenn das Wetter dieses Fest hätte begünstigen wollen, aber ein kalter Wind führte einen heftigen Regen herbey, man litt von der Kälte u(nd) der Nässe zugleich, denn bald war das Segeltuch durchdrungen u(nd) begoß einen auf einmal wie aus Mollen. Und dennoch machte dieses Fest einen unauslöschlichen Eindruck auf mich, und ich werde den Anblick nie vergessen, ein Kriegsschiff von 120 Canonen[113] , eines der größten, was wohl existiert, mit dieser Geschwindigkeit auf hölzernen Kufen in die Fluthen so nahe vor meinen Augen fahren zu sehen, daß ich es fast mit Händen hätte greifen können. Hunderte von Canonen begrüßten es auf dem Wasser, und von allen Seiten ertönte das laute Hura! Stolz fuhren die neuen Seefahrer auf diesem ungeheueren Gebäude dahin und ließen die jubelnde Menge und die freudigen Corps von Musik zurück, die ihnen gleichsam das Lebewohl unmittelbar auf die erste Begrüßung zuriefen. – Nachdem liefen noch drey Fregatten von 40, 30 u(nd) 26 Canonen[114], unter denselben Freudens- u(nd) Ehrenbezeugungen vom Stapel und eilten ihrem großen Führer nach, der eine halbe Stunde tiefer sich mit ihnen vor Anker legte, um die Vorbereitungen zu erwarten, die bey einem so großen Schiffe zum Transporte bis Kronstadt durch die flache Newa nöthig sind. Zwey Schiffe von derselben Größe, die einen breiten flachen Boden haben und so leicht als möglich und so gebaut sind, daß die bauchige Form des Kriegsschiffes mit seiner ganzen Seitenlänge in die hohle Biegung ihrer einen Seite paßt, war an das große Schiff von jeder Seite angebunden, so daß sie tief ins Wasser gehen; sind sie befestigt, dann wird der Ballast abgeworfen, so daß die beyden Seitenschiffe sich heben und mit sich das vorher höher liegende Kriegsschiff, so daß dieses nunmehr bloß auf ihnen beyden ruht, und so durch ihre größere Unterfläche leichter über das flache Wasser getragen werden kann. Von der Bestimmung dieser Hülfsmaschinen werden sie Kamele genannt; und sie haben also, wenn das Schiff eine solche Form () hat, etwa eine solche (I I), und zwischen ihnen liegt das große Schiff wie in einem deutschen Sattel. – Ganz durchnäßt kamen wir nach 2 Uhr nach Hause u(nd) eilten uns zum Umziehen und zur Tafel, bey der die ganze Schiffsgesellschaft, auch S(eine)r. Majestät der Kayser selbst und dessen Frau Gemahlin[115], die wir heute zum ersten Mal sahen, gegenwärtig waren. Die heutige neue Bekanntschaft freute mich sehr, der Ausdruck von tiefer Empfindung, den dieses edle Gesicht ausspricht, muß bey jedem hohes Interesse wecken. – Gegen 8 Uhr des Abends fuhr die Kayserliche Mutter mit allen Damen nach Pawlowsk zurück, wir beyde aber blieben mit dem Prinzen u(nd) unserem Oberst in Petersburg in dem Taurischen Palais zurück, um 12 Tage so viel zu sehen, als möglich war, u(nd) wir haben unsere Zeit gut benutzt. – Noch diesen Abend fuhren wir in die Stadt längs dem Kay hinauf, stiegen bey der Admiralität aus, giengen um die ganze Admiralität auf den mit Linden neu angelegten Promenaden herum, an dem goldenen Turme der Admiralität vorbey, auf welchen mehrere der schönsten Straßen von Petersburg, als ihre Prospektive stoßen, sahen die auf jener Seite, ohnweit des schönen Senatsgebäudes[116] befindliche Statue Peters des Großen, recht in der Nähe und giengen dann weiter die Newa hinunter längst dem neuen Englischen Kay, bis an das Ende des Kays u(nd) der Stadt, deren Größe u(nd) Schönheit man erst beym zu Fuße gehen näher kennen lernt. – Die Statue von Peter dem Großen zu Pferde u(nd) von Bronze auf mit so vielen Vorkehrungen aus Finnland herbeygeschafften Cranitfelsen u(nd) mit einem eisernen, halb vergoldeten, schönen Gitter umgeben, gehört gewiß zu einem der größten Kunstproducte; das Pferd steht gebäumt auf seinen Hinterfüßen, u(nd) die gleichsam über die ganze Stadt ausgestreckte Hand des Reiters scheint ihr Schutz und Sicherheit zu verheißen, während die Füße des Pferdes und das Haupt des Reiters sich in den Wolken zu verlieren scheinen. Nach einem genauen Gibsabzug des Pferdekopfes u(nd) des mensch-l(ichen). Hauptes dieser Statue, den ich am anderen Tage in der Academie der Wissenschaften sehe, ist der mensch-l(iche). Kopf drey von meinen Spannen lang – gerade das Dreyfache von meinem eigenen Gesichte – und der Kopf des Pferdes ist 7 von meinen Spannen lang[117]. – Am Ende der Stadt u(nd) des Kays war es 10 Uhr, wir setzten uns nun wieder in den Wagen, u(nd) fuhren nun wieder ziemlich schnell längs der Newa nach Hause, wozu wir gerade 25 Minuten nöthig hatten. Gern hätte ich Dir, meine Luise, noch heute Abend geschrieben, aber ich war zu müde und mußte auch Kräfte auf den folgenden Tag sammeln, der uns bey dem ganz aufgeheiterten Abend gutes Wetter versprach, das wir nicht besser hätten wünschen können, da es uns von Staub u(nd) Hitze bey einem heiteren Himmel ganz befreyte. Aber wie schnell ist die Abwechslung des Climas, gestern Morgen war die Hitze 35 Grad in der Sonne und 27 Grad im Schatten, und heute Morgen war sie nur 10 Grad, so daß man wohl mit recht frohr u(nd) sich unbehaglich fühlte.

Donnerstag d(en) 14 Juli. Wir fuhren früh 8 Uhr unter der Leitung unseres H(err)n. Oberst aus, zunächst nach der Gobelins-Fabrik, die etwas über 100 Arbeiter faßt, die wir alle in voller Thätigkeit fanden, und die uns die verschiedenen Arten ihrer Arbeit, hautelisse, basslisse und faconerie[118] vorzeigten, die mir unter den Erläuterungen des Directors sehr deutlich wurden, und wovon ich Dir bey mehr Zeit u(nd) Ruhe meine eingründeten Kenntnisse mittheilen werde. Man arbeitet zum Theil wirklich sehr schön, u(nd) es ist unbegreiflich, selbst für die Zuschauer, wie dieser Schmelz von Farben auf eine so materielle Art durch grobe Fäden auf Wirkerstühlen hervor gebracht werden kann.

Von da fuhren wir bis jenseits der Admiralität, wo wir uns, da die Schiffsbrücke wegen der gestern vom Stapel gelaufenen Schiffe abgebrochen worden war, auf einem Kahn nach Wasiliostrow[119] dem eigentl(ichen). ersten Petersburg, übersetzen ließen, u(nd) dort vor dem schönen Gebäude der Academie der Künste abstiegen.[120] Dieses große Gebäude ist von außen ein Viereck, von innen aber ein Zirkel[121]; dieser innere, runde Hof, der mit einer schönen Cranitsäule geziert ist, hat 61 Schritte im Durchmesser, wonach sich der große Umfang des Gebäudes von außen vorstellen läßt. Unter Führung des Vice-Präsidenten der Academie, Schevalewsky und des perpetuirlichen Secretärs Labjin[122], zwey sehr artigen u(nd) gefälligen Männern, sahen wir die Versammlungszimmer der Academie, einen Saal mit Models von den meisten schönen Gebäuden von Petersburg, einen Saal mit Statuen, die Ausstellung der Bildhauerey u(nd) Malerey, wo sich einige Gemälde von Peronard von Holz auf Leinwand getragen u(nd) einige treffliche Portraits von Monier, neben diesen sehr gute Arbeiten in Wachs von einem Grafen Dolstoi[123] auszeichneten. – Weiter sahen wir einige schöne Stickereyen und wieder viele schöne Models von Italienischen alten Gebäuden; im Ganzen aber zu viel für die kurze Zeit, die uns immer fort trieb. Wir sahen hier noch die Anstalt, wo die größten Figuren in Bronze gegossen werden, deren nähere Beschreibung ich mir auf mündl(ich). vorbehalte, und konnten die Anstalten für die 300 Zöglinge dieser Academie nicht näher betrachten, um nicht die Zeit für das Weitere zu verlieren. – Wir giengen nun zu Fuße auf Wasiliostrof längst dem neuen Kay, der auch dort in Cranit angelegt wird u(nd) vor der Stadt der Landcadetten-Kasernen[124], die sich in 4-5 lange Straßen abtheilen, nur vorbey, da nach der Versicherung des Generals Klinger[125], der so gütig war, zu uns zu kommen, jetzt kaum d(er) wirkl(iche). Augenblick war, das Innere zu sehen, und giengen in die nahe gelegene Academie der Wissenschaften[126], wo wir unter der Leitung des Sousintendant Oferatskowsky sahen: ein zieml(ich). vollständiges Anatomisches Cabinet, einen Saal mit ausgestopften Thieren, unter denen sich zwey Elephanten u(nd) ein schön ausgestopfter Bär, letzterer d(urc)h die gute Arbeit des Ausstopfers, auszeichneten, ein mineralogisches Cabinet, aus welchem ich mich als Leye u(nd) und von den wenigen Augenblicken nur eines besonders großen Mondsteines, der wohl 2 Fuß im Durchmesser nach allen Seiten hatte u(nd) aus Smolensk gebracht ist, eines eben so großen sehr schönen Rauchtopasen, sehr schönen rohen u(nd) bearbeiteten Malaxits und eines Baumstammes, der zu Kupfer geworden ist, erinnere; ferner sahen wir ein Cabinet mit dem Bildnisse Peters des Großen in Wachs, neben demselben seine merkwürdige Garderobe und eine Sammlung aller der Instrumente, die er zu seinen sehr künstlichen, mehrerischen Arbeiten in Holz, Metall und Elfenbein gebraucht hat, auch ein ausgestopftes Pferd, das er in der Schlacht von Buldawa geritten haben soll; er selbst war nach dem Maße, was man von ihm aufbewahrt, eine Hand breit größer als ich[127]; endlich sahen wir noch ein Memorabiliencabinet mit Merkwürdigkeiten aus vielen Ländern u(nd) Nationen, Hexen aus China, Zauberer aus Indien, Hundeschlitten aus Kamtschatka, und zuletzt ein Muschelcabinet, in welchem sich zufällig ein Schreibtisch von Rendchen befindet, der die künstlichste Schreinerarbeit enthält, die ich gesehen haben.[128] – Interessanter als dieses, war mir aber in demselben Hause das sehr schöne Münz-Cabinet unter der Direction des berühmten Astronomen Schubert[129], ein ebenso freundlicher u(nd) gefälliger, als gelehrter Mann. Die Zeit erlaubte uns nur die vollständige Sammlung Russischer Münzen von dem ältesten an durchzulaufen u(nd) die sehr vollständige Sammlung Römischer Münzen oberflächlich zu betrachten. Die ersten Rubel waren nur Stücken von Silberstangen[130], daher auch der Ausdruck von dem Russischen Worte rubin – Abhauen, nicht unwahrscheinl(ich). herkömmt. Nachher, als man ausländische Thalers zu Rubeln nahm, brauchte man, um halbe u(nd) Viertels-Rubel zu bekommen, das einfache u(nd) weise Mittel, sie gerade durch zu schneiden. Neben diesem Münzcabinete war ein zweytes von alten Kostbarkeiten, zum Theil von den früheren Kaysern, zum Theil in dem wahrscheinlich früher weit cultivierter gewesenen Sibirien ausgegraben, deren innerer Werth eben so groß als der äußere seyn mag. – Nur zufällig erfuhren wir d(urc)h Schubert, daß sein Observatorium[131] auf demselben Gebäude sey, u(nd) Dank sey es unserm guten Stern, der uns ganz hinauf auf die oberste Zinne des Daches steigen ließ. Ein majestätischer, göttlicher Blick öffnete sich vor unsern Augen, die ganze Stadt mit dem mächtigen Strome vor uns, Kronstadt zu unsern Füßen und viele Kriegsschiffe vor unsern durch ein gutes Fernglas verstärkten Augen. Die Thätigkeit der Menschen, besonders der vielen Steinhauer, die an dem neuen Kay u(nd) der neuen Börse bauen, unter uns war wie ein Ameisenhaufen, und das schönste Wetter begünstigte unsern Blick in die weite Ferne u(nd) gab nur den deutlichsten Beweis, daß die Natur jede Kunst übertrifft. Aber ich reiße mich los von der Beschreibung der herrlichen Augenblicke, die ich auf diesem hohen Puncte verlebte, wie ich mich damals von der schönen Aussicht losriß, denn meine Zeit geht auf heute zu Ende. Unten in der Tiefe sahen wir noch den sonst so berühmten, weniger verdienten u(nd) hier zieml(ich). verlassenen Godorpschen Globus[132], der so groß ist, daß ich mit noch 7 andern ganz gut inwendig um einen Tisch herum sitzen könnte, übrigens aber wenig Nutzen haben mag. Das Gebäude der neuen Börse[133], was eben in der Arbeit ist, und ganz nahe hier bey auf der Spitze von Wasiliostrowa, wo sich die große und die kleine Newa trennen, liegt, wird eine neue Zierde dieser prächtigen Stadt werden. – Wir ruderten nun über die Newa zurück und eilten zu Wagen nach dem schönen Findelhause[134], einem der schönsten, größten u(nd) reinlichsten Institute dieser Art, wo wir die Kinder von dem ersten Tage – denn 4 waren eben erst angekommen – bis 16 u(nd) 17 Jahren kennen lernten, u(nd) so das menschliche Alter Stufen-Weise durchliefen. Dieser Grad von Reinlichkeit u(nd) Ordnung ist wirklich bewunderungswürdig, u(nd) dennoch ist die Zahl aller im Hause u(nd) auf dem Land vertheilten Kinder nur 7 bis 8000, während noch jährlich 2500 und mehr aufgenommen werden, u(nd) alle bis in das 21. Jahr im Institute bleiben. Im Hause selbst sind 6-700, die übrigen sind auf dem Lande oder in Fabriken vertheilt; der Aufwand dieses einzigen Institutes beträgt etwa 300.000 Rubel jährlich u(nd) wird oft überschritten, denn das erste Gesetz ist: nie Geld zu sparen, wo es nöthig ist; und wenn die Erhaltung eines Kindes 50.000 Rubel kosten würde, so muß u(nd) darf dieses angewendet werden, um das Kind zu retten. Ein Mecklenburger Baron Gräbenitz ist der Director und ein Doctor Kielweil der erste Arzt bey diesem Institute.-

Nun aber war es Zeit nach Hause zu eilen, wo wir gegen 4 Uhr recht müde u(nd) ausgehungert ankamen. Gegen 6 Uhr fuhren wir ins Französische Theater[135] u(nd) sahen zwey kleine Opern, ein sehr großes, aber leeres Haus, u(nd) ein gutes Schauspiel.

Freitag den 15. Juli Schon früh 7 Uhr fuhren wir aus, sahen die schöne Alexander-Wollen-Fabrik[136], 8 Werst von Petersburg, wo Baumwolle d(urc)h Maschinen versponnen wird. Eine herrliche Dampfmaschine setzt 150 Maschinen, und vielleicht 20 bis 25.000 Räder in Bewegung, was sonst durch 45 Pferde bewegt wurde, thut diese Maschine, dasselbe eine zweyte in einem zweyten Hause. Diese Arbeit beschäftigt 1100 Menschen u(nd) unter diesen 700 ältere Findelkinder, die auch hier mit bewunderungs-würdiger Reinlichkeit u(nd) Ordnung erhalten u(nd) genährt werden, jetzt unter der Direction eines sehr liebenswürdigen gefälligen Mannes Wilson. Auch diese Fabrik steht unter der unmittelbaren Leitung der großen Kayserin. – Davor sahen wir die Porzelan- und dann die Glasfabrik[137] u(nd) große Spiegelgießereyen, deren nähere Beschreibung ich auch versparen muß, u(nd) von da das Cabinet des Kaysers, wo uns Schätze in ungeheuren Massen vorgezeigt wurden, Tabatieren zu 36,000 Rubel, einzelne Steine zu 40,000 Rubel, Pelze von schwarzem Fuchs, ein Pelz zu 80,000 Rubel, die dafür auch 12,000 Werst von hier eingefangen werden. Kistchen voll Edelsteine u(nd) Säckchen voll Perlen kamen uns vor, u(nd) die Beschreibung einer Flinte in der schönen Gewehrsammlung, die durch den Kolben auf einmal so geladen werden kann, daß man 36 mal nach einander daraus schießen kann, u(nd) wo man nur bey jedem Schusse zwey Mal zu drücken braucht, behalte ich mir besonders noch für Bruder Fritz vor. – Nachher durchliefen wir noch die schönen Glas- und Porzelan-Magazine, u(nd) auf dem Rückwege besuchte ich im Vorbeyfahren noch allein das große u(nd) prächtige Armenhospital, in welchem ich an einen Arzt einen Auftrag hatte. 200 Kranke werden hier ganz unendgeldlich erhalten u(nd) gepflegt, u(nd) im ganzen Jahr wech-

Zu N. 10.

Nun aber war es Zeit nach Hause zu eilen, wo wir gegen
4 Uhr recht müde und ausgehungert ankamen. Gegen 6 Uhr fuhren
wir ins französische Theater, und sahen ganz kleine Opern, nicht
sehr gespielt, aber [illegible] [illegible] und ein gutes Schauspiel.

Dienstag den 15. Juli Um früh 7 Uhr fuhren wir nach (8 Werst [illegible]) sahen die
schöne Alexanders-Wollen-Fabrik, wo Baumwolle durch Maschinen
gesponnen wird. Eine herrliche Dampfmaschine setzt 150 Maschinen
und wirklich 20 bis 25,000 Spindeln in Bewegung, und ersetzt die
45 Pferde [illegible] welche sonst diese Maschinen, darstellen einen großen
in einem ganz [illegible] Anblick. Diese Fabrik beschäftigt 1100 Menschen
und unter diesen 700 ältere Findelkinder, die auch hier mit bewun-
derungswürdiger Reinlichkeit und Ordnung erhalten und gereinigt
werden, jetzt unter der Direction eines sehr liebenswürdigen
geschickten Mannes Wilson. Auch diese Fabrik steht unter der
unmittelbaren Leitung der großen Kaiserin. – Dann sahen
wir die Spiegel- und die Glasfabrik und großen Spiegel-
schleifereien, deren nähere Beschreibung ich doch versparen muss
bis [illegible] das Cabinet des Kaisers, wo die Stücke in ver-
schiedenen Mustern ausgesucht werden, [illegible] zu 36,000
Rubel, einzelne Steine zu 10,000 Rubel, [illegible] [illegible]
[illegible], ein Pelz zu 80,000 Rubel, die daher auch 12,000 Menschen
[illegible] hier eingefangen werden. [illegible] voll Edelsteinen und [illegible]
[illegible] [illegible] kann ich nur [illegible] die Beschreibung einer Flinte in
der schönen Gewehrsammlung, die [illegible] diese Kolben [illegible] ein-
mal so geladen werden kann, daß man 36 mal nach-
einander damit schießen kann, und [illegible] nur bey jedem
Schuß ganz [illegible] Mal zu drücken braucht, behalte ich mir bey
[illegible] noch für [illegible] Briefe vor. – Nachher besuchten wir
noch die schönen Glas- und Spiegel-Magazine und nach dem
Mittagessen besuchte ich im Vorbeyfahren auch allein das große
[illegible] Armenhospital, in welchem ich von einem Arzt ein

seln etwa 1500 Individuen darin ab. Der Etat ist 75,000 Rubel jährl(ich)., wird aber stets überschritten, U(nd) die Reinlichkeit überschreitet alle Vorstellung. Auch dieses wohlthätige Institut steht unter der speciellen Aufsicht u(nd) Revision der Kayserin, welch! eine Frau.

Nach Tische fuhr ich mit dem Prinzen zu S(eine)r. Majestät d(em). Kayser auf Camineostrow[138]; wir fanden ihn nicht zu Hause, fuhren auf die Insel Krestowski zum Grafen Belloselski, wo wir die so genannten Sommerberge kennen lernten von denen man auf kleinen Wagen herunter fährt, und von da gieng es nach dem kleinen Theater[139], wo die Russische Truppe »Menschenhaß u(nd) Reue" aufführte; wir sahen nur den letzten Act, u(nd) da er sehr gut gegeben wurde, so wußte mich der verd.[140] Kotzebue[141] selbst in dieser unverständl(ichen). Sorache zu rühren. Nachher sahen wir noch ein mittelmäßiges Ballet u(nd) eilten nach Hause.

Aber ich muß schließen, meine Luise, denn die Zeit brennt mir auf die Nägel, da mir der Prinz heute wieder zwey Stunden mit seinem Spatzierritte weggenommen hat. In dem nächsten Briefe setze ich mein Tagebuch fort, jetzt bleibt mir kein Augenblick mehr, weder für diesen Brief, noch für einen andern; umarme unsere lieben Geschwister u(nd) küsse den Ältern die Hände von mir. Gott sey mit Dir! meine Luise! Ach, daß ich mich von Dir reißen muß, aber ich muß! ewig

Dein treuer Anton.

N 11.

Pawlowsk den 22. Juli 1808.
Freytag Mittag.

Mit großer Sehnsucht nach Hause und nach Dir, meine theure Luise, habe ich den gestrigen Tag angefangen und abgeschlossen, und heute nehme ich, nach einem heißen Spatziergang mit dem Prinzen, meine Zuflucht zu der allein beruhigenden Feder, dem traurigen Ersatz der glücklichen Gegenwart, die mich nur durch Bilder der Erinnerung, mit Hoffnungen der Zukunft erfreuen und beglücken kann. Wenn der Tag zu Ende ist, ist er dahin, ohne daß ein festes Gefühl im Herzen bleibt, das uns erheitert u(nd) belebt, die Sehnsucht erwacht von neuem, und tief vergraben in der Träume dunklem Labyrinth suche ich die Tage, Wochen, Monate, suche ich den weiten Raum zu durchlaufen, der uns trennt, meine Luise! Weit und immer weiter dehnt er sich vor meinen Augen aus, doch zuletzt führt er mich hin zu Dir, an Deine treue Seite, in die Arme der theuren Ältern, der Geschwister, in meine Heymath zurück, und das neue Glück verschwistert sich mit reicheren Erfahrungen, die dem eingeschränkten Leben von so großem Nutzen seyen können. Laß mich immer dahin zurück kommen, wenn die schwere Wolke der Trennung meinen Himmel trübt, und mich die rasche Täuschung nähren, die nicht die Schwermuth wie verminderte Empfindung kennt, sie wird zur Wirklichkeit auch wieder werden. Nur eine Stunde! denke u(nd) wünsche ich oft, wenn ich erwache aus meinen Träumen – warum ist das Wünschen schon uns ein kleiner Trost? man träumt von neuem, wenn man wünscht, u(nd) wünscht, um sich das lang Erwünschte selbst zu schaffen. – Noch kann ich nicht bestimmen, meine Luise, wann wir von hier wieder abreisen werden, bald scheint es mir so nahe, u(nd) bald auch wieder so fern, daß ich keiner Hoffnung darf Gehör verstatten. Es bleibt zwar noch beym Plan, daß der Prinz in der Mitte August reisen will, wenn die Großfürstin nicht im Sept(em)b(e)r. reisen würde, doch jetzt soll diese von ihrer Abreise <u>zu Ende</u> <u>Sept(em)b(e)r.</u> sprechen, u(nd) mich fragt der Prinz um Rath, was er dann thun soll? Nach allen Umständen, die mir gegeben u(nd) bekannt sind, nach dem Wunsche aller unserer Patrioten u(nd) nach den ersten Verabredungen, muß ich rathen, dann auf so lange hier zu bleiben, und so mein eigenes Urtheil auszusprechen.[142] Gott weiß, wie schwer es meinem Herzen geworden ist, aber ich that meine Pflicht u(nd) darf nichts weiter wollen, doch habe ich gebeten, diesen verlängerten Termin auf alle Art, bey jeder Behörde fest zu bestimmen, und darinnen scheinen sich noch Schwierigkeiten zu finden, die den ersten Plan vielleicht noch ausführen, daß der Prinz in der Mitte August allein von hier abreist. Es ist also noch nichts bestimmt, es soll es noch werden; doch bitte ich Dich, meine Luise, Dich, wenn ich auch nicht ganz die Hoffnung aufgeben kann, in der Mitte Sept(em)b(e)r wieder bey Dir zu seyn, Dich doch an den Gedanken zu gewöhnen, daß es auch erst zu Ende October seyn kann. Dann bist Du, so Gott will, völlig wieder hergestellt, und unser Kind soll schon drey Monate alt seyn, es wird wachsen u(nd) gedeihen in der Zeit u(nd) uns das höchste Glück durch die schönsten Hoffnungen befestigen – welch eine Zeit noch bis dahin? noch liegt sie so entfernt, doch gewiß vor unsern Augen, sie kann uns nicht entgehen, Gott wird u(nd) kann es nicht anders wollen, um Deines Willen kann auch ich nicht unglücklich werden. Ach! Luise! mein theures, liebes Weib! welch ein bebendes Verlangen! guter Gott! nimm sie in Deinen Schutz und führe mich bald an ihre treue Hand zurück!

-

Ich breche ab, meine Luise, und fahre fort mit meinem Tagebuche, das ich auch neulich unterbrechen mußte, aber heute nicht sehr...

Sonnabend[143] den 16. Juli. Es war der Tag unserer Rückreise von Petersburg. Um jeden Augenblick benutzt zu haben, fuhren wir früh 8 Uhr noch nach dem großen, prächtigen Winterpalais, von dem wir einen Theil dieser unzähligen Menge von Zimmern durch liefen und wo ich im Vorbeygehen nur den großen, fast ganz verguldeten Georgensaal mit 54 Schritten in der Länge u(nd) 23 in der Weite, den Raum zwischen den Colonaden nicht gerechnet, ausmaß.[144]

Von da besuchten wir noch, aber leider auch nur viel zu kurz, die mit dem Winterpalais in unmittelbarer Verbindung stehende, prächtige Eremitage. Daß ich da doch einige Tage verweilen könnte! Beym schnellen Durchlaufen stieß ich unter vielen Gemälden auf ein kleines, was mir besonders wohl gefiel, der Kampf des Ritters Georg mit dem Lindwurm[145]; ich betrachtete es lange und war, wie mir dieses so oft bey schönen Kunstproducten u(nd) bey dem stillen Genuß derselben geht, ganz erheitert dadurch, aber wie groß war meine Freude, als ich auf Einmal den Namen Raphael am Rande las. die Überraschung, u(nd) mag auch einige Eitelkeit dabey gemischt seyn, freute mich fast noch mehr, als Anfangs das Bild. Könnten wir doch mehr in der Kunst leben! u(nd) wären wir selbst ihrer doch würdiger, als wir es leider sind! ein solcher Name tönt wie aus dem höheren Leben auf unser niedriges herab u(nd) schafft uns lichte Puncte durch einzelne Überreste der Kunst, die wir uns ganz zu eigen machen sollten, um ihren Sinn ins Leben selbst zu weben, uns zu erheben, zu veredeln. – Das Theater der eremitage[146] zeichnet sich dadurch aus, daß das ganze Paterre in der gefälligen amphitheatralischen Form der alten Römer ist. Die Bühne selbst ist von ziemlicher Größe.

Gegen 11 Uhr verließen wir die Stadt, stiegen auf dem Wege noch bey einem kleinen, vor vielen Jahren schon erbauten, u(nd) jetzt fast ganz verlassenen Kayserl(ichen). Lustschlößchen Shoespe[147] aus, um die einzige Merkwürdigkeit daran, die Gemälde vieler regierender Häupter u(nd) deren Gemahlinnen anzusehen; und eilten dann nach Pawlowsk zur Mittagstafel zurück. Hier wollte man kaum glauben, daß wir alles gesehen hätten, wovon wir sprachen, u(nd) ich hätte mich gern einem strengeren Examen unterworfen, um dem Gedanken zuvor zu kommen, daß wir alles nur ganz oberflächlich gesehen hätten. – Am Abend war die gewöhnl(iche). Versammlung, ohne daß irgend etwas besonderes vorgenommen wurde, und später freute ich mich sehr, meine müden Glieder durch die Ruhe stärken zu können. – In jeder Hinsicht ist mir der Aufenthalt von Pawlowsk angenehmer u(nd) wenn ich auch diese wenigen Tage in Petersburg für sehr interessant erkennen muß u(nd) auch noch einige zu meiner Belehrung gern dort zugebracht hätte, so möchte ich doch nicht den hiesigen Aufenthalt für beständig mit dem von Pet(ersburg). vertauschen, denn wirkl(ich). ist dort des Treibens kein Ende, und man kommt zu keiner Ruhe.

Sonntag d(en). 17. Juli. Früh nach der Kirche schrieb ich an Dich, meine Luise, mit dem innigsten Gefühl der Andacht und Liebe. Hoffentl(ich). sind diese Zeilen mit meinem vorigen Briefe glückl(ich). in Deine Hände gekommen. Mittag war eine Tafel von einigen 60 Personen, und am Abend von 7 – 12 Uhr war Ball, nicht sehr zahlreich nach hiesiger Art, denn es waren etwa 15 – 16 Paar, aber sehr angenehm. Ich tanzte ziemlich viel, da ich auch im Tanzen die Lust dazu bekam, u(nd) tanzte, was ich niemals geglaubt hätte, fast mit am besten. Jede Art von Tanz ist hier noch einfacher wie bey uns, nie eine Veränderung weder in Ecossaisen[148] noch in Quadrillen. -

Montag d(en). 18. Juli. Den Geburtstag unserer verehrungswürdigen Prinzessin Caroline[149] feyerte ich früh mit einem langen u(nd) sehr erfrischenden Spatziergang mit dem Prinzen, dann mit einem langen Besuch bey unsern Hofdamen u(nd) am Mittag mit einem Bouquet blauer Kornblumen, während die Damen sich blaue Kränze um die Haare wandten. Zu Mittag speisten S(eine). M(ajestät). d(er). Kayser u(nd) die Kayserin Catharina – vordem Luise genannt[150] – hier u(nd) am Abend wurde nach einer kurzen Spatzierfahrt wie gewöhnl(ich). bey der Kayserin soupiert, wobey man sich gewöhnlich nicht setzt, sondern kalte u(nd) warme Speisen einzeln herum gegeben werden u(nd) jeder nach Gefallen sitzt oder steht.

Dienstag d.(en) 19. Juli. Ich ritt früh mit dem Prinzen u(nd) unserm H(errn). Oberst auf einem sehr guten u(nd) angenehmen Pferde nach Zarskojeselo, dem prächtigen Pallaste der regierenden Kayserin, von dem ich Dir schon schrieb, und von dort noch etwas weiter nach der Sauvagerie, einem alten Gartensaale vom Fürsten Podemkiny[151] , schrieb nachher, wie Du weißt, an Dich, spielte nach Tafel mit dem Prinzen u(nd) unsern Damen, zum Unterricht des ersteren, Boston u(nd) fuhr nach 7 Uhr mit der gewöhnl(ichen). Gesellschaft bis zum Abendessen spatzieren. Und so war auch

Mittwoch d(en). 20. Juli Zarskojeselo das Ziel meiner Morgen-Promenade, nur dieses Mal auf der Troschke mit dem Cammerjunker von Benkendorf. Wir besuchten dort den Cammerherrn von Demidow[152] , dessen Bekanntschaft ich hier gemacht hatte, u(nd) mit ihm den größten Theil des schönen Gartens von Zarskojeselo. Das Wasser dort ist sehr gut u(nd) rein, und bildet mehrere schöne Teiche, die mit schönen Gruppen von Bäumen u(nd) mit Inseln u(nd) mit abwechselnd schönen Bauten durchschnitten sind. Mehrere dieser Brücken sind ganz von Eisen und mit Geschmackvollen Verguldungen; eine davon, die bedeckt ist, zeichnet sich durch den schönen Marmor aus, in welchem die ganze Brücke gearbeitet ist. An dem Schloß selbst ist schon von Außen eine unglaubliche Menge von Verguldungen verschwendet. An der Hauptseite des Pallastes zählte ich im Vorbeygehen 79 große breite Fenster in der Länge, außer der Kirche, die an der einen Seite unter einer prächtigen Kuppel das Hauptgebäude mit dem einen großen Flügel verbindet.

Die heutige Art zu fahren, machte mir viel Vergnügen. Ein Pferd muß nach dieser echt Russischen Art zwischen zwey Stangen vor der Troschke im Trab gehen u(nd) ziehen, das andere zur Seite u(nd) fast von der Seite Galoppieren. Das erstere gieng heute bey uns so ungemein schnell im Trab, daß das andere kaum im Galop folgen konnte, u(nd) ich das leichte Fahrzeug immer balancirte. – Gegen Abend fuhr man auf der Linie spatzieren, trank auf einem sehr artigen Garten-Salon – der russ(ische). Salon genannt – den Thee u(nd) speiste zu Abend auf der Meyerey, wo ich nicht vergaß, den Regensburger Willibald u(nd) seinen Kühen meinen Besuch zu machen. – Jeden Abend, wenn wir zurück kehren, rauche ich noch mit Ende ein Pfeiffchen, wobey wir über die Begebenheiten des Tages uns unsere Bemerkungen mittheilen mit gegenseitigem Vertrauen.

Donnerstag d(en). 21. Juli. Ich ritt mit dem Prinzen u(nd) wieder nach Zarskojeselo. Der Weg dahin ist angenehm u(nd) der Ort selbst sehr anziehend. Wir giengen wieder viel im Garten spatzieren, wo man immer etwas Neues entdeckt. Hinter einer Egyptischen Pyramide ist das Grabmahl einiger Hunde der Kayserin Catharina, mit Inschriften in Marmor, unter denen mir folgende besonders wohl gefallen hat:

Ici mourut Zemire, et les graves en deuil
Doivent jetter des fleurs sur son cercueil.
Constante dans son goût, à la course legère,
Comme Tom son Ayeul, comme Lady sa mère,
Son seul défaut était un peu d'umeur;
Mais ce défaut venait d'un très bon coeur,
Quand on aime, on craint tant! Zemire aimait
tout celle, que tout le monde aime comme elle!
Croyez Vous, qu'on aime en repos,
Ayant cent peuples pour rivaux?
Dieux témoins de sa tendresse
Devoient à la fidelité le Don de l'immortalité
Pour qu'elle fût toujours
Auprès de sa Maitresse.[153]

In einem Seitenflügel des Schlosses, der Gartenzimmer u(nd) neben diesen einen kleinen, auf einem Gewölbe ruhenden Garten in der zweyten Etage enthält, sah ich unter andern ein Zimmer ganz aus Porphyr, in welchem einige ganz vortreffliche Mosaikarbeiten hängen. Aus diesen Zimmern führt herunter nach dem Garten eine breite Wendeltreppe von 41 Marmorstufen, die keinen einzigen Träger hat und sich, Gott weiß wie, durch sich selbst erhält. Ein Meisterstück der Baukunst, wie ich ähnliches im Marmorpalais zu Potsdam sah. – Der Großfürst Constantin[154] speißte zu Mittag hier, u(nd) am Abend wurde eine angenehme Spatzierfahrt auf der Linie nach dem Elisabethen-Salon zum Souper gemacht.

Und so, meine Luise, habe ich Dich bis zum heutigen Tage geführt, u(nd) eile nun mit dem Ablauf meiner Zeit zum Schluß. Noch habe ich keinen Brief wieder von Dir erhalten, es sind zwar noch nicht volle 8 Tage, seit ich den letzten von Dir besitze, aber dennoch scheint mir die Zeit sehr lang, es ist ja mein größtes Gut und mir wohl meine Ungeduld zu verzeihen. Die Großfürstin Catharina frug mich gestern nach Dir, es war dieses ein sehr erfreulicher Augenblick für mich, wie mir selten welche werden, ich kann und mag nicht viel über Dich sprechen, meine Luise. Gott erhalte Dich in seinem Schutz, meine innigst geliebte Luise, und schenke mir bald glückliche Nachricht von Dir. Den lieben Ältern küsse die Hände von mir u(nd) grüße unsere lieben Geschwister, auch die in Weizenbach.[155], auf das herzlichste von mir. An Stichling wollte ich heute meinen Dank für seine Freundschaftsdienste abstatten, muß es aber nun noch einen Posttag versparen. – Ewig, meine theure Luise,

Dein treuer Anton.

N 12.

St. Petersburg, den 26. Juli
1808. Dienstag Abend

Es ist wohl gewiß, meine theure liebe Luise, daß die Kunst uns am meisten erhebt und den besseren Empfindungen des Herzens mit einer Innigkeit entspricht, die wir sonst vergebens suchen in den mannigfaltigen Erfahrungen des Lebens; doppelt glücklich ist dieses Gefühl in der Trennung von dem Liebsten, was man besitzt, man wird unvermerkt dahin gezogen, und scheint sich ganz zu verlieren in den süßen Phantasien, dem einzigen Troste, der uns bleibt, und mit diesem Gefühle, meine Luise, wende ich mich jetzt, nach einem besonders angenehm verlebten Abend, nach einem sonst heißen u(nd) ermüdenden Tage zu Dir und mit der glücklichen Hoffnung, daß diese Zeilen schneller als gewöhnlich zu Dir kommen werden, da sie morgen oder übermorgen durch einen Courier abgehen sollen, der durch Weimar reist. Welch eine Freude war diese Nachricht für mich, u(nd) nun, da ich die einsame Stunde der Nacht zu meiner Mittheilung benutze, weiß ich kaum, wo anzufangen, um Dir das Liebste zu sagen, das Tiefste, was in meinem Herzen ruht, das erfreulichste für Dich. – Seit zwey Tagen besitze ich Deinen lieben Brief N. 8 vom 30. v(origen). M(onats)., in Hummelshayn beendiget, u(nd) noch antwortete ich Dir nichts darauf, was zu Dir gelangen könnte, wenn es nicht die geheimen Mittheilungen gleicher Empfindungen sind, die keiner Zeit, keines Raumes bedürfen, die selbst mit bleibenden Zügen sich nicht aussprechen lassen. Ja, meine Luise, unaussprechlich ist, was ich bey diesem Briefe empfunden habe, manche Thräne ist mir entfallen, u(nd) nicht bey dem Briefe selbst, bey der bleibenden Erinnerung, die keine Stunde, keinen Augenblick, kann ich sagen, mich verläßt. Mit welchen Gefühlen hast Du meinen Geburtstag[156] in diesem Jahr verlebt, u(nd) wie hast Du es mir geschildert mit unvergeßlichen Zügen! Die zarte Blume der Erinnerung verschlungen mit Deinem Haar hat Thränen des Dankes, der innigsten, glücklichsten Rührung mir erpreßt, sie kommen von Dir, wie aus Deiner Hand halte ich sie in der meinigen, drücke sie an meine Lippen u(nd) danke Gott für dieses Gefühl, dieses heilige Gefühl, das mich in den reinen Himmel Deines zarten Herzens versetzt. Daß ich dieses Herz das meine nennen kann, daß es mich überall begleitet, wohin der Zufall, das Schicksal mich führt, daß nichts mich von ihm trennen wird, daß ich mit ihm dem höchsten Ziele entgegen gehe, dieses, meine Luise, ist der Himmel in meinem Gemüthe, der jede Wolke mir erheitert, die sonst um meine Stirn sich finden könnte. Gott! vor Dir stehe ich in dem Augenblicke der Andacht, vor Dir bin ich täglich vereint mit ihm, dem treuesten Herzen, was kann mich dann schrecken, Dir vertrauend ist die weite Trennung leichter, Dir vertrauend denke ich an das, was zwischen uns in diesem Augenblick vielleicht sich ereignet, Dir vertrauend kann ich nur hoffen u(nd) mich glücklich preisen. Ja, Du wirst mir sie erhalten, an ihrem Herzen werde ich Deine Fürsehung von neuem preisen können, u(nd) unser Schicksal wird mir eines seyn. Keine Hülfe, keinen Beystand kann ich ihr jetzt leisten, meine Worte können ihr keinen Trost zusprechen, aber der Gedanke an Dich wird uns vereinen,, u(nd) sie ist nicht allein, es wird ihr nicht an Trost u(nd) Muth gebrechen, sie wird in Dir den höchsten Trost erkennen, u(nd) ich bin ihr nicht fern. Ich will Dich nicht erweichen, meine Luise, wenn Du diese Zeilen in Deiner Hand hälst, wird sie vielleicht schwach seyen, aber Gott wird in Deiner Seele ruhen u(nd) Dich stärken, Du wirst dem blühenden Leben mit neuer Lebenskraft, mit neuem Glück entgegen gehen, u(nd) bald ruht Dein Anton wieder in Deinen Armen. Ich darf nicht denken, wie es ist in diesem Augenblick vielleicht, wo will ich denn Ruhe finden um mich her, wo soll ich bleiben, wohin mich verlieren: sieh, darum schrieb ich Dir auch gestern nicht u(nd) war doch bey Dir. – Christian[157] kam gestern Morgen und sagte mir, er habe geträumt, Du seyest entbunden u(nd) er habe nach Jena fahren müssen, um Stark[158] zu hohlen; seitdem spreche ich lieber mit ihm, aber was in mir vorgeht, davon kann ich mit keinem sprechen – nur zu Gott kann ich reden von Dir, und er allein weiß, was in mir vorgeht. – Die Großfürstin sprach heute mit mir von Dir u(nd) trug mir viele Empfehlungen an Dich auf, der Prinz thut es oft u(nd) scheint vielen Antheil an uns zu nehmen, aber sprechen kann ich nicht viel u(nd) nur danken mit wenig Worten, meine Luise! – Ach, daß ein einziges Wort mir sagen könnte, wo Du jetzt seyest, ob Glück u(nd) Ruhe in Deinen Armen, Deinem Herzen liegt? Keine Ungewißheit quält mich, denn meine Zuversicht ist groß u(nd) unerschütterlich, und dennoch komme ich immer auf diesen einzigen Wunsch zurück. – Unsere Abreise scheint wirkl.(ich) noch zwischen d.(em) 16. – 20. August bestimmt zu seyn; der Prinz u(nd) ich werden dann allein reisen, da die Großfürstin wahrscheinlich erst im October zurückkehren wird; Gott gebe, daß kein neuer Plan gemacht wird, daß kein Hindernis sich diesem entgegen stellt, dann bin ich in sieben Wochen wieder bey Dir, bey den Meinigen und finde, so wird es Gott wollen, ein neues Leben, das uns noch inniger vereinen wird mit uns selbst u(nd) unserm Leben. Gott sey mit Dir u(nd) mit uns allen! Ich muß mein Tagebuch fortsetzen, sonst würde ich diese Tage nicht beendigt glauben.

Am vorigen Freytag d(em). 22. Juli verließ ich Dich, meine Luise, und sah an demselben Tage in Pawlowsk zwey kleine Französische Opern, die mir gefielen u(nd) mich unterhielten, doch blieb mir nichts zurück, als der Vorhang gefallen war.

Sonnabend d(en). 23. Juli besuchte ich früh mit dem Prinzen das Taubstummen-Institut, was in Pawlowsk selbst unter der unmittelbaren Aufsicht der verehrungswürdigen Kayserin von einem Lehrer aus Wien u(nd) einem zweyten geleitet wird. Unter den 9 unglückl(ichen). Kindern, 6 Mädchen u(nd) 4 Knaben[159], zeichneten sich zwey Brüder von 10 u(nd) 11 Jahren aus einer vornehmen, angesehenen Familie durch ihre zarte, angenehme Bildung, ihren offenen munteren Charakter u(nd) ihre Fähigkeit im Erlernen der Sprache u(nd) des Zahlensystems u(nd) durch die Zartheit ihrer Empfindungen aus. Ihr Lehrer ließ ihnen vor uns Beweise ihrer Kenntnisse ablegen, die sie erst seit 1.1/2 Jahren hier erlernen, u(nd) nicht ohne Rührung konnte man ihre Freude an der Mittheilung von allem, was sie begreifen konnten, u(nd) ihre Liebe zu ihrem Lehrer erkennen, der ihnen mit der Sprache zugl(eich). durch selbst erfundene Sprache u(nd) Zeichen die Begriffe der Dinge zu entwickeln weiß. Welches Institut verdient wohl mehr Bewunderung u(nd) Hochachtung als ein solches? – Am Abend hatten wir wieder Französisches Theater, wo die schöne u(nd) berühmte Mamsel Georgi aus Paris[160], als Phedra[161] zur allgemeinen Bewunderung u(nd) Entzückung depütierte. Der Abend am Tisch vergieng natürlich unter Gesprächen über die eben empfangenen Eindrücke, u(nd) jeder wiederholte des andern Lob über die schönste Frau, die man wohl sehen kann.

Sonntag d(er). 24. Juli zog trübe Wolken um mich zusammen, die zuerst durch den erhebenden Gesang der schönen Kirchenmusik getrennt wurden. Obgleich mich die Kayserin frug, ob ich die protestantische Kirche nicht besucht hätte, so konnte ich doch nicht bedauern, diesen einzig schönen Gesang, der immer neuen Reiz für mich hat, einer vielleicht mittelmäßigen Predigt vorgezogen zu haben, u(nd) ich glaube, es ist besser, sich selbst durch jene feine Religiosität zu erwecken, als sie sich durch diese von einem andern einimpfen zu lassen, oder sie zu fühlen, statt nur daran erinnert zu werden. – Die Hitze des Tages war fürchterlich während der großen Mittagstafel, u(nd) würde am Abend beym Ball unerträglich gewesen seyn, hätte man nicht die besten Vorkehrungen getroffen gehabt, u(nd) hätte nicht der herrliche Abend selbst die Luft abgekühlt. Ich tantzte nicht so viel wie das erste Mal, u(nd) hätte heute gern ganz ruhig gewesen.

Montag d(en). 25. Juli. Trotz der rasenden Hitze ritt ich früh von 10 bis nach 11 Uhr mit d.(em) Prinzen spatzieren, um mich bis zur Tafel zu allem unfähig zu machen, wie dieses in einer Lage, wie hier die meinige, wo man seiner Willkühr ganz überlassen ist, um so leichter geschieht. Zu Mittag war eine sehr kleine Gesellschaft, uns wurde aber seit 8 Tagen, wie den einheimischen Herren, die große Annehmlichkeit zu Theil, daß wir Fracks[162] tragen durften, was, bey warmen Tagen besonders, eine große Bequemlichkeit ist u(nd) zugleich den Vorzug hat, sich nicht so ausgezeichnet zu fühlen. Daß dieses zur Sprache gekommen ist, haben wir vielleicht auch unserm Grafen Golofkiny zu danken, der uns noch jetzt, wie auf der Reise, mit gleicher Freundschaft u(nd) zuvorkommender Höflichkeit behandelt. – Gegen Abend wurde eine Spatzierfahrt auf Linie gemacht u(nd) auf dem Elisabethen-Salon bey einem herrlichen Abend u(nd) unter militärischer Musik gespeist. – Von gestern vergaß ich einer Bekanntschaft zu gedenken, eines der drey Oberkammerherrn des Reichs, die zufällig hier vereinigt waren, des Grafen Scheremetjew[163], des reichsten Mannes, der aber leider kränkl(ich). ist, u(nd) immer es zu seyn glaubt. Er hat ungefähr 300 Bediente u(nd) gab einmal ein Fest, wo er 1400 Personen auf eigenem Silber speiste u(nd) dabey scheint er im Umgang kaum zu wissen, daß er so reich ist.

Heute den 26. Juli fuhren wir schon früh hierher nach der Stadt, wieder in das schöne Taurische Palais, um morgen wieder Schiffe vom Stapel laufen zu sehen. Da wir schon gegen 11 Uhr für uns hier ankamen, machten wir einen Spatziergang über die große Newa-Brücke, die 894 von meinen Schritten lang ist, sahen das erste Haus von Petersburg von Peter d(em). Großen[164], dann die Festung[165], wo die kayserl(ichen). Gräber sind, fuhren zu Schiffe über die Newa zurück, restaurirten uns im Sommergarten u(nd) schleppten uns dann ganz müde über das lange heiße Pflaster, da wir keinen Wagen fanden, hierher. Danach mußte ich noch mit d(em). Prinzen nach einem schönen Warenlager[166] fahren, mich schnell zur Tafel anziehen, u(nd) kam erst um 7 Uhr auf mein Zimmer. Ende verleitete mich zu einer Spatzierfahrt über die Newa, gerade hier über auf das Landhaus eines freundl(ichen). Senateurs[167], den wir in Pawlowsk kennen lernten, u(nd) hier habe ich unter der herrlichen Musik an der schönsten Grünung der Newa einige höchst angenehme Stunden verlebt. Der freundliche Wirth rief in seinem Hof unter seine 75 Bedienten, u(nd) ein Orchester von 25 guten Musikern war in 5 Minuten zusammen. Unter der Direction eines Polnischen u(nd) eines Deutschen Tonkünstlers u(nd) des Herrn selbst spielte dieses Orchester, wie ich nie eines gehört habe. Voll von dem schönen Eindruck, kehrten wir zu Schiff über die ruhige Newa zurück, u(nd) ich zu Dir, meine Luise! Jetzt ist es 2 Uhr u(nd) morgen wohl ein warmer Tag, gute Nacht! Gott sey mit Dir. Küsse den lieben Ältern die Hände u(nd) umarme unsere Geschwister, Gott erhalte sie alle gesund. Ewig, ewig Dein treuer Anton.

N 13.

Pawlowsk den 30. Juli 1808
Sonnabend Nachmittag

Derselbe Courier, meine theure, liebe Luise, mit dem ich Dir am vorigen Dienstag N. 12 schrieb, sollte auch noch diese Zeilen mitnehmen, und da er eben selbst hier ist u(nd) sie in Weimar selbst abgeben will, so kommen diese vielleicht früher als jene, die in einem andern Briefe wahrscheinlich nach Wilhelmsthal[168] eingeschlossen sind, in Deine Hände. Mögen sie doch bald dahin gelangen und Dir ein herzliches Wort von mir sagen, wozu ich die wenigen Augenblicke benutzen kann, die mir bleiben. Soll ich Dir, meine Luise, von meiner eigentl(ichen). inneren wahren Beschäftigung sprechen, so muß ich nur von Dir selbst, von der unsrigen reden, und von der unbeschreiblichen Sehnsucht, die mich von Morgen bis am Abend beschäftigt und mich fast keinen Augenblick mehr verläßt. Die schönen und glänzenden Erscheinungen, die mich täglich umgeben, erwecken mich nicht mehr aus meinen Träumen, und oft – ja ich muß es Dir sagen – oft entschlüpft mir eine Thräne unter den abwechselnden Bildern von Größe und Herrlichkeit, von Glanz und Freude, von Überfluß und Geschmack. Es ist mir eine Wohlthat, dieses zu sagen, was ich nirgends, nirgends aussprechen kann – man weiß wohl, daß man sein Weib lieben, daß eine Lage, wie jetzt die meinige, uns zum Nachdenken veranlassen kann, doch was ich oft empfinde in meinem Innern, wie die ganze Welt sich in einem Punct für mich verliert, das weiß man nicht, das kann man nicht wissen, und das kann ich auch nicht beschreiben. Von Stunde zu Stunde lebe ich so hin, wenn ich mit der Hoffnung zu träumen einschlafen kann, bin ich am glücklichsten, aber man muß doch auch wachen. Ich lebe hier unter so vielem, was das Vollkommenste in seiner Art ist, kann über nichts klagen und wäre nach dem, was gewöhnl(ich). die Wünsche der Menschen begreift, sehr glücklich, glücklicher als

Tausend Dank an Fritz für seine lieben Zeilen, heute bleibt mir kein Augenblick mehr.[169]

---

ich je durch mich werden kann, doch kann ich keine Heiterkeit finden, und alles stimmt mich eher zur Trauer als zur Freude. Ich klage nicht und bin dankbar für das, was das Schicksal mir beschieden hat, aber dieses Gefühl von Wehmuth kann ich nicht aus meinem Herzen verbannen, und keiner kann es tadeln, der seinen Grund ganz versteht. Mein Vertrauen auf Gott verläßt mich nicht, aber die Prüfungszeit ist hart und schwerer, als ich selbst glaubte. Gewiß ist nun die schwere Stunde überstanden[170], die Dich, meine Luise, von neuem an das Leben von Deinem treuen Gatten knüpfen wird, aber ich weiß es nicht, ich ahnde, ich hoffe es nur, Gott wird uns sicher leiten. – Diesen Abend bekomme ich hoffentlich Nachricht, wie ich jeden Sonnabend sie erhielt, die letzte war vom 30. Juni, und auch diese wird mir noch nichts sagen über das, was mich stündlich beschäftiget – dennoch erwarte ich sie mit Ungeduld, sie nährt mit Hoffnungen das zagende Gemüth und führt es durch die kleinsten Umstände seinem künftigen Schicksal näher. In dieser Stunde Augenblicke bey Dir verweilen zu können, ist ein Gedanke, in dem ich meinen ganzen Tag verlieren kann, aber ich darf es nicht, denn ich werde unfähig zu dem wenigen, was ich hier soll, und muß mich für mich selbst erhalten – eine Hoffnung steht mir fest zur Seite, die des glücklichen Wiedersehens. – Der 20. August ist nun, wie mir der Prinz noch heute sagte, für meine Abreise bestimmt festgesetzt[171], und da der einzige Wunsch, der diese Abreise verzögern könnte, nicht erfüllt werden kann, so werde ich nichts versäumen, diese Bestimmung nicht umändern zu lassen. Die Prinzessin gedenkt den 24. Oct(o)b(e)r. von hier abzureisen. – So fülle eine Hoffnung mein ganzes Herz. – In der Hoffnung, daß Du, meine Luise, meinen vorigen Brief erhalten hast, oder bald erhalten wirst, fahre ich in meinem Tagebuch fort, das ich am Dienstag Abend abbrach. Wir waren also am Dienstag nach der Stadt gefahren und

N. 13. Frankfurt den 30. Juli 1808

Sonnabend Nachmittag.

Denselben [illegible], meine theure, liebe Luise, mit dem ich Dir
am vorigen Dienstag No. 12 schrieb, soll auch noch diese Zeilen
mitnehmen, und da er eben selbst hier ist und sie in Weimar
selbst abgeben will, so kommen diese vielleicht früher, als sonst,
in einem andern Briefe wahrscheinlich nach [illegible] ein-
geschlossen sind, in Deine Hände. Mögen sie Dich bald daher
erlangen und Dir ein freundliches Wort von mir sagen, wenn ich Dir
einigen Augenblick beurlauben kann, die mir bleiben. Soll ich
Dir, meine Luise, von meiner eigentl. immer unsrer Be-
trübung sprechen, so müßt ich außer von Dir, Geliebte, von den
schönen reden, und von der unaufhörlichen Beschäftigung, die mich
am Morgen bis am Abend beschäftigt und mich fast keinen
Augenblick mehr verläßt. Die schönen und glänzenden Erscheinungen,
die mich jetzt täglich umgeben, wenden mich nicht mehr als
einem Träumen und oft — ja ich möchte Dir sagen — oft
entschlüpft mir eine Thräne unter den abwechselnden Bildern von
Freude und Herrlichkeit, von Scherz und Freude, von Überfluß und
Prunk. Es ist mir eine Wollust dies zu sagen, und ich
[illegible], [illegible] nachsprechen kann — wenn einst endlich Dich
ein gutes Weib lieben, Dich eine Luise, wie jetzt die meinige,
zum Ehrenmann verwandeln kann, Dich und ich Dich [illegible]
meinem Herzen, wie die ganze Welt sich in einem Punkt
für mich verliert, das weißt man nicht, das kann man nicht wissen
und das kann ich auch nicht beschreiben. Von Stunde zu Stunde leben
so hin, was ich mit der Hoffnung zu träumen einschlafen,
bin ich am glücklichsten, aber man möchte Dich auch wachen.
Ich lebe hier weiter zu [illegible], wo das Weltmännische in seinem
[illegible], kann aber nicht klagen und außer noch denn, und genieße
Wünsche der Menschen begreift, gesch glücklich, glücklicher, als

[illegible] Dank an Fritz für seine lieben Zeilen, seit [illegible] mir kein Augen-
blick mehr.

Mittwoch d(en). 27. Juli fuhren wir früh auf zwey Stunden in die Eremitage, die man nicht genug sehen u(nd) bewundern kann. Die schönen Gemälde erfreuten uns ungemein, und am liebsten verweilte ich bey einer Madonna mit dem Kinde. Das berühmte Bild von Rubens[172], wo die drey Könige aus dem Morgenlande dem Christus-Kinde auf dem Schoße der Maria huldigen, beglückte mich um so mehr, als ich eben kurz vorher eine Beschreibung u(nd) ein Lob von diesem Bilde gelesen hatte. – Mehrere Kunstwerke in einem besonderen Zimmer, die in mehrerischer Hinsicht besonders merkwürdig sind, unterhielten mich auch sehr. – Um 12 Uhr fuhren wir in voller Parade in schönen Pferdewagen nach der Admiralität, um ein großes Schiff von 80 Canonen[173] und 5 beträchtliche Fregatten vom Stapel laufen zu sehen. Die Anstalten waren mit gleichem Aufwande u(nd) Geschmack gemacht, und das Wetter begünstigte dieses schöne Schauspiel ungemein. Die hiesigen Bewohner selbst versicherten, die Newa nie so schön gesehen zu haben, denn tausende von Fahrzeugen bedeckten den herrlichen Strom u(nd) tanzten, wenn eines der Schiffe sich in die Fluthen stürzte, unter dem Donner der Canonen, wie Nuß-Schalen auf den schäumenden Wellen, bis daß das große Gebäude des Wassers beruhigte und nun in stolzer Ruhe sich fort bewegte. Beyde Ufer des Flusses waren eine bunte Musterkarte lebender Erscheinungen, und man mochte sich eher bey diesen Umgebungen verlieren, als bey jedem einzelnen Schiff von neuem die mechanischen Operationen verfolgen, die doch immer dieselben waren. – Zu Mittag speisten S(eine). M(jestät). d(er). Kayser u(nd) die Kayserin mit im Taurischen Palais, u(nd) nach Tafel blieb uns nur wenig Zeit bis zur Rückfahrt nach Pawlowsk, die glücklich u(nd) schnell beendet wurde.

Donnerstag d(en). 28.Juli blieb ich früh zu Hause in meiner Häuslichkeit, d.h. ich beschäftigte mich mit der Revision meiner Geldangelegenheiten, die noch erträglich gut stehen, u(nd) meiner sämtlichen Effecten, von denen mir, zu meiner großen Zufriedenheit, bis jetzt nur ein altes Schnupftuch verlohren gegangen ist. Sonst trug sich nichts besonderes zu, und am Abend wurde eine zieml(ich). langweilige Spatzierfahrt gemacht u(nd) auf der Meyerey soupirt.

Freytag d(en). 29. Juli fuhren wir früh 7 Uhr mit dem Prinzen nach dem schönen Gatschina[174], wo sich die Kayserin gewöhnl(ich). später im Herbste aufhält, 25 Werst von hier. Wir sahen dort unter der Leitung des gefälligen Directors Tschiketschow das schöne Institut für Blinde, das ganz vorzügl(ich). gut u(nd) zweckmäßig eingerichtete Armenhaus, ein großes, von dem in der Stadt dependantes Findelhaus, den Garten mit seinen schönen Gewässern u(nd) vorzüglichen Gewächsen, die Menagerie u(nd) vorzügl(ichen). schönen Orangerien, fast das ganze große Schloß, amüsierten uns nach dem Frühstücke noch mit zwey kleinen Kirgisen von 8-9 Jahren, die dem Director gehören, und durch ihre gutmüthige Munterkeit und freundliche Höflichkeit u(nd) Wildheit zu lachen machen wußten, und waren halb drey Uhr zur Tafel wieder hier, denn zu den 7 Meilen hin u(nd) zurück hatten wir nur 4 Stunden auf d(em). Wege zugebracht. – Am Abend fuhren wir noch mit auf Linien spatzieren u(nd) supierten auf d(er). Meyerey unter Begleitung der berühmten Russischen Hornmusik[175], die heute aus 36 Menschen bestand und sehr viel Ähnlichkeit mit einer vollstimmigen, schönen Orgel hat. – Neben diesem Product d(er). Kunst machte ich noch eine neue Bekanntschaft hier an einem Producte der Natur, einem Elendthiere.[176]

Heute d(er). 30. Juli gehört wohl zu den unbedeutendsten Tagen, die ich hier verleben mußte, und ich mußte Dir schreiben, meine Luise, um ihn mir vor zu machen. – Morgen erwartet uns hier ein schönes Fest zu Ehren der Großfürstin, und Montag reisen wir nach Peterhof zu dem großen Marienfest[177] auf künftigen Mittwoch, u(nd) heute in drey Wochen der Heymath zu. Gott lasse Dich u(nd) die Unserigen gesund wieder finden, umarme die lieben Ältern u(nd) Geschwister, ich muß schließen. – Eben erhalte ich einen Brief von Dir, N. 10, u(nd) muß schließen. Tausend Dank, meine Luise, ewig Dein

Anton.

N 14.

Peterhof den 5ten August 1808.
Freytag Vormittag.

So sehr mich auch, meine theure, liebe Luise, am vorigen Sonnabend Abend, gerade als ich meinen letzten Brief an Dich schloß, der Deinige erfreute, den Du unter N. 10 am Tage vor Deiner Abreise von Hummelshayn geschrieben hast, so mußte ich doch mit schmerzlichem Bedauern sehen, daß Dein vorhergehender Brief, N. 9 entweder ganz verlohren gegangen, oder doch durch irgend einen unglücklichen Zufall sehr verzögert worden seyn, denn noch ist dieser Brief nicht in meine Hände gekommen, und was ist mir hier wohl werther als eine Zeile von Dir, der Ausdruck des schönen Bildes, das ich stets in meinem Herzen trage, mit dem ich meinen Tag beschließe und beginne. Ja, meine Luise, nichts belebt mein Daseyn, als die Erinnerung an Dich, das Bewußtseyn mit Dir ganz vereiniget zu seyn, und Dir anzugehören, wie Du die Meinige bist. Ganz bin ich Dein, und auf ewig, und dieser Gedanke begleitet mich bey allem, was ich beginne, und wird mich stets zu meiner eigenen Zufriedenheit erhalten. – Dein letzter Brief meldet mir die glückliche Ankunft des meinigen aus Memel, und ich freue mich doppelt, wenn eine meiner Äußerungen nur durch Dich erwidert wird, ein Gefühl, auf das man so sehr, fast ganz Verzicht leisten muß, in so weiter Entfernung. Von meinem Briefe aus Königsberg sagst Du mir nichts, wahrscheinlich sprachst Du davon in jenem, noch nicht hierher gelangten Briefe, u(nd) ich darf hoffen, daß jener Brief aus Königsberg auch zu Dir gekommen ist. – Du schreibst mir sonst kürzer, es ist nicht Undankbarkeit, die mich zu dieser Bemerkung veranlaßt, aber der Gedanke, daß Dir das Schreiben zu beschwerlich geworden, daß Du Dich vielleicht nicht wohl befunden, verfolgt mich oft. Doch jetzt – jetzt muß vieles geändert seyn, und Gottes Hand wird alles gut leiten und uns nicht verlassen. Mehrmals habe ich schon von Dir und dem Kinde geträumt, das uns Gott geschenkt hat; zu schnell ist immer der Traum verschwunden, denn ich möchte oft nichts, als nur so träumen, bis die schönere Wirklichkeit mich erwecken kann. Ich bete täglich zu Gott und bete mit Dir, meine Luise, bald wird er uns auch wieder vereinigen und uns Glück und Zufriedenheit schenken und erhalten. Noch bleibt es bey dem Plan, daß der Prinz spätestens den 20. d(iesen). M(onats). mit mir allein (vielleicht begleitet uns der hiesige Wolzogen[178], der Dich vielmals grüßen läßt) abreist, also in 15 Tagen, und dann drey Wochen später bin ich bey Dir, bey meinen theuren Ältern und Verwandten u(nd) dem lieben Vaterlande zurück, das kein fremder Himmel,, kein besserer, kein schlichterer, ersetzen kann – dann kann ein glücklicher Augenblick all die ersten, traurigen vergessen machen, die unter fremden Zonen oft das einsame Gemüth beschwerten, und dieser Augenblick wird kommen an Deinem Herzen, meine theure Luise, mein gutes, liebes Weib! – Ich will nun zu meinem Tagebuche zurück kehren, denn über dem Denken, über der Erinnerung vergesse und verwünsche ich oft das Schreiben bis auf den letzten Augenblick und so bleibt mir auch heute nur noch kurze Zeit übrig, bis zum Abgang des Boten nach Petersburg.

Am Sonnabend d(em). 30. Juli fuhren wir noch des Abends, nachdem ich Dich, meine Luise, verlassen hatte, auf Linien spatzieren u(nd) soupirten in einem schönen Gartensaal, auf welchen sich 12 Alleen durch den Wald vereinigen. Zwey Corps von Musik, eines von der Garnison, und eines von der Hornmusik wechselten beständig mit einander ab, u(nd) das letztere gefiel mir besonders gut, da es sehr vollkommen spielte und ziemlich stimmte zu der Stimmung meines Gemüthes, das sich gern unter den Tönen der Phantasie in der Ferne verlohr.

Sonntag d(en). 31. Juli besuchten wir sehr früh, wie gewöhnl(ich)., die Griechische Kirche, und ihre schönen Gesänge, dann einige Personen vom Hofe, aßen in großer Gesellschaft mit fast hundert Personen und in der Erwartung eines kleinen, aber sehr schönen Festes zu Ehren unserer geliebten Großfürstin. Um 7 Uhr versammelte man sich unter drohenden Regenwolken im Freyen und schiffte sich unter den Augen von mehreren tausend Zuschauern ein. Trotz des ungünstigen Wetters, das von Zeit zu Zeit uns beregnete, spatzierte man über eine Stunde zu Wasser; die Ufer gaben ein sehr schönes buntes Bild ab, und von mehreren Orten her ertönten Musik-Corps, von militärischen und Horn-Musikern. Nur das Wetter war traurig, dennoch amüsirte mich, um von allen das Beste zu ziehen, die mannigfaltige Art, mit welcher sich die Damen mit ihren schönen türkischen Shawls gegen den Regen decouvrirten. Unsere kleine Fritsch[179] sitzt indes wie eine Mumie unter einem schwarzen Mantel. – Mit der Dämmerung ging es wieder zu Lande, durch einen Theil des illuminirten Gartens, in welchem sich ein ganz illuminirter Wasserfall, bey dem das Wasser über den Lampen herabfiel, mit einem darhinter illuminirten Kirchthurme sehr gut ausnahm. Man aß im Gartensaal, der im Schloß selbst mehr eine Art von Colonade ist, an mehreren fast cirkelförmigen Tafeln unter einer sehr schönen Erleuchtung und vielen Zuschauern. Während einige Lampen vom Himmel ausgelöscht wurden, zündete Er von Zeit zu Zeit im dunkeln Hintergrunde sein großes Feuer an und blitzte majestätisch über das Ganze. Ich fühlte mich sehr zufrieden und glücklich und zur Freude und Heiterkeit aufgelegt. Die Veranlassung des Festes, so wie die Ausführung desselben, stimmten mich gleich froh, aber wo ich hie und da mit dieser Laune anstimmte, ward mir nicht aufgethan, und ich kehrte ruhig in meine eigene stille Zufriedenheit zurück, die sich nun mit stummen Betrachtungen begnügte – was kann ich mehr verlangen in diesen Umgebungen? – Nach Tafel gieng man in den kleinen Garten der Kayserin, zu einem Elysium umgeschaffen. Bey einer guten u(nd) sehr wohl berechneten Erleuchtung, sah man eine im ersten Augenblick unzählbare Menge von Amouretten und Genien auf den schönen Bäumen, die dieser kleine Garten in sich faßt, auf Blumengirlanden, die von einem Baum zum andern giengen, und aus einem herab gestiegenen Korbe voll von kleinen Liebesgöttern stieg ein Genius und überreichte unserer Fürstin einen Granz u(nd) Blumen, während im Hintergrunde ein Chor schöner Stimmen ein artiges Gedicht absang, und in dem Zirkel von allen Seiten weiße Tauben flogen. – Nach diesem Empfang in diesem schönen Platze gieng man tiefer nach dem Hintergrund zu und sah hier im Freyen eine Scene aus verschiedenen Französischen Lustspielen, eine Scene als Operette, analogisch auf das heutige Fest, und zuletzt ein schönes Ballet. Nun verließ man diesen Zauberort und fand beym Ausgang eine neu geschaffene Gruppe von Genien, um den glänzenden Namenszug unserer Großfürstin. – Man versammelte sich gegen 12 Uhr der Nacht im Saal zum Ball, mit welchem dieser festliche Tag nach einigen Stunden beschlossen wurde. Ich tanzte nur einen Dreher und kam doch ziemlich ermüdet nach Hause.

Montag d(en). 1. August beschäftigte mich der ganze Morgen mit Einpacken zu unserer Reise von Pawlowsk hierher nach Peterhof, wobey ich oft Deiner gedachte, meine Luise, als wir dieselben Sachen zusammen einpackten; auch wollte ich heute wie damals alles auf das Beste machen. Nun pakke ich noch einmal ein, und dann packst Du mir aus, u(nd) findest alles, wie Du es wünschest, in Ordnung u(nd) in gutem Stande. Nach Tafel gegen 6 Uhr fuhren wir von Pawlowsk weg, und mit zweyerley Pferden[180] in 2 ½ Stunden u(nd) 5 Minuten bis hierher, 45 Werst weit, also fast 7 gute Meilen, wodurch keine volle Viertelstunde auf die Meile kommt.[181] – Peterhof liegt auf der Landstraße von Petersburg nach Riga und Deutschland, einem sehr belebten und durch die vielen schönen und abwechselnden Landhäuser, mit welchen der Weg bebaut ist, unterhaltsamen Wege. Auch war mir das Fahren, an das man sich sonst leicht gewöhnt, und das einem ganz gut gefällt, zu schnell, um alle die neuen Gegenstände betrachten zu können, vor denen wir vorbey flogen. – Peterhof[182] hat eine Lage wie wenig Orte in der Welt, zwischen dem Schlosse, das auf einem Hügel liegt, und dem Göttlichen Meere liegt nur ein schattiger, nicht sehr breiter Garten u(nd) beydes wird durch künstliche, prächtige und schöne Wasserfälle, die vor- u(nd) seitwärts unzählige, zum Theil sehr bedeutende Fontainen bilden, mit einander verbunden. – Ich orientirte mich heute nur im Allgemeinen von den weitläufigden Localitäten, suchte unser Quartier in den unzähligen Nebengebäuden auf, in welchen zur Zeit dieses großen Festes halb Petersburg logirt wird, und legte mich nach einem, trotz des ungeheueren Personals doch gut zubereiteten Abendessen, zu Bette. Von diesen öconomischen Verrichtungen hat man kaum eine Vorstellung; zu dem Transporte des Hofes hierher waren drey tausend Pferde in Bewegung gesetzt, und auf dem langen Wege von 7 Meilen, sind wir keine Viertelstunde gefahren, ohne an 2, 3 u(nd) 10 Wagen, die zur Equipage u(nd) Suite gehören, vorbey zu fahren. – Eine der hiesigen Küchen hat 29 breite Fenster in der Länge, doch mit Beschreibung dieser Art würde ich heute nicht zu Ende kommen.

Zu N 14.

Dienstag d(en). 2. August waren wir früh mit dem Prinzen auf der Parade von einem schönen Regiment Garde zu Pferde u(nd) Dragoner, welche hier ihre Wache thun, u(nd) nachher durchlief ich mit Ende den sehr regulär eingerichteten, aber schönen Garten, bewunderte seine künstlichen Wasserfälle u(nd) Springwasser und die ungeheueren Anstalten zu der morgenden Illumination, von welcher sich die bunt angestrichenen Ketten schon sehr gut ausnahmen – doch auf einer schönen Marmor-Terasse am Meere unter schattigen Bäumen verweilte ich länger in tiefen Betrachtungen und in dem Lobe der großen Natur, der Verehrung zu Gott versunken. Vor mir lag diese große Masse, die in einem ruhigen Spiegel sich im Unendlichen zu verlieren schien; rechts blitzte Petersburg in seiner Glorie; und zur Linken liegt die schöne Festung Kronstadt. Nur ein Thümmel[183] kann diesen Anblick beschreiben und die Empfindungen, die nur die vorbey eilenden Schiffe durchschneiden, mir ist dieses Göttliche Talent nicht geworden, darum lege ich stumm, aber noch bewegt in dem Innersten meines Herzens, die Feder nieder und schweige. – Der Mittag verging auch hier, wie gewöhnlich in Pawlowsk, und am Abend versammelte sich ein großer Zirkel zur Gratulation auf den morgenden Tag. Man blieb im Zimmer, am Spieltische; ich verbarg mich an einem Fenster und lauschte über den dunkeln Garten nach der glänzenden Fläche im Hintergrunde. – Doch nun, meine Luise, kommt die schlechteste Seite meines Tagebuches, die ich gern überschlug, wenn ich Dir nicht Aufrichtigkeit gelobt hätte, und wenn ich besser zu lügen verstünd, als ich es kann. Das schöne Peterhof mochte mir, Gott weiß, auf welche Art, eine Erkältung – doch, höre wohl, muß, ohne meine Schuld – zugezoge haben, und ich mußte schon diesen Abend Gott danken, mit heiler Haut nach Hause zu kommen. Die Nacht verging mir schlecht unter meinen gewöhnlichen, doch nicht ganz heftigen Colik-Schmerzen und

Mittwoch d(en). 3. August, an dem größten Feste, dem ich beywohnen konnte, lag ich ruhig in meinem Bette u(nd)

wünschte mir nichts, als nur Ruhe. Schwabe[184] stand mir bald bey und erleichterte schnell meinen Zustand, doch an Ausgehen zu denken, erlaubte mir nicht die Furcht eines heftigen Rückfalls und nicht der Gedanke an Dich, meine Luise, der ich alle Vorsicht schuldig zu sein glaubte. Während vor meinem Fenster einige tausend und mehr Wagen vorbey rasselten, lag ich in meinem Bette u(nd) ließ mich von denen, die mich besuchen mochten, u(nd) unter denen der Prinz der erste war, trösten. Ich mochte auch nicht hinaus sehen, denn mir war am meisten daran gelegen, mich zu pflegen. So sehe ich denn nichts von der prächtigen Cour von Wagen, die alles hier versammelten, was Vornehmes u(nd) Glänzendes in Petersburg vereinigt ist, nichts von dem prächtigen Mittagsmahl an vielen Tafeln, bey welchem wir alle einen so Ehrenvollen Platz an der Kayserlichen Tafel selbst hatten, nichts von der unbeschreiblichen Menge von Menschen aus allen Ständen, die den großen Garten ausfüllten, nichts von der großen Freyredoute, die im Palais am Abend war, und zu welcher 15 tausend Billets ausgetheilt waren, nichts von der wohl einzig schönen Illumination, die gegen 30,000 Rubel kosten soll, und sich bis auf einige Schiffe im Meere erstreckte, und endlich nichts von den tausend Kähnen und kleinen Schiffen, auf welchen die Freude-Suchenden von allen Seyten herbey geeilt waren, und welche die Müden u(nd) Ermatteten unter mannigfaltigen Costüms am anderen Morgen ihrer Heymath wieder zufuhren. Nur von dem Feuerwerke, das nahe von meinem Hause abgebrannt wurde, sehe ich so viel von den 10,000 Raketen, die auf einmal abgebrannt wurden, in den Lüften über den hohen Bäumen spielen u(nd) empfand so viel, daß von den kleinen Canonen-Schlägen, die – so schien es mir – ein Gewitter nachahmen sollten, meine Fenster zersprangen. – Damit mußte ich mich also begnügen, hatte dafür aber auch die Belohnung, mich schon am Abend weit wohler zu fühlen und mir selbst keinen Vorwurf machen zu müssen, der mir leicht zu schlecht hätte bekommen können. Und darum blieb ich

gestern den 4. August zu Hause mit einigen Büchern u(nd) unter abwechselnden Besuchen, von denen sich einige zu einer Whistpartie mit mir vereinigten, und gehe auch noch heute den 5. August nicht aus, weil es regnet und feucht ist, ich aber zu weit vom Schlosse wohne, um mich dem Allen nicht aussetzen zu müssen, und weil ich offenherzig gesagt, nun, nachdem ich so Manches entbehren mußte, mich ganz wohlbehaglich fühle, einmal einige Tage allein und zurück gezogen zuzubringen. Mit Dir, meine theure Luise, beschäftiget sich manche dieser einsamen Stunden, und könnte ich auf diesem Wege irgend einen festen Punct meiner Erwartungen und Hoffnungen finden, ich würde länger noch meine Einsamkeit verfolgen. Doch so werde ich sie morgen verlassen u(nd) den Prinzen nach der Stadt zu einer Französischen Oper begleiten. Ich schließe noch mit vielen Empfehlungen von Benkendorf, die er mir an Dich aufgetragen hat, u(nd) bitte Dich, den lieben Ältern die Hände von mir zu küssen u(nd) alle unsere Geschwister, auch die G(e)h(eime). R(ätin). Loder, auf das herzlichste von mir zu grüßen. Der Seebach[185] habe ich oft schon im Stillen gedankt, daß sie Dir beygestanden u(nd) Dich nicht verlassen hat; Gott sey mit Dir, meine Luise, und führe uns bald wieder zusammen. Ewig mit treuer inniger Liebe

Dein

Anton.

Jeden Posttag will ich noch andere Briefe schreiben und hier beylegen, u(nd) immer ist beym Schlusse dieses Briefes auch meine Zeit zu Ende. Die Hoffnung, daß Du den unsrigen mittheilen wirst, was mich betrifft, beruhiget mich, denn meiner Liebe sind sie ja wohl alle gewiß.

N 15.[186]

Peterhof den 8ten August 1808.
Montag Abend.

Noch, meine Luise, glaube ich kaum den Zeilen, die ich seit vorgestern in meiner Hand halte, eine neue Welt ist mir aufgegangen durch sie, ein neues Leben, in dem ich mich noch nicht finden kann. Seit gestern vor drey Wochen bist Du Mutter, und ich – nur mit einem Blick zu Gott läßt sich mein Gefühl aussprechen. Er hat unser Glück gewollt, unser Vertrauen zu ihm hat uns geleitet u(nd) uns belohnt – Er wird auch ferner für uns sorgen und bald uns glücklich vereinigen. Kann ich es denken, kann ich ihn fassen, den ersten Augenblick des glücklichen Wiedersehens ? liebe Luise, es war eine lange, harte Trennung – mancher traurige, mancher schmerzliche Augenblick hat auf dieser Brust gelastet, aber sie athmet freyer, und bald wird die schöne Stunde der Belohnung kommen. – Gestern vor drey Wochen – hundert Mal habe ich den Tag mir zurück gerufen, an demselben Tage hatte ich jenen seltsamen Traum, wenn ich nicht irre – der Brief, der jetzt in Deinen Händen seyn wird, muß es Dir näher sagen – ja ich war bey Dir, meyne Luise, welche Stunde meines Lebens hätte ich seit unserer Trauung nicht mir Dir verlebt?[187] es giebt ein geheimes Einverständnis fest vertrauter Seelen, das sie in den wichtigeren Augenblicken des Lebens leitet, ich muß es glauben und danke Gott dafür. Könnte doch jetzt ein sicherer Traum mir Nachricht geben von Dir und unserem lieben Kinde! nur ein Wort, daß Du wohl bist, daß alle Leiden Dich verlassen haben, daß unser Kind lebt und Dich beglückt, und ich bin zufrieden und will gern die Tage der Trennung mit ruhiger Ergebung ertragen. Noch 5 Tage, bis ich wieder Briefe erhalten kann, dann sind die Nachrichten sicherer, sie werden meine Hoffnungen bestätigen, und ruhig werde ich meinem neuen Glücke entgegen gehen können. Ruhig, ohne die schmerzliche Sorge im Herzen, aber nicht mit der unbeweglichen Ruhe der Ergebenheit, wo könnte ich diese finden auf dem Rückwege nach der Heymath, nach dem zarten Wesen, das das unserige ist, nach allen Verwandten und Freunden, die auch meiner wohl erwarten. – Ach! daß ich fliegen könnte, daß ich nicht langsam die Stunden der Zeit und des Raums vor mir zählen, langsam mit schwachen Kräften sie durchschreiten müßte. – Eine Tochter, meine Luise, war Dein Wunsch, und er ist Dir erfüllt worden, auch der meinige in ihm – schon sehe ich das liebe Wesen unter der klugen Leitung seiner Mutter, sehe die zarten Kräfte zu einer wohlgefälligen Bildung sich entwickeln und fühle das Glück der Mutter; kann ich das meine aussprechen, wie es begreifen ? Du hast viel gelitten, meine Luise, ich weiß, aber Gott wird Dich belohnen. – Du selbst schreibst mir – wie kann ich diese Worte lesen, ohne daß mein ganzes Gemüth in dem Tiefsten erschüttert wird, – Du seyest glücklich, schreibst Du, auch ich bin es, unbeschreiblich glücklich, u(nd) dennoch stürzen die Thränen mir aus den Augen, warum kann ich nicht einmal Deine Hand fassen, nicht einmal vor Dir knien, mit Dir knien vor Gott, unserm gütigen Vater? Ich war bey Dir in der Stunde der Angst der Leiden, ich bin es auch jetzt, wir sind nicht getrennt, u(nd) dennoch diese Wehmuth. – Wenn Du diese Zeilen erhälst, bin ich schon 8 Tage von hier abgereist, auf morgen über 14 Tage, den 23. d(iesen). M(onats). ist unsere Abreise festgesetzt, aber es ist noch möglich, daß der Prinz über Moskau reist, und dann kommen wir erst nach 4 Wochen, eher später, als früher zu Hause an, darum kann ich meine Hoffnungen kaum vor das Ende September beschränken, denn acht Tage wenigstens werden auf den Aufenthalt in Dresden zu rechnen seyn, und mein Verlangen kommt wenig in Betracht. Vorgestern, als ich Deinen letzten Brief N. 11, am 16. Juli geschlossen, und den vom Rath Stark zugleich des Abends um 12 Uhr erhielt, war ich den ganzen Tag zu Hause geblieben; ich hatte den Prinzen nicht nach der Stadt zum Französischen Schauspiel begleitet, um mich ganz auszucouriren, und wenn ich auch auf des Prinzen späte Zurückkunft warten mußte, ehe ich meine Briefe erhielt, so war ich doch sehr froh, diesen Tag noch in meiner Einsamkeit zugebracht zu haben; die Ruhe des Tages war mir wohlthätig. Gestern am Morgen mußte ich Muth zum sprechen sammeln; Christian war der erste, zu dem ich sprach, und der mir nicht ganz fremd war. Ich zog mich an und wohl langsamer als sonst, und verband mit meinen Reconvalescenten-Besuchen zugleich die erhaltene Nachricht bey den unsrigen. Unsere Damen stand ich zuerst, und ich erhielt von ihnen deutl(iche). Beweise ihrer aufrichtigen Theilnahme; die Beust konnte ihre Thränen nicht verbergen, und wenn Du mir, meine Luise, von der Dankbarkeit sprichst, die wir den Weimaranern schuldig sind, so hat auch sie mich hier zu gleichen Gefühlen veranlaßt. Beyde tragen mir die herzlichsten Empfehlungen an Dich auf. – Schon früher war mir der Gedanke zurück gekommen, unsere Großfürstin zu Gevatterin[188] zu bitten; die Verehrung und Dankbarkeit, die ich für Sie, auch durch Dich, empfinde, mußten mir diesen Gedanken erneuern; einzelne Augenblicke, die es mir in meinen gegenwärtigen Verhältnissen erlaubt haben, mich ihr zu nähern, erweckten den Wunsch um so lebhafter in mir, und die Versicherungen des Prinzen gaben mir den Muth dazu. Als ich Ihr vor der Kirche die Nachricht mittheilte, bewies Sie mir viele Theilnahme, und als ich meine Bitte in Deinem und meinem Namen hinzu fügte, Gnade und Wohlwollen, und wenn ich Monate in Ihrer Nähe zubringen sollte, ohne mich Ihr nahen zu können, diese Augenblicke würden mir immer eine angenehme Erinnerung bleiben, und das weniger Erfreuliche mich vergessen machen. Ich bitte Dich also, meine Luise, auch Ihren Namen in das Kirchenbuch mit eintragen zu lassen, und hoffe, daß Du die angenehme Empfindung mit mir theilen wirst, welche die gute Aufnahme meines schnellen Entschlusses mir gewährt hat, wozu ich in Weimar kaum den Muth gehabt haben würde. Sonst bleibt, hoffe ich, noch alles bey unserer alten Verabredung, doch lege ich auch jede Dir wünschenswerthe Veränderung in Deine Hände, auf daß ich meine kleine Marie Luise finde. – Der Prinz hat, wie Du ohnehin glauben wirst, mir sehr viel herzliche Theilnahme bewiesen, und trug mir, nebst seiner Frau Gemahlin, viele Empfehlungen an Dich auf. – Auch die beyden andern Großfürstinnen[189] erfreuten mich mit ihren freundlichen Glückwünschen, und die Kayserin selbst sagte mir den Ihrigen an Tafel über die Tafel herüber, wobey ich freylich mit meiner Freude und Dankbarkeit etwas Verlegenheit verband. – Der gestrige Gottesdienst war meiner Stimmung durch seine schönen Gesänge sehr wohlthätig, und der Ball am Abend, an dem ich kaum einigen Theil nahm, konnte mich nicht viel zerstreuen; ein schönes Schauspiel zeigte sich majestätisch am Himmel, ein starkes Gewitter mit heftigen weiten Blitzen u(nd) entferntem Donner über dem dunkeln, nur durch die glänzenden Augenblicke erleuchteten Monde, und erhob die Seele zu der Bewunderung Gottes und seiner Schöpfung. – Und in diesen Betrachtungen habe ich auch den heutigen Tag beschlossen, als die Gesellschaft auf der kleinen Marmorterasse am Meere soupirte; vor uns lag die weite See, als ein ruhiger Spiegel, durch den Hintergrund der sanft glänzenden Abendröthe erleuchtet und nur durch das unendlich mannigfaltige, schmelzende Spiel der Farben bewegt. Rechts und links lagen dicke schwarze Wolken am Himmel und zogen immer näher den dunkeln Schleyer der Nacht über die ruhende Welt. Einzelne kleine Schiffe kamen langsam und gleichsam schlummernd vorüber, und die melancholische Hornmusik, die uns zur Seite stand, begleitete ihren langsamen Gang. Wer kann in solchen Augenblicken nicht das Unendliche fühlen, was in unserm Busen wohnt, wer ist der Gottheit dann nicht näher, in dem Bewußtseyn, ein Theil des Ewigen zu seyn; und wer verbindet mit solcher Empfindung nicht die lebendige Erinnerung an alles, was uns theuer ist. In mir lebten diese Gefühle, diese Erinnerungen, und meine Seele war ruhig, wie der Spiegel des Mondes. Solche Augenblicke aber sollten nicht für mich allein geschaffen seyn, sie gehören auch Dir an, meine Luise, und mit diesem Wunsche endiget sich jede der glücklicher verlebten Stunden. – Meine Vorsicht ist mir gut bekommen, denn ich bin ganz wieder hergestellt, und hoffe mich nun von größeren Unbehaglichkeiten um so mehr befreyt zu haben, als ich auf jede Vorsichts-Maßregel aufmerksam gemacht worden bin. – Morgen mit dem Frühesten reisen wir nach Kronstadt und gedenken schon zur Tafel diese Seebahn bis hierher zurück beendigt zu haben, wenn anders der Wind uns irgend günstig ist. Darum muß ich aber doch schon heute meinen Brief zu dem morgenden Posttage schließen, und trenne mich nun von Dir. – Es ist bald 1 Uhr, um 5 Uhr soll ich wieder auf, ich kann daher heute nicht Mehr hinzu setzen und muß Dich bitten, unsern lieben Ältern die Hände von mir zu küssen und unsere Geschwister, Verwandte u(nd) Bekannte zu umarmen u(nd) zu grüßen, auch in Drackend(orf).[190] H(errn). Pastor und Hofactuar. – Die gute Mutter wird nicht zufrieden seyn, daß Du ihr zuvor gekommen bist, und Fritz hat sich gewiß alterirt, um einen Tag zu spät zurück gekehrt zu seyn; nun, da Gott alles so gut geleitet hat, ist es doch gut; ihnen beyden ist vielleicht viel Sorge und Angst erspart worden. – Deiner Schwester, der Spiegeln u(nd) der Lodern[191] habe ich schon oft im Stillen gedankt, für das, was sie Dir geleistet haben, drücke ihnen meine Dankbarkeit mit meinen herzlichsten Empfehlungen aus. – Nun sind es schon drey Wochen, Du bist vielleicht schon um Vieles hergestellt, und unser liebes Kind ist jetzt wohl schon eine Christin, Gott wolle es so! – Die Carte[192] , die Du mir geschickt hast, trage ich bey mir, ich sehe sie an, aber ich kann es kaum begreifen, daß es so ist – bald werde ich sie selbst vor mir sehen und auf Deinen Armen, meine Luise! – So muß ich denn enden und glaube Dir nichts, fast gar nichts gesagt zu haben, von dem, was in mir vorgegangen ist, was mich nie wieder verlassen wird. Meine Seele ist wie ein Gedicht, aber mir fehlt das Organ, das sie ausspricht, meine Erinnerung, meine Hoffnung trage ich in den ziehenden Wolken, auf den Fluthen des Meeres dahin, aber was sie bewegt, ist mir unbekannt; mein Glück tuht tief in meiner Brust, aber das Organ ist tiefer noch verschlossen, und meine Sehnsucht, die Wehmuth, die sie so oft in jede meiner Empfindungen verbreitet, kann sich nur in dem Unendlichen und nie in Worten verlieren. Ach! Luise, mein theures, liebes Weib! könnte ich nur einen schwachen Schattenriß Dir geben von der Stimmung meines Gemüths, ich wäre glücklich, aber Du erkennst mich in jedem meiner Worte, Du fühlst, was ich sagen will, u(nd) es bleibt mir nichts mehr übrig. – Unserem verehrten Rath Stark danke ich noch selbst in den anliegenden Zeilen für seine treue Hülfe und für seine unschätzbaren Zeilen; er wird Dir auch ferner beystehen und sicher für Dich sorgen; käme nur bald die weitere Nachricht! – Nach drey Wochen darf ich hoffen, daß Du völlig wieder hergestellt bist, dann wird die freye Luft Dich wieder erfreuen und stärken, das neue Leben wird schön und lieblich vor Dir liegen, und eine herrliche Stunde wird unser Glück von neuem begründen. Hoffentlich, meine Luise, kannst Du mich in Weimar empfangen, wohin ich doch in 6-7 Wochen, also 9-10 Wochen schon nach Deiner Niederkunft, den Prinzen zunächst begleiten muß; gehe, wenn es Dir möglich ist und die lieben Ältern es erlauben, gegen die Mitte des Sept(em)b(e)r nach Weimar zurück, daß ich keine Stunde in Deiner Nähe zubringen muß, ohne sie mit Dir theilen zu können. Schreibe mir auch hierüber zu den ersten u(nd) mittleren Tagen des Sept(em)b(e)r nach Dresden bey dem Prinzen Bernhard[193], auch wohl zu den ersten Tagen des Sept(em)b(e)r nach Breslau poste restante, aber nicht nach Riga, Memel, Königsberg, denn wir reisen in keinem Falle d(urc)h Preußen, sondern entweder durch Moskow und Breslau, wo ich in den ersten Tagen, vielleicht den 6., 8. oder 10ten Sept(em)b(e)r zu seyn gedenke. – Noch einmal, lebe wohl, meine Luise, ich kann mich kaum von diesem todten Blatte trennen, aber ich muß nun doch zur Ruhe. Vergiß nicht, Sylvie u(nd) Marie von mir zu umarmen; unser guter Fritz hat gewiß viel zu thun u(nd) zu schreiben gehabt? daß ich nicht an alle einzeln, auch an die lieben Ältern schreiben kann. – Gott sey mit Dir, meine Luise, und stärke Dich und unser liebes Kind, mein tägliches Gebet ist mit Euch, und ewig schlägt mein Herz für Dich; ewig

Dein

treuer Anton.

Die Einrichtungen, die Du, meine Luise, in Weimar in unserer Wohnung treffen willst, haben meinen ganzen Beyfall, ich überlasse sie ganz Deiner Fürsorge, und finde in jeder unserer Stuben mein Glück und meine Ruhe wieder.

N 16.

Peterhof den 12. August 1808.
Freytag früh.

Noch habe ich, meine theure liebe Luise, seit vorigen Sonnabend Abend, dem mir unvergeßlichen Abend, keine weitere Nachricht von Dir und unserm lieben Kinde erhalten, aber ich bin jetzt ruhig und glücklich und fange an, dieses Glück zu begreifen, das mir so groß, so neu erschien, und mein Gemüth anfangs mehr beängstigte als beruhigte. Mit der gewissen Hoffnung, daß Du Dich nun fast wieder wohl befindest, daß auch unsere liebe Kleine Dich beglückt und erfreut, denke ich Deiner und ihrer, träume mich in Eure Nähe und verlebe manchen süßen Augenblick in einem tiefen Glück, das keine Worte aussprechen. So vergehen die Tage, sie beendigen bald eine Woche, diese und noch eine und dann zur Abreise, die noch auf künftigen Dienstag über 8 Tage, d(en). 23. d(iesen). M(onats)., festgesetzt bleibt – wohl nicht über Moskow, nur über Warschau und Breslau, also längstens 4 Wochen später in Deinen Armen wieder, meine Luise! Komme, wenn es möglich ist, es mit Deiner u(nd) unserer Kleinen Gesundheit und mit den Wünschen der lieben Ältern zu verbinden, bis dahin nach Weimar zurück, denn wie sollte mir Weimar erscheinen, wenn ich Dich nicht da fände? und meine erste Obliegenheit bleibt ja doch immer, den Prinzen bis in die Heymath zurück begleitet zu haben. – Du wirst dann alle Einrichtungen getroffen haben, die Du in unserer kleinen Wohnung mit meinem völligen Beyfall vorhast, und ich werde mein Glück, meine Zufriedenheit wieder an Deiner Seite finden. Ich springe schon jetzt hier zuweilen mit unserm kleinen Engel herum, nur fühle ich zu bald, daß mir die Füße gebunden u(nd) die Arme zu leicht sind, und wenn mir der Gedanke beyfällt, wie wenig ich noch von Dir u(nd) von ihm weiß, daß alle meine Nachrichten erst eine Stunde nach der Entscheidung unseres Schicksals geschrieben waren, da kann mich auf einmal wieder eine bängliche Sorge befallen – aber ich treibe sie fort, es war ja entschieden, die große Stunde war vorüber und glücklich abgelaufen. Gott hat sich gnädig uns erzeigt und wird nicht traurig enden, was Er so glücklich hat begonnen; ich finde Dich gesund und blühend wieder, in Deinen Armen einen Engel, den uns Gott gesandt, und der im zarten Herzen unser Glück, unsere Hoffnungen nährt, – Ist mir in solchen Augenblicken nicht des Menschen herrliche Bestimmung klar? daß er durch Tugend, durch Göttliche Gefühle sein Inneres bilde nach dem großen Vorbild, die jene reinen Triebe in uns legte, daß er dem Vorbild näher komme, um einst mit ihm zur Würde seiner Sterblichkeit noch würdiger vereinigt zu werden? Solche Augenblicke, meine Luise, sind wohl die schönsten, die der Mensch verleben kann, daß sie uns ergreifen und fest halten zu unserer ewigen Verbindung. Mir deucht, es ließe sich des Menschen höchstes Glück, doch Augenblicke giebt es, in denen beydes und so klar erscheint, wie der reine Himmel über uns, und wo ein einzig Wort das gleich gestimmte Herz ergreifen muß, der Andeutung bedarf es nur, und in uns selbst liegt nur der wahre Ausdruck. Ach! daß ich nicht mit einem Kuß Dir jetzt besiegeln kann, mit welcher hohen Achtung ich die treue Liebe verbinde, die ich für Dich in meinem Herzen trage, Du warst mir immer ein schönes Bild der edlen Weiblichkeit; doch würdiger erscheint mir noch Dein Wesen jetzt, und wo die Liebe sich mit solcher Achtung darf verbinden, da ist des Glückes höchste Seeligkeit – wo Epheu sich um schattige Stämme schlinget, dort ruht der Wanderer wohl noch glücklicher. – Morgen, meine Luise, muß ich wieder Nachricht von Dir erhalten, so wie ich sie noch jeden Sonnabend von Dir erhielt, dann werde ich noch ruhiger seyn können, wenn ich von Deinem 8tägigen Befinden gewisse Nachricht erhalte, und werde auch erfahren, ob Du selbst die Kleine nährst und nähren kannst, und wie das alles ist geworden. Ich zähle schon oft die Stunden, bis zu dieser Nachricht, und zähle dann weiter bis zum Tage unserer Abreise, bis zu dem des glücklichen Wiedersehns. Vielleicht kann ich auch nach den morgenden Nachrichten der vornehmen Pathe, unserer verehrten Großfürstin, mittheilen, wie die Kleine wirklich getauft worden. – Ich setze hierbey voraus, daß Du, meine Luise, meinen vorigen Brief mit der

Nachricht erhalten hast, daß ich schnell den Muth gefaßt habe, unsere Großfürstin zu Gevatter zu bitten, und daß sie es mit vieler Theilnahme u(nd) sehr gnädig aufgenommen hat. – Von den drey verflossenen Tagen habe ich Dir, meine Luise, sie Wasser- nicht die wässerige Partie meines Tagebuches mitzutheilen, und ich eile dazu, weil wir heute wegen eines großen Festes beym H(errn). von Narischkiny[194] schon um 1 Uhr essen sollen, u(nd) mir bis dahin nur noch wenige Zeit übrig bleibt.

Dienstag den 9. August, fuhren wir, d.h. Ende, Benkendorf, unser Oberst Albedyl u(nd) ich früh um 7 zu Wagen nach Oranienbaum[195], einem schönen Kayserl(ichen). Lustschlosse 1 Meile von hier, auch am Meere, wovon Kronstadt nur 4 Werst entfernt ist, und schifften uns dort in eine schöne Schaluppe ein, welche uns durch die Güte des eben hier anwesenden Seeministers[196], mit 18 guten Ruderern, einem sicheren Steuermann und einem Offizier von der Marine erwartete. Das trübe Wetter klärte sich auf, der Wind war günstig, und nach ¾ Stunden fuhren wir in den majestätischen Hafen von Kronstadt ein und sahen hier einen der interessantesten, obgleich an sich nicht schönen Ort. Wir schifften uns bald wieder ein, nachdem wir einen angenehmen jungen Offizier, der Deutsch sprach, aufgefunden und mit bekommen hatten u(nd) machten nun eine höchst interessante Fahrt um und zu den verschiedenen kleinen Festungen, gegen 1 Uhr aber dem festen Lande wieder zu. Der Wind war uns nicht günstig, die Segel mußten ihm scharf entgegen gezogen werden, aber dennoch wählten wir bis hierher nach Peterhof zu Wasser zurück zu kehren. Das Wetter war sehr schön, und obgleich die Wellen zuweilen ziemlich hoch und etwas in die Schaluppe herein schlugen, und wir oft höher tanzten, als ich gewünscht hätte, so befand ich mich doch äußerst wohl und glücklich auf dem Wasser, und die zwey Stunden bis hierher verliefen mir so schnell, daß ich sie gern noch einmal wiederholt hätte. Aber unsere Verwunderung war groß, als wir hier hörten, die Kayserin sey zu Mittag nach Oranienbaum – obgleich es schon ½ 3 Uhr war, zogen wir uns doch schnell um und fuhren noch nach u(nd) fanden die Herrschaften zwar schon an

Tafel, wurden aber noch herauf gerufen u(nd) an die aufgehobenen Plätze angewiesen, nachdem wir uns schon auf einen hungrigen Nachmittag vorbereitet hatten. – Nach Tische fuhren wir auf Linien mit der ganzen Gesellschaft in dem schönen Garten von Oranienbaum herum und besuchten unter mehreren kleinen Gebäuden besonders die so sehr ausgezeichneten Gewächshäuser, die wohl das Vollkommenste sind, was man in dieser Art sehen kann – Früchte aller Art an schön unterhaltenen gesunden Bäumen, die Früchte oft von einer Größe zw(ischen). Kirschen u(nd) Pfirsen, wie ich sie früher noch nicht sah, und dabey ist jede Jahreszeit vereiniget; man ißt die schönste Herzkirsche mit der Geschmackvollsten Weintraube. – Gegen Abend fuhren wir hierher zurück, soupirten in dem schönen Monplaisir am Ufer des Meeres unter Begleitung von Hornmusik, und gegen 11 Uhr ging ich ziemlich müde, nach einem so gut benutzten Tage zu Bette. – Du wirst gestehen, meine Luise, daß es uns nicht an abwechselnden Zerstreuungen hier fehlt. -

Mittwoch d(en). 10. Aug(ust). aß ich mit dem Prinzen früher allein u(nd) fuhr nach drey Uhr mit ihm nach der Stadt zum großen Theater[197]. Man gab ein französisches Lustslück, was mich wenig unterhielt, aber nachher ein desto schöneres großes Ballet, das meinen ganzen Beyfall hatte, und in welchem schöne Decorationen und Gruppierungen mit guten Tänzern vereiniget waren. Halb 10 Uhr setzten wir uns gleich beym Theater wieder in den Wagen, und noch vor halb 12 Uhr hatten wir in einer herrlichen Nacht die 4 Meilen bis hierher wieder zurück gelegt. –

Donnerstag d(en). 11. Aug(ust). Früh machte ich einige Besuche u(nd) unter andern einen auf der Marmor-Terasse am Meere, wo ich mich so gern meinen Gedanken u(nd) Erinnerungen überlasse. Nach Tafel fuhr die ganze Gesellschaft auf Schaluppen in das Meer auf eine der 4 Jagden[198], welche hier eine Viertelstunde vom Ufer im Meere liegen. Die Jagd, auf der wir abstiegen, gehört dem Kriegs-Minister und ist das schönste Schiff, was man sehen kann, auf die reinlichste u(nd) bequemste Art eingerichtet. Es hat unten 6 kleine, sehr Geschmack-voll eingerichtete Zimmerchen, und oben ist das Verdeck mit Tibet[199] umgeben. Die Begrüßungen mit Canonen von den übrigen Schiffen, während die Matrosen auf den Masten verschiedene hübsche Gruppen bildeten, gefielen mir auf dieser kleinen Fahrt besonders gut. Während wir Thee auf dem Schiffe tranken, ohne uns übrigens von der Stelle zu bewegen, segelten die andern Schiffe unter Salutiren mit ihren Canonen vor uns und um uns herum. – Man soupirte auf dem Schiffe, mir vergieng aber zuweilen von der Bewegung des Schiffes, was nicht vorwärts gieng, aber von dem etwas unruhigen Wasser geschaukelt wurde, oft Essen u(nd) Trinken, doch wurde ich nicht krank, war indes froh, als man mit der Nacht wieder in die Kähne stieg und unter dem Canonen-Feuer und einem kleinen Feuerwerk von sämtlichen Schiffen, das sich sehr gut ausnahm, wieder nach Hause fuhr – ich lobe mir doch, festen Boden unter den Füßen zu haben. – Nun für heute lebe wohl! meine Luise – die Zeit ist mir immer zu kurz, u(nd) ich schließe mit den herzlichsten Empfehlungen an die lieben Ältern, an alle unsere Geschwister und Bekannte. Gott sey mit Dir und unserm lieben Kinde und führe mich bald zu Euch zurück. – Künftigen Sonntag gehen wir wieder nach Pawlowsk, von dort aus schreibe ich Dir noch einmal, dann komme ich selbst. Ewig Dein

treuer Anton.

N 17.

Pawlowsk[200] d(en). 16. August
1808. Dienstag früh.

Wie ruhig bin ich jetzt, meine Luise! seit ich am vorigen Sonnabend drey Briefe auf einmal, einen von Fritz und zwey von Dir, erhielt, von denen der letzte schon 8 Tage nach Deiner Entbindung geschrieben ist. Nun erst, liebe gute Luise, fange ich an, mein ganzes Glück zu empfinden, keine Furcht, keine ungewisse Besorgnis mischt sich mehr in das Gefühl meines Glücks, aber eine unbeschreibliche Sehnsucht beschäftigt mich jetzt auch mehr als je. Ich sehe Dich mit dem Kinde auf dem Arm, an Deiner Brust, daß Gott auch dieses Glück uns geschenkt! – vergesse bey diesem Bilde die Gegenwart, alles, was mich umgiebt, ach! und muß nun doppelt den Schmerz der weiten Trennung empfinden. Ich nähre wohl mit Hoffnungen mein Gemüth, aber sie erleichtern mir kaum die unaussprechliche Empfindung, mit der ich mein Glück mit dieser Trennung vergleiche. Sie zieht sich auch vor meinen Wünschen in die Länge, denn durch ein neues Fest ist unsere Abreise wieder um 8 Tage verzögert worden, also noch 14 Tage von jetzt an bis ganz zu Ende dieses Monats. Ich kann nichts darauf sagen, nichts hiergegen thun, aber die Thränen möchten mir aus den Augen stürzen, wenn ich davon sprechen will und nicht kann,, es versteht ja auch keiner, was ich ausdrücken will, oder theilt doch keiner ganz, was ich dabey empfinde – so muß ich ganz schweigen, will in Geduld den Ablauf der Tage erwarten, das Gute genießen, was mir täglich hier begegnet, so gut ich kann, und Gott bitten, daß er nicht länger mich der Prüfung unterwerfen möge – und so nehme ich denn die Hoffnung zu meinem Trost, daß wir zu Ende des Sept(em)b(e)r. in der Heymath zurück sind. Über Moskow gehen wir in keinem Fall, vielleicht über Warschau u(nd) Breslau, aber auch dieses ist noch nicht gewiß, darum, meine Luise, schreibe mir lieber nicht nach Breslau, aber in Dresden bleiben wir gewiß 8 Tage, und dort hoffe ich Nachricht von Dir und unserm Kinde zu erhalten und Dir gewiß sagen zu können, wann ich zu Hause wieder eintreffe. Ich finde Dich dann gesund mit unserm Engel in Weimar wieder, wir fahren zu unsern Ältern, Geschwistern,... und es wird des Wiedersehens Freude überall mich erwarten – wäre die Zeit doch verlaufen bis hin, und wäre ich gewiß, daß kein neues Hindernis mein Glück, meine Hoffnungen täuschen wird. – Ich schreibe Dir heute traurig u(nd) muthlos, meine Luise, daß ich mich fast scheuen müßte, diese Zeilen abzuschikken, aber wenn man die Tage und Stunden gezählt hat mit Gewißheit, und auf einmal ein solcher neuer Aufschub, dann ist diese Empfindung auch bey den günstigsten Umständen zu verzeihen. Und hieraus erkläre sie Dir allein, denn außerdem bin ich vollkommen wohl und zufrieden und – dankbar gegen Gott für das Glück, was er mir so vollkommen geschenkt hat. – Du bist also ganz Mutter unserm lieben Kinde, kannst es selbst ernähren? Dieses war immer Dein sehnlichster Wunsch, und seine Erfüllung macht mich unendlich glücklich. Ach! Luise! daß ich Dich nur einen Augenblick sehen könnte! – muß denn immer dieses wehmüthige Gefühl der Sehnsucht sich in mein Glück mischen? keinen Augenblick kann ich mich der frohen Zuversicht überlassen ohne jene Rührung, und auch diese ließe ich um keinen Preis, sie scheint mir von so hohem Werth, sie versichert mir die Wahrheit meines Gefühls und kann nur meiner Heiterkeit, wie meinem Herzen schaden. – Auch von der guten Mutter giebst Du u(nd) Fritz mir die besten Nachrichten, Gott sey dafür gedankt, und schenke mir das Glück, daß ich sie und den lieben Vater völlig hergestellt wieder finden möge; ich küsse ihnen beyden die Hände und empfehle Ihrer Väterlichen Liebe aus weiter Ferne unser Kind. – Jetzt, meine Luise, sind es über 4 Wochen, nun darf ich Dich fast ganz hergestellt, vielleicht ganz außer Bett glauben, und bald wirst Du Dich wieder an dem wohlthätigen Einfluß der freyen, warmen Luft stärken und erquicken. So verfolge ich Dich von Tag zu Tag und begleite Dich aus dem Bette in das Zimmer, aus dem Hause in den Garten – daß Du mir doch keinen Umstand verschweigen oder vergessen mögest. So gern hätte ich gewünscht zu wissen, in welcher Stube Dein Bett wäre, aber kein Brief spricht mir davon, u(nd) ich suche Dich oft in dem großen, weiten Hause[201] umher, ohne mich an eine Stube fest zu halten. Wie oft habe ich nicht dankbar an Deine Schwester u(nd) die Lodern gedenkt, die Dir so treulich beygestanden U(nd) Dich gepflegt haben, sage es Ihnen mit meinem herzlichsten Gruß, den ich bald mündlich wiederhohlen zu können hoffe. – Ich habe heute recht wenig Lust, mein Tagebuch fortzusetzen, aber doch thue ich es, und wenn ich dabey denke, wie schnell die Tage verlaufen, daß nun schon der 14tägige Aufenthalt von Peterhof geendiget ist, so scheinen auch die künftigen Tage nur kurz u(nd) schnell zurück gelegt, u(nd) ich stehe unerwartet früh meinem Glücke nahe. Der lange Weg nach Hause ist noch eine lange, graue Wolke, aber auch diese wird ein guter Wind vertreiben, und der schöne Himmel wird mich wieder beleben und erwärmen.

Peterhof Freytag den 12. Aug(ust). fuhren wir nach einem frühen Mittagessen 12 Werst weit nach dem schönen, prächtigen Landhause des Obercammerherrn von Narischkiny zu einem sehr glänzenden u(nd) mit gleich vielem Geschmack eingerichteten Feste. Nachdem man durch Reihen von glänzenden Bedienten aller Art u(nd) von mehreren Nationen, von Riesen u(nd) Zwergen, Pagen u(nd) Bedienten, Mohren u(nd) Cosacken, das schöne Landhaus an der großen Landstraße, ohn weit der Ufer des Meeres besehen hatte, fuhr man auf Linien in den weitläuftigen Englischen Garten und fand sich nach einer halben Stunde auf einem weiten runden Platze in ein freundliches Russisches Dorf versetzt. Die Decorationen waren hier eben so täuschend u(nd) freundlich, als das Spiel der Russischen Schauspieler gut war. Gewerbe, Feldarbeiten, Spiele, Gesänge u(nd) Tänze wurden nach den Sitten des Landes hier vorgestellt, zur Abwechslung eine Szene aus einem Schauspiele, durch welche auch der gebildeten Classe gedacht war, u(nd) zum Schlusse ein Russischer Tanz, der einzig schön in seiner Art war und mich ganz entzückte. Ein Tänzer u(nd) eine Tänzerin verbanden mit den eigenthümlichsten Gewohnheiten des Landes u(nd) der Nation die höchste Grazie, u(nd) in einzelnen ihrer Bewegungen u(nd) Stellungen lag oft mehr Ausdruck und Empfindung als in manchem langen Gedicht. – Nachdem man hier ein schönes Graté eingenommen u(nd) auf einer andern Seite des Platzes einen guten Zigeuner-Tanz angesehen hatte, gieng die Reise weiter nach einem zweiten großen Platze des Gartens, und hier war die größte Mannigfaltigkeit von Spielen und Vorstellungen – einzelne Scenen aus deutschen Lustspielen zwischen einer Decoration eines Holländischen Dorfes, Tänze von Hunden, Taschenspieler, Marionetten, Schattenspiele, Seiltänzer von ganz vorzüglicher Art, und Marktschreyer von verschiedenem Geschmack, unter denen sich einer besonders auszeichnete, der wie ganz zufällig in einer schlichten Calesche angefahren kam, und die Gesellschaft durch seine drollige Anrede, mehr durch die Art, wie er einem andern einen Zahn ausreißt, lange unterhielt. Die Menge der Menschen, welche die gebetene Gesellschaft noch begleitete u(nd) den ganzen Platz fast ganz ausfüllte, machte dieses Fest wirkl(ich). zu einem Volksfeste, u(nd) man gieng mit der Dämmerung vollkommen zufrieden u(nd) erheitert durch die mannigfaltigen Possen nach dem freundlichen Privat-Theater des Wirthes, wo Fanchon[202] von den Französischen Schauspielern gegeben wurde. Nach zwey Stunden, als man das Theater verließ, war es Nacht, aber der Garten u(nd) das Schloß illuminiert, u(nd) auf dem Wege dahin wurde die Gesellschaft, durch eines der Geschmackvollsten Feuerwerke, die man sehen kann, aufgehalten. Jenseits einer Wasserfläche wurde ein Feuer-speyender Berg dargestellt, der von Zeit zu Zeit große Explosionen bewirkte, und ein ungeheuerer Regen von Raketen u(nd) Leuchtkugeln beschloß dieses kurze, aber schöne Schauspiel, indem er die ganze Gegend, Himmel u(nd) Erde zu erleuchten schien. – Im Schloß ward man nun von guter Tanz-Musik empfangen, von der ich aber wenig Gebrauch machte. Um Mitternacht setzte man sich zu einem dem ganzen Feste angemessenen Abendessen, und nachdem man nachher noch eine Stunde getanzt hatte, fuhr man gegen drey Uhr wieder nach Hause, u(nd) ich hatte nun eine deutlichere Idee von den grands seigneurs von Rußland bekommen, die ein solches Fest von 20-30 tausend Rubel in 8-9 Stunden geben.

Sonnabend d(en). 13. Aug(ust). Von dem heutigen Vormittag habe ich wenig zu sagen, aber viel könnte ich erzählen von dem schönen Landsitze des Großfürsten Constantin Strelna[203], auch am Ufer des Meeres, wo wir diesen Mittag eine der besten Mahlzeiten einnahmen, welche die feinste Kochkunst hervor bringen kann. Die schönste Musik von blasenden Instrumenten begleitete das Mahl u(nd) tönte herrlich durch den weiten Raum des Speise-Saals. Nach Tafel besah man das schöne Schloß, den Garten, einige Casernen, trank den Thee im Freyen u(nd) fuhr gegen Abend eine Meile in 20 Minuten nach Peterhof zurück, um dort auf der schönen Terasse am Meere noch den herrlichen Abend beym Abendessen zu genießen. Der Mond spiegelte sich auf der ruhigen Fläche des Meeres, und die ganze Natur schien sich in diesem stillen Glanz zu verlieren.

Sonntag d(en). 14. Aug(ust). In einer einsamen Capelle eine Stunde von Peterhof auf einem schattigen Hügel am Ufer des Meeres wohnten wir früh dem Gottesdienste bey; die schönen Kirchengesänge u(nd) der majestätische Anblick des Meeres von diesem stillen Hügel erhoben gleich mächtig meine Seele zu Gott und ich fühlte mich glücklich in dieser einzig süßen Rührung des Herzens, welche das Große u(nd) Schöne in uns bewirkt, und war mit Dir vereiniget, meine gute Luise. – Man aß schon um 12 Uhr in Peterhof, da die Rückreise nach Pawlowsk früh bestimmt war. Der Prinz, unser Oberst u(nd) ich fuhren nach der Stadt, um dort dem Kayser aufzuwarten. Hier aßen wir um 5 Uhr noch einmal, besuchten dann noch einige Gärten auf kleineren Inseln der schönen Newa u(nd) legten uns frühzeitig in unsern alten Wohnungen im Taurischen Palais zu Bette.

Montag d(en). 15. Aug(ust). Wir blieben zu einem großen glänzenden diné beym Französischen Gesandten, zur Feyer des heutigen Tages, in d(er). Stadt. Während der Prinz die éremitage besuchte, machte ich meinen Besuch bey Madame Breitkopf[204], der verehrten Lehrerin unserer guten Marie, u(nd) fand eine sehr würdige Frau. Jede Umgebung in dem schönen Catharinen-Stift erinnerte mich an unsere Marie, u(nd) ich hätte sie so sehr einen Augenblick zu mir gewünscht. Noch einige Geschäfte hielten mich in d(er).

weitläufigen Stadt auf, dann besuchte ich mit d(em). Prinzen noch den Garten des Grafen Stroganof, u(nd) gegen 5 Uhr fuhren wir zum diné von 70 Personen. – Ein Mr.[205] Sintgenast, der hier bey d(er). Gesandtschaft[206] angestellt ist, u(nd) mich nach einer jungen Hofdame in Weimar, Schwester d(er). Fr(au). v(on). Günderoth[207] fragte, die er vor 5 Jahren in Regensburg habe kennen lernen, war sehr verwundert, als ich mich als deren Mann vorstellte. Er schien sich indes meiner Bekanntschaft zu freuen u(nd) trug mir viele Empfehlungen an Dich auf. – Um 9 Uhr nach Tafel fuhren wir nach hierher in 2 Stunden zurück, u(nd) hier glaube ich nun wieder in meiner ausländischen Heymath zu seyn. Gott sey mit Dir, meine Luise, u(nd) unserm Kinde, umarme unsere lieben Geschwister u(nd) hoffe mit mir auf unser baldiges glückliches Wiedersehen. Ewig Dein treuer Anton.

N 18.

St. Petersburg den 23. August 1808.
Dienstag früh.

Ich weiß nicht mir den Eindruck zu erklären, welchen Dein letzter Brief, meine theure, liebe Luise, den ich am vorigen Sonnabend erhielt, auf mich gemacht hat. Du schreibst mir von Weimar Glück, Deiner Liebe zu mir und Deiner Sehnsucht – und hast in mir eine Wehmuth erweckt, die mir selbst jetzt ungewöhnlich schien. Ich sehe Dich glücklich und doch traurig vor mir, und kaum kann ich mich des Gedanken erwehren, es liege noch etwas in jenen Zeilen, das ich nicht verstehe, das nicht deutlich ausgesprochen sey. Ich sage mir wieder nein! aber ich möchte weinen vor Schmerz, daß ich nicht einen Augenblick bey Dir seyn, mit Dir sprechen kann, denn eines solchen Augenblicks bedürfte ich mehr noch als sonst, und er ist mir versagt. Meine Sehnsucht kennt, ich gestehe es Dir frey, oft keine Gränzen, und ich denke zuweilen, was soll ich schreiben, da ich nichts zu schreiben weiß, was sie auszudrücken vermag. Dennoch könnte ich um keinen Preis diesen Posttag versäumen, er ist ja das Einzige, was mir bleibt, und ich spreche doch gern das Wenige zu Dir, was eine Feder mir erlaubt. Tag und Nacht, meine Luise, bin ich mit Dir in Drackendorf oder in Weimar, ich sehe oft unser liebes Kind und umarme es in Gedanken. Mit jedem Tage wird mir die Hoffnung gewisser, Euch bald zu sehen; noch ist unsere Abreise auf übermorgen über 8 Tage, am 1. Sept(em)b(e)r., fest bestimmt, und ich bitte noch heute vor unserer Rückreise nach Pawlowsk, uns unsere Pässe vorzubereiten, und so glaube ich gewiß, mit dem Ende Sept(em)b(e)r. wieder in der lieben Heymath, bey den Meinigen zu seyn. Das Wetter scheint, nach vielen regenigen Tagen wieder schön zu werden, und vielleicht wird es unsere Reise begünstigen. Gott möge sie schützen! Wir gehen, nach der letzten Entscheidung, denselben Weg über Königsberg und Frankfurth zurück, den wir gekommen sind, nur mit der Abänderung über Dresden. Sage der Frau Generalin v(on). Vogt, meine Luise, daß ich vorgestern ihren Brief erhalten hätte, und ihren Auftrag nicht vergesse, die Antwort aber selbst nach Weimar bringen würde. – Ich habe heute wenig Ruhe und Zeit, meine liebe Luise, Dir nach dem Wunsche meines Herzens, nach meinen geheimen Empfindungen zu schreiben, denn unser kurzer Aufenthalt in der Stadt, der gerade in den heutigen Posttag fiel, läßt mir kaum eine Stunde zu diesen Zeilen, darum werden sie wohl flüchtiger und kürzer. – Nach Deinem letzten Briefe vom 29. Juli sollte unser liebes Kind am 7. August getauft werden, also gerade an dem Tage, da ich die glückliche Nachricht hierher erhielt – ach! welch ein Tag für mich – ich kann dieses Gefühl von Glück und Rührung nicht aussprechen, das jene Briefe mir geben – jetzt belebt nur ein Gedanke mich, der des baldigen Wiedersehens; und wenn Du, meine Luise, Dich entschuldigen willst, daß Deine lieben Zeilen manche Wiederhohlung enthielten, mich fragst, ob ich sie auch gern lesen würde, so möchte auch ich mich entschuldigen, daß ich immer auf diesen einen Gedanken zurück komme, und Dich um Nachsicht und Geduld bitten, die Du mir gewiß nicht versagen wirst – Gott hat so gütig unser Schicksal gelenkt und uns geschützt, Er wird mich nun auch bald u(nd) sicher in die liebe Heymath zurück führen, und mich des Glückes versichern, das er mir gegeben hat. – Auch Deinen lieben Brief N. 9 von Hummelshayn d(en) 1. Juli, der mir Zeit-her noch immer gefehlt hatte, erhielt ich am Sonnabend, und wenn er mir auch jetzt nicht mehr so interessant seyn konnte in Ansehung Deines Befindens, so war er mir doch unendlich lieb, denn ein jedes Deiner Worte ist mir lieb und werth, und dieser Brief enthielt so viel Gutes und Schönes. Möchten doch auch meine Briefe noch alle bey Dir eingetroffen seyn, so wie mir nun keiner mehr von Dir fehlt, dann wirst Du nicht über meine Nachlässigkeit klagen können, und der kleine Trost, der mir bey jedem abgeschickten Briefe zurück bleibt, mich Dir doch mitgetheilt zu haben, war keine Täuschung. Wenn ich auch keinen großen Werth meinen Worten beylege, möchte ich sie doch nicht verlohren wissen, und auch mein Tagebuch möchte ich – so unbedeutend es mir auch jedes Mal neben dem Ausdruck meiner Empfinfungen zu Dir erscheint – nicht verlohren wissen, denn außer diesem habe ich keines hier zurück behalten. – Darum eile ich auch jetzt zu ihm zurück, obgleich es dieses Mal ziemlich unbedeutend seyn wird.

Pawlowsk Dienstag den 16. August hatten wir des Nachmittags eine Falkenjagd. 14 schön gekleidete Falconirs zu Pferde, jeder seinen verkappten Falken auf dem Arm, zogen der Reihe der Wagen voraus und ließen auf freyen Plätzen ihre Raubthiere nach den wilden Raben[208], die sie jedes Mal bald einhohlten. Dieses zu sehen, war mir interessant, obgleich es mir keine sonderliche Freude machte; als aber auch eine Taube der Raub unseres Vergnügens werden sollte, mußte ich das arme Thier nur bedauern und freute mich nicht wenig, als es fast neben mir seine Zuflucht unter eine kleine Brücke nahm. Ich unterstand mich, einen Knaben, der es verfolgte, unsanft zurück zu weisen, und ihm meinen verborgenen Schutz zu erhalten, bis die wilde Jagd es vergessen hatte. Mit der Nacht war diese Freude zu Ende, von der ich Bruder Fritz einmal noch mehr erzählen muß, und nun erwartete uns noch ein großer runder Tisch zu Hause zur Unterhaltung für einige Stunden.

Mittwoch d(en). 17. August. Eben erinnere ich mich, daß, was ich von gestern schrieb, erst heute war; setze gestern an die Stelle eine gewöhnliche gesellschaftl(iche). Versammlung, die eine Stunde lang durch ein kleines Puppenspiel, dann durch die Karten u(nd) d(urc)h Gespräch unterhalten wird, und ergänze den heutigen Morgen durch einen Spatzierritt mit dem Grafen u(nd) Gräfin Golowkiny, wobey ein starker Regen mir alle Glieder näßte, u(nd) es ist alles in seiner Ordnung.

Donnerstag d(en). 18. August. Wir waren zu dem heutigen Feste früh in der Kirche, den Nachmittag u(nd) Abend aber wegen des schlechten Wetters immer zu Hause. Der Abend vergieng uns ziemlich munter in der Unterhaltung mit den mehreren Hofdamen, welche den gewöhnlichen Hof bilden.

Freytag d(en). 19. Ein angenehmer Spatzierritt mit Ende erheiterte mich sehr, nachher besuchte ich die Bibliothek des Schlosses, und auch heute mußte der Abend wegen des schlechten Wetters – fast beständige Gewitter mit Regen – im Zimmer zugebracht werden. Kleine vel quasi Verstandes-Spiele sollten die Stunden verkürzen.

Sonnabend d(en). 20. Wir bekamen wegen eines Zufalls keine Reitpferde u(nd) ich gieng einige Stunden im Garten spatzieren und überließ mich meinen Gedanken, da mich die Hitze bald zum Sitzen nöthigte. Den Abend wurde die Gesellschaft, wie gewöhnlich des Sonnabends, zahlreicher, man spatzierte eine Stunde im Wagen und vereinigte sich zum Abendessen wieder im Schlosse.

Sonntag d(en). 21. Zum ersten Male versäumte ich den Gottesdienst, d.h. ich blieb im nahen Saal bey der Gräfin Liven[209] zurück. Nach Tafel, die heute ziemlich zahlreich war, fuhr ich mit meinem Prinzen und dem Prinzen von Oldenburg[210], der andern Tags seinen hiesigen Dienst-Eid ablegen sollte, hierher nach der Stadt, und kam gegen 11 Uhr bey etwas verdorbenen Wegen, ziemlich ermüdet, in dem einsamen Taurischen Palais an.

St. Petersburg d(en). 22. Aug(ust). Wir fuhren früh nach dem Winter-Palais, um einige Zimmer zu sehen, die neu eingerichtet werden. Hier fand ich auf einem bis jetzt noch nicht gesehenen Flügel dieses ungeheuren Gebäudes noch drey Säle, von denen der Mittelste der größte und mit 18 Kronleuchtern 97 meiner Schritte lang war.[211] Um 12 Uhr begleiteten wir den Prinzen von Oldenburg[212] nach dem Senat, wo er in der Kirche seinen Eid feyerlich ablegte. Die innere Einrichtung des Hauses war mir zugleich sehr interessant. Um 4 Uhr fuhren wir nach Caminostrow[213] zum Kayser, kamen aber erst gegen 6 Uhr zu Tische. Die Kayserin[214] hatte die Gnade, mir Glück zu wünschen zu Deiner Entbindung, und schenkte mir dadurch einen recht glücklichen Augenblick. Nach Tafel machten wir noch einige Besuche, und um 11 Uhr war ich sehr müde von dem vielen Fahren auf dem harten Pflaster.

Heute, meine Luise, kehren wir wieder nach Pawlowsk zurück, wo ich immer am liebsten bin; die dortigen Umgebungen sind mir die bekanntesten und die freundlichsten. Im Herzen ist mir jeder Aufenthalt gleich, denn überall trage ich mein Verlangen, meine Sehnsucht mit mir. Ich bin wohl, aber die Unbehaglichkeit, die mich oft verfolgt, macht mich ungeduldig, da ich sie nicht gern das Heimweh nennen möchte. Gott erhalte nur Dich und unser liebes Kind mir gesund und führe mich bald zu Euch zurück. Immer wußte ich das Ziel meiner Wünsche, doch nie fühlte ich deutlicher, wo allein das einzige Glück verborgen liegt, und stets sey mein höchstes Bestreben, mich dieses Glückes würdig zu machen. Mit Dir, meine Luise, bin ich dann ganz vereint, denn nur in Dir erkenne ich mein Glück, mein Daseyn. Küsse den lieben Ältern die Hände, umarme unsere Geschwister und grüße alle, die sich meiner erinnern mögen, besonders die Geh(eime). R(ätin). Lod(er). – Ewig

Dein treuer Anton.

N 19.

Pawlowsk den 26. August 1808
Freytag früh.

Jetzt, meine Luise, fange ich an, mit Gewißheit zu glauben, daß wir wirklich den 1. Sept(em)b(e)r. von hier abreisen werden. Von allen Seyten scheint es nun bestimmt zu seyn, und wir fangen schon unsere kleinen Vorbereitungen zur Reise an. Diese Nacht habe ich Stunden lang gewacht in der Erinnerung an Dich, oft habe ich den langen Weg durchlaufen bis zu Dir und glückliche Augenblicke an Deiner Seite verlebt. Jetzt, da das Ziel meiner Wünsche näher rückt, fasse ich mich oft nicht in Geduld, denn es ist unbeschreiblich, was ich empfinde. Dieses sind die letzten Zeilen, die ich Dir von hier aus schreibe, und ich fasse mich nur kurz; ich habe nun schon keine Ruhe mehr zum schreiben und soll auch heute in einer halben Stunde mit dem Prinzen nach einem nahen Landgute des Grafen Golowkiny fahren, also nur schnell einige Worte von den letzt verlebten Tagen, und dann ein herzliches lebe wohl! auf ein baldiges, glückliches Wiedersehen! –

Dienstag d(en). 23. Aug(ust). fuhren wir, nachdem ich früh noch einige Besuche in der Stadt gemacht hatte, gegen Mittag mit dem Prinzen von Oldenburg, der nun schon seine Stelle als General-Gouverneur in Reval angetreten hat, hierher zurück u(nd) brachten hier den Mittag und Abend auf die gewöhnliche Art, ohne besondere Vorfallenheiten, zu.

Mittwoch d(en). 24. Aug(ust). machten wir früh einen sehr angenehmen Spatzierritt mit dem Prinzen von 10 bis 2 Uhr nach Zarskojeselo und in den dortigen Gärten, wo wir noch ein neues sehr schönes Schloß[215] besahen, das hier ein Nebengebäude ist, an jedem andern Orte aber ein Palast seyn würde. Das Wetter war unendlich schön, ein Herbsttag vielleicht, aber eine reine, warme u(nd) stärkende Luft, die mir unendlich wohl that. Zu Mittag aß S(eine)r. Hoheit der Großfürst Constantin hier und gegen Abend machten man eine angenehme Spatzierfahrt auf Linien, soupirte aber wieder im Schlosse.

N. 19.

[illegible] den 26. August 1808.
Freitag früh.

Jetzt, meine Luise, fange ich an mit Gewißheit zu glauben, daß wir wirklich den 1. October an hier abreisen werden. Von allen Seiten scheint es sich bestimmt zu zeigen und mir fangen schon einzelne kleine Vorbereitungen zur Abreise an. Diese Nacht habe ich Stunden lang gewacht in der Erinnerung an Dich, jetzt habe ich den langen [illegible] Weg bis zu dem glücklichen Augenblick an Deiner Seite verlebt. Jetzt, da der Theil meiner Wünsche näher rückt, fühle ich mich erst nicht im Stande, denn es ist unbeschreiblich, und ich möchte [illegible]. Dieß sind die letzten Zeilen, die ich Dir von hier aus schreibe, und ich fühle mich recht [illegible]; ich habe auch schon keine Ruhe mehr zum Schreiben und soll auch heute in einer stillen Stunde mit dem Prinzen noch einen netten Landgut des Grafen [illegible] besuchen, also nur schnell einige Worte von der letzt verlebten Woche und dann ein herzliches Lebe wohl! auf ein baldiges, glückliches Wiedersehn! —

Dienstag d. 23. Aug. fuhren wir, nachdem ich früh noch einige Geschäfte in der Stadt gemacht hatte, gegen Mittag mit dem Prinzen von [illegible], der vor kurzem seine Stelle als General-Lieut.-Gouverneur in [illegible] niedergelegt hat, hinaus [illegible] u. brachten hier den Mittag und Abend auf die gewöhnliche Art, ohne besondern Vorfallenheiten zu.

Mittwoch d. 24. Aug. machten wir früh einen sehr angenehmen Spazierritt mit dem Prinzen von 10 bis 2 Uhr, nach [illegible] und in die dortigen Gärten, wo wir auch ein neues [illegible] Schloß besahen, das hier ein Nebengebäude ist, an jedem andern Orte aber ein stattliches seyn würde. Das Wetter war freundlich schön, [illegible] vielleicht, aber ein warmes, warmes u. [illegible] Lüftchen, die mir ordentlich wohl that. Zu Mittag aß der [illegible] bey uns hier und gegen Abend machte man eine angenehme Spazierfahrt nach [illegible], soupirte aber wieder im Schloße.

Donnerstag d. 25. Aug. Fast den ganzen Vormittag brachte ich in den Augen-Schmerzen bey diesem sehr [illegible] Zeitungen und dann beym Prinzen zu mit Gesprächen über [illegible]. Den Mittag waren S. M. d. Kayser hier und den Abend brachte man in der gewöhnlichen Unterhaltung im Schloße zu, wo ich zuweilen unter 12 bis 14 Personen so gut als möglich den Aimablen mache. —

Donnerstag d(en). 26. Aug(ust).[216] Fast den ganzen Vormittag brachte ich in den Wagen-Remisen bey unseren sehr gut reparierten Reisewagen und dann beym Prinzen zu, mit Gesprächen über unsere Rückreise. Den Mittag waren S(eine)r. M(ajestät). d(er). Kayser hier, und den Abend brachte man in der gewöhnlichen Versammlung im Schlosse zu, wo ich zuweilen unter 12 bis 14 Hofdamen so gut als möglich den aimablen[217] mache. Jetzt komme ich schon zum Schluß, meine Luise, der Prinz schickt nach meinem Briefe, der dieses Mal über Dresden an den Prinzen Bernhardt gehen soll, und nach meiner eigenen Person – ich muß also schließen und selbst fort. Auch kann ich nicht schreiben, wie ich Dir schon sagte, ach! Luise! Du glaubst nicht, welche Empfindung ich habe, wenn ich mir sagen kann: in 4 Wochen bist Du wieder bey Ihr, zu Hause, bey den Deinigen; mein Inneres ist bewegt, und ich irre in Gedanken umher, als sey ich schon dort. Gute, liebe Luise, welch ein Glück! bald, bald sehe ich Dich wieder, schließe Dich in meine Arme und sehe mein liebes Kind. Gott sey mit Euch! Küsse den lieben Ältern die Hände, umarme Sylvie, Fritz, Marie, grüße die Lodern, Deine Schwester, und alle, die sich meiner erinnern wollen. Von Dresden schreibe ich Dir noch einmal, bis dahin Gott befohlen, ewig mit inniger Liebe Dein

treuer Anton.

Du bist nun wohl schon wieder völlig hergestellt? sechs Wochen sind verflossen, u(nd) Dein liebes Kind schenkt Dir Glück und Zufriedenheit! Gott wolle es so, und führe mich bald dahin!

Anmerkungen

1 Es konnte nicht ermittelt werden, um welche Taufe es sich in diesem Falle gehandelt hat.

2 Die Entfernungsangabe 9 Meilen bezog sich auf den Reiseweg von Leipzig über Eilenburg und Torgau nach Herzberg. Sie wurde nach dem Maß der preußischen Landmeile angegeben, bei der eine Meile 7,53 km entsprach. Die Reisegesellschaft legte somit etwa 68 km zurück. Herzberg lag an der alten Handelsstraße von Leipzig nach Frankfurt an der Oder und besaß einen Übergang über die Schwarze Elster.

3 Mit den Damen waren die beiden Hofdamen Gräfin Friederike Caroline von Beust und Gräfin Konstanze von Fristsch, die zum Hofstaat der Erbherzogin Großfürstin Maria Pawlowna gehörten, und die Erbherzogin selbst gemeint.

4 Die Erbherzogin Großfürstin Maria Pawlowna.

5 Die Entfernung zwischen Herzberg und Frankfurt an der Oder betrug mit den Zwischenstationen Schlieben, Luckau, Lübben, Beeskow und Mühlrose etwa 100 km.

6 Wolfgang Gottlob Christoph Freiherr von und zu Egloffstein.

7 Grummholz Vater und Sohn dienten als Lakaien am Weimarer Hof.

8 Erbherzog Carl Friedrich von Sachsen-Weimar-Eisenach.

9 Die Ortsnamenergänzung a/M. ist von Ziegesar irrtümlich geschrieben worden, die Notiz entstand in Frankfurt an der Oder.

10 Balz lag an der Straße von Küstrin nach Landsberg/Warthe, etwa 50 km von Frankfurt/Oder entfernt.

11 Auguste Prinzessin von Preußen, war eine Tochter König Friedrich Wilhelms II. von Preußen, die mit Wilhelm Herzog von Hessen-Kassel verheiratet war. Die Prinzessin lebte damals in dem Schloß Niederschönhausen von Berlin-Pankow im Exil, weil das Herzogtum Hessen-Kassel im Jahre 1807 dem Königreich Westfalen einverleibt worden war, das von dem König Jerôme, einem Bruder Napoleon Bonapartes, geführt wurde.

12 Wilhelmine Prinzessin von Preußen, eine Tochter Prinz August Wilhelms, eines Bruders König Friedrichs II. von Preußen. Die Prinzessin war die Witwe Wilhelms V. von Oranien, des 1806 verstorbenen Erbstatthaltes der Niederlande. Ihre Tochter Louisa, Erbprinzessin von Braunschweig-Wolfenbüttel, war die Witwe des 1807 verstorbenen Erbprinzen Georg August von Braunschweig-Wolfenbüttel.

13 Leopold Prinz von Braunschweig-Wolfenbüttel, Fürst zu Ols, war der jüngste Bruder des Herzogs Karl Wilhelm von Braunschweig-Wolfenbüttel und der Herzoginwitwe Anna Amalias von Sachsen-Weimar, d.h., er war ein Onkel des nach Petersburg reisenden Erbherzogs Carl Friedrich. Prinz Leopold war am 27. April 1785 in der Oder ertrunken, als er während einer großen Überschwemmung Menschen aus den Fluten retten wollte.

14 Friedrich Albrecht Gotthelf Freiherr von Ende diente 1807 bis 1813

als Hofmarschall des Erbherzogs Carl Friedrich. Später wurde er preußischer General und Kommandant von Köln.

15 Die Entfernung von Weimar bis Navkel (Nakel) betrug in der Streckenführung über Frankfurt/Oder, Balz, Driesen und Schneidemühl etwa 540 km.

16 Beinitz war Kammerdiener am Hofe Carl Friedrichs.

17 Damit ist Marie von Berg gemeint. Marie von Berg war eine ehemalige Hofdame Maria Pawlownas. Im Jahre 1806 hat sie Friedrich von Ziegesar geheiratet, den älteren Bruder Anton von Ziegesars, Herzoglich Sachsen-Altenburgischer Kammerherr und Oberforstmeister in Hummelshayn, dem Wilhelm von Kügelgen in den »Jugenderinnerungen eines alten Mannes« ein Denkmal gesetzt hat.

18 Es handelte sich um den Kammerherrn von Ende, den Kammerdiener Kölbel, den Weimarer Arzt Dr. Friedrich Wilhelm Schwabe und den Beichtvater Maria Pawlownas, Erzpriester Nikita Jasnowski.

19 Prinzessin Caroline von Sachsen-Weimar-Eisenach war die jüngere Schwester des Erbprinzen Carl Friedrich. Im Jahre 1810 heiratete sie den Erbprinzen Friedrich Ludwig von Mecklenburg-Schwerin, starb jedoch bereits nach fünfjähriger Ehe.

20 Anton von Ziegesar wollte an seine Eltern August Friedrich Carl von Ziegesar und Magdalena Auguste von Ziegesar schreiben, die sich im Sommer 1808 mit ihrer jüngsten Tochter Sylvie von Ziegesar zur Kur in Karlsbad und in Franzensbad aufhielte und dort mehrfach Goethe begegneten.

21 Der Kammerherr Friedrich Johann Christian Heinrich Freiherr von Seebach diente als Major im Husarenkorps und als Herzoglicher Stallmeister in Weimar. Er war mit Henriette von Stein, einer älteren Schwester der Luise von Ziegesar verheiratet.

22 Preußisch Mark lag etwa 40 km südöstlich von Marienburg.

23 König Friedrich Wilhelm III. und Königin Louise von Preußen hatten sich nach der Niederlage von Jena und Auerstedt im Oktober 1806 nach Ostpreußen zurückziehen müssen. Die ehrenvolle Begrüßung für Maria Pawlowna entsprach den preußischen Hoffnungen auf eine hilfreiche Unterstützung durch Kaiser Alexander I.

24 Die Reisenden hatten von Weimar bis Königsberg etwa 875 km zurückgelegt.

25 Der Schwarze Adler-Orden ist im Jahre 1701 von König Friedrich I. von Preußen gestiftet worden. Es war der höchste preußische Orden und wurde nur in einer Klasse verliehen.

26 Ziegesar meinte damit, daß die Reisegesellschaft am nächsten Tag die Grenze zwischen Ostpreußen und Kurland etwa 15 km nördlich von Memel überqueren würde.

27 Als Kurische Nehrung wird die nahezu 100 km lange und sehr schmale Halbinsel bezeichnet, die das Kurische Haff von der Ostsee trennt. Am Nordende der Nehrung liegt die Stadt Memel.

28 Ziegesar meint Ottilie Gräfin Henckel von Donnersmarck, die bis zu ihrem Tode im Jahre 1843 Oberhofmeisterin bei Maria Pawlowna

gewesen ist. Die Gräfin galt unter Zeitgenossen als freimütig, originell und witzig. Sie dürfte mit diesen Eigenschaften zu Maria Pawlowna gepaßt haben.

29 Etwa 25 km nordöstlich von Memel an der Ostseeküste gelegener Ort.

30 Ziegesar verwendet hier – sicherlich in Unkenntnis der russischen Sprache – die Pluralform des russischen Namens Golowkin, einer bekannten Aristokratenfamilie.

31 Rutzau war damals ein russisches Krongut, das etwa 30.000 ha Land umfaßte und etwa 25 km nordöstlich Polangen lag.

32 Graf Medem ist nicht näher identifiziert worden. Baron Schliffenbach, der »Baltische Poet«, war Ulrich von Schliffenbach, der in den Jahren 1807 bis 1810 als Landrat des Piltenschen Kreises, eines autonomen Adelsstandes, wirkte

33 Schrunden war ein an die Grafen Medem verpachtetes Krongut, das etwa 100 km westlich Mitau lag.

34 Hier ist die Burgruine Doblen, 25 km westlich von Mitau, gemeint.

35 Wilhelm Ernst Friedrich von Wolzogen war im Jahre 1808 Gesandter Weimars in Paris.

36 Mitau, die Residenz des unter polnischer Lehnshoheit stehenden Herzogtums Kurland, besaß damals etwa 10.000 Einwohner. Am 24. Juni, dem Johannistag, wurde der Eid auf den Kaiser von Rußland erneuert und waren jährliche Pacht- und Abgabesummen zu entrichten.

37 Riga war die Hauptstadt des 1721 gebildeten russischen Gouvernements Livland.

38 Die Poststation Neuermühl lag 15 km ostwärts Rigas an einer Kreuzung von Handels- und Poststraßen.

39 Wolmar war damals eine Kreisstadt im Gouvernement Livland. Der Wolmarshof verfügte über 8.500 ha landwirtschaftlicher Fläche und lag nordöstlich von Wolmar.

40 Russisches älteres Entfernungsmaß: 1 Werst = 1066,78 m; 1 km = 0,9374 Werst.

41 Hagelkörner.

42 Besitzer des Gutes Orellen in Livland, Anhänger der Herrnhuter Brüdergemeinde.

43 Hier ist der Ort Uddrin, 30 km südwestlich von Dorpat gemeint.

44 Aus der Familie der Barone von Ungern-Sternberg.

45 Mit dem Ort Gulben ist Gilben, südwestlich von Walk gelegen, gemeint.

46 Es ist nicht ermittelt, wer Reinhart gewesen ist.

47 In Dorpat war 1803 die »Academie«, eine Universität, gegründet worden.

48 Marie, das war die einzige Tochter des Generalmajors Wilhelm Gregor von Berg. Sie war mit Friedrich von Ziegesar, Antons älterem Bruder, verheiratet. Die Familie von Berg gehörte in Estland zum baltischen Adel.

49 Nennal am Nordufer des Peipus-Sees lag an der gut ausgebauten russischen Reichsstraße, die von Dorpat über Narwa nach St. Petersburg führte.

50 Die Narowa.

51 Narwa liegt bereits 10 km südlich des Finnischen Meerbusens.

52 Neuschloß (Skamja) an der Grenze zwischen den Gouvernements Estland und Ingermanland.

53 Es soll sich bei diesem Ausdruck um einen Anfeuerungsruf handeln, wie: Vorwärts! oder: Fahr drauf los! Es ist möglich, daß Ziegesar dabei die russischen Ausdrücke »Dawai« oder »Vperjod« verballhornt hat.

54 Wenn Ziegesar über die »Kayserin« schrieb, meinte er in der Regel nicht die Gemahlin des damals regierenden Kaisers Alexander I., Elisabeth Alexejewna, sondern die Kaiserinwitwe Maria Fjodorowna, Gemahlin des 1801 ermordeten Kaisers Paul I.

55 Es wird in dem Brief nicht ausgewiesen, welche Geschwister Maria Pawlownas neben Kaiser Alexander I. den Besuchern entgegen gekommen sind. Es können Konstantin, Katharina, Anna, Nikolaus und Michael gewesen sein. Die Kaiserin Elisabeth ist hier nicht erwähnt und wird auch nicht anwesend gewesen sein.

56 Charlotte von Lieven diente seit 1783 als Gouvernante für die älteren Großfürstinnen am russischen Kaiserhof und galt allgemein als geachtete Persönlichkeit.

57 Das etwa 30 km von Petersburg entfernt liegende Schloß Pawlowsk war erst im Jahre 1789 durch Katharina II. erbaut worden. 1803 ließ Alexander I. die Anlage erweitern. Der umfangreiche Landschaftspark war seit 1785 angelegt worden.

58 Anton von Ziegesar hat an dieser Textstelle seines Briefes eine ungelenke Miniaturskizze (0,9x0,7 cm) mit dem Halbrund der Schloßgebäude eingefügt.

59 Peter von Albedyll.

60 Eine Linie (Ligne) war ein relativ leichter und offener Wagen, in dem die Passagiere quer zur Fahrtrichtung saßen. Kaiserliche Linien wurden achtspännig, Hofwagen sechsspännig gefahren.

61 Kaiser Paul I. Petrowitsch.

62 Das Taurische Palais hatte Kaiserin Katharina II. in den Jahren 1783 bis 1789 in St. Petersburg für den Fürsten Grigori Potjomkin errichten lassen. Sie dankte ihm damit für die Annexion der Krim im Jahre 1783.

63 Großfürst Konstantin Pawlowitsch war ein älterer Bruder Maria Pawlownas. Das Marmorpalais diente Konstantin damals als Residenz. Das Palais war in den Jahren 1768 – 1785 auf Befehl Katharinas II. am linken Newa-Ufer zwischen dem Winterpalais und dem Sommergarten für den Fürsten Grigori Orlow errichtet worden. Orlow war ein Favorit Katharinas und hatte maßgeblichen Anteil an deren Thronerhebung im Jahre 1762.

64 Karl und Ernst von Hessen-Philippsthal standen seit 1808 in russischen Diensten, nachdem ihr Besitz 1807 an das Königreich Westfalen gefallen war.

65 Rußland führte seit 1807 erneut Krieg gegen das Osmanische Reich und beanspruchte die eigene Schutzherrschaft über die Fürstentümer Moldau und Walachei.

66 Erbprinz Peter Friedrich Georg von Holstein-Gottorp wurde 1809 mit der Großfürstin Katharina Pawlowna verheiratet

67 Winter-Palais, Kleine und Alte Eremitage waren zwischen 1754 und 1784 errichtet worden und dienten als Residenz und Gemäldegalerie.

68 Peter I. hatte im Jahre 1721 das Moskauer Patriarchat abgeschafft. An dessen Stelle trat der »Heilige dirigierende Synod«, ein zehnköpfiges Kollegium, das quasi die Aufgaben eines staatlichen Ministeriums für Kirchenangelegenheiten erfüllte.

69 Der in den Jahren 1704 – 1711 im französischen und holländischen Stil angelegte Sommergarten umfaßt eine Fläche von 12 ha. Weltberühmt wurde das 1770 – 1784 errichtete eiserne Gitter zur Newa hin.

70 Zarskoe selo, Sommerresidenz der russischen Kaiser mit einem ausgedehnten Park, in deren Zentrum das Katharinen-Palais steht. Das Palais ist in den Jahren 1718 – 1753 errichtet worden. In diesem Palais befand sich das verschollene Bernsteinzimmer.

71 Die Wassili-Insel liegt im Nordwesten des Stadtgebiets von St. Petersburg auf der nördlichen Seite der Großen Newa. Mit einer Fläche von 1.600 ha ist sie die größte der vielen Inseln im Newa-Delta.

72 Das Menschikow-Palais, das der Günstling Peters I., Fürst Alexander Menschikow, in den Jahren 1710 – 1716 im Stil des Petersburger Frühbarock errichten lassen hatte.

73 Graf Alexander Stroganow, Präsident der Akademie der Künste.

74 Ferdinand Baron Firks diente als russischer Kreismarschall in Livland. Mit dem zweiten Gast war der Baron Schmysing, genannt von Korff, gemeint.

75 Ziegesar spielte an dieser Stelle abermals auf das Naturschauspiel der Petersburger »Weißen Nächte« während der Monate Juni und Juli an, in denen die Sonne nur kurzzeitig untergeht.

76 Letztere Passage erscheint in ihrer Aussage verschwommen, weil die Formulierungen Luises in deren Briefen fehlen. Es ist jedoch denkbar, daß auch sie unter der Trennung litt und – zumindest verbal – ihren Gemahl zu Liebe und Treue angehalten hat.

77 Es ist ein wenig erstaunlich, daß Ziegesar erst an dieser Stelle zum ersten Mal auf die Tatsache eingeht, daß Luise daheim ein Kind erwartete.

78 Auf dem Schloßplatz vor dem Winter-Palais.

79 Isaak-Kathedrale, deren Bau 1802 vollendet worden war und deren gewaltiger Kuppelbau sich vor dem Senatsplatz und neben der Admiralität am Newa-Ufer erhebt.

80 Ziegesar hat an dieser Stelle seines Briefs eine Skizze von der Raumanordnung und den durch ihn ermittelten Raummaßen des Taurischen Palais eingefügt. Die Zeichnung besitzt eine Größe von 6 x 3,7 cm.

81 Zu jener Zeit war Napoleons späterer Außenminister Marquis de Caulaincourt französischer Gesandter in Petersburg.

82 Es handelt sich um die Kasaner Kathedrale, die 1801 – 1811 auf dem Newski-Prospekt in Petersburg erbaut worden ist. Die Kathedrale erhielt ihren Namen nach einer 1552 bei der Eroberung des tatarischen Kasan gefundenen wundertätigen Ikone.

83 Stroganow.

84 Kronstadt – Festung und Kriegshafen auf der schmalen Kotlin-Insel in der Petersburger Bucht (Finnischer Meerbusen), etwa 30 km vor St. Petersburg gelegen.

85 König Friedrich Wilhelm I. von Preußen kaufte in Rußland 55 übergroße Leibeigene für seine Garde. Dafür erhielt der russische Kaiser 55 jeweils ein Quadratmeter große Platten aus Persischem Bernstein, die zur Gestaltung des weltberühmten »Bernstein-Zimmers« verwendet wurden.

86 Friedrich von Müller war Regierungsrat und ab 1815 Kanzler in Weimar.

87 Dem Whist ähnliches Kartenspiel für vier Personen.

88 Pietro Gonzaga arbeitete 1794 – 1828 als Szenenmaler für das Kaiserliche Theater in Petersburg.

89 Hier ist der Großfürst Nikolaus Pawlowitsch, der spätere Kaiser Nikolaus I. gemeint.

90 Die »Ahndungen« trogen Anton von Ziegesar. Seine Gemahlin Luise kam erst am 17. Juli in Drackendorf bei Jena nieder. Die Nachricht über die Niederkunft erreichte den Vater am 6. August in Pawlowsk – siehe weiter unten!

91 Hier ist das Fest der Heiligen Peter und Paul gemeint, das nach dem Gregorianischen Kalender auf den 29. Juli fiel, nach dem in Rußland geltenden Julianischen Kalender jedoch zwölf Tage später, auf den 9. Juli fiel.

92 Diesen Satz hat Anton von Ziegesar an den Rand der Seite geschrieben und nachträglich durch ein Kreuz an dieser Stelle in den Text eingefügt.

93 Im selben Jahre 1808 war der vollständige erste Teil des Faust veröffentlicht worden.

94 Am 9. Juli 1709 schlugen die Russen das schwedische Heer in der Schlacht von Poltawa.

95 Am 9. Juli 1807 reisten Napoleon I. und Alexander I. nach ihrem Friedensschluß aus Tilsit ab.

96 Im Unterschied zur Kaiserlichen Tafel saßen an der Marschalls-Tafel die bediensteten Hofchargen.

97 Als Anton von Ziegesars Kind am 10. August 1808 getauft wurde, nahm daran die Prinzessin Franziska Reuß zu Köstritz teil.

98 Carl Wilhelm Constantin Stichling war zu jener Zeit Steuerrat und Kammer-Assessor in Weimar.

99 Gemahlin des Geheimrats Justus Christian von Loder, der bis 1803 an der Universität Jena Anatomie gelehrt hatte.

100 Anton von Ziegesar meint seine Schwestern Friederike vonScheliha, Cäcilie von Werthern, Auguste von Wangenheim und Sylvie.

101 Anton von Ziegesar hat sich bei dieser Datierung nicht geirrt, sondern die Abläufe der einzelnen Tage mehrfach beschrieben.

102 Der Begriff »welsch« wurde oftmals als Umschreibung für entbehrlich erscheinende Fremdwörter benutzt.

103 Ziegesar verweist hier auf ein Monument zu Ehren der Eltern der Kaiserinwitwe Maria Fjodorowna, Herzog Friedrich II. Eugen von Württemberg und dessen Gemahlin Dorothea, Tochter des Markgrafen Friedrich Wilhelm von Brandenburg-Schwedt

104 Die lagen im Obergeschoß des Mitteltrakts und bestanden aus der Bibliothek, dem Boudoir, dem Schlafzimmer und einem Toilettenraum.

105 Hier ist sicher Malachit gemeint.

106 Heinrich Friedrich von Storch war Professor der Schönen Literatur beim Kadettencorps, sowie Ordinarius für Nationalökonomie und Statistik an der Petersburger Akademie der Wissenschaften.

107 Anton von Ziegesar konnte nicht wissen, daß das Kind gerade an diesem Tag, an dem er den 10. Brief schrieb, geboren wurde.

108 Die Wochentage werden von Ziegesar mehrfach verwechselt.

109 Hier ist die Vorsteherin eines Stiftes für Töchter des russischen Adels gemeint, das um 1800 gegründet worden war, und an dem Marie von Berg, die zweite Gemahlin Friedrichs von Ziegesar, erzogen worden war, bevor sie Maria Pawlowna 1804 als Hofdame nach Weimar begleitete.

110 Anton von Ziegesar gehörte von 1806 bis zu deren Tod im Frühjahr 1807 zum Hofstaat der Herzogin Anna Amalia, der Mutter des regierenden Herzogs von Sachsen-Weimar-Eisenach, Carl August.

111 Der ursprünglich als Werft konzipierte und genutzte Komplex wurde zwischen 1806 und 1823 als repräsentatives Zentrum der russischen Seekriegsflotte und als architektonische Dominante Petersburgs im klassizistischen Stil umgebaut.

112 Ziegesar meint sicherlich Jachten.

113 Das Schiff gehörte mit seinen 120 Kanonen zur Klasse der Linienschiffe. Das Typschiff hieß »Chrabry«. Das war ein Dreidecker von 63 m Länge und 15,7 m Breite. Der Tiefgang betrug 7,15 m. Die Chrabry wurde 1829 abgewrackt.

114 Ziegesar gab hier die Kanonenzahl nur pauschal an. Das Ereignis ist überliefert. An jenem Tage liefen die Fregatten »Wenera« (48 Kanonen), »Sweaborg« und »Bodry« mit jeweils 32 Kanonen von Stapel. Fregatten waren wesentlich kleiner als die großen Linienschiffe und besaßen nur ein Batteriedeck für die Kanonen.

115 Kaiserin Elisabeth Alexejewna, eine geborene Prinzessin von Baden, hatte erst im April 1808 ihr zweites Kind verloren und sich aus Trauer darüber aus dem Hofleben zurückgezogen.. Sie schrieb über das bei Anton von Ziegesar behandelte Ereignis am 12. Juli 1808 an ihre Mutter: »Ich soll morgen zum ersten Mal (wieder) in der Öffentlichkeit erscheinen. Ich hatte gehofft, mich nach und nach an die Gesellschaft gewöhnen zu können; das wäre mir weniger unangenehme gewesen, aber ein unseliger Schiffsstapellauf, der morgen stattfindet...« Der Grund für Elisabeths Zurückhaltung lag jedoch auch in ihrer durch Alexander I. zerstörten Ehe und in den Rivalitäten gegenüber der Kaiserinwitwe, in denen Elisabeth stets das Nachsehen hatte.

116 Admiralität, Isaak-Kathedrale und Senatsgebäude begrenzen am Petersburger Newa-Ufer den Senatsplatz, in dessen Zentrum das von Katharina II. für Peter I. gestiftete Denkmal steht, das der französische Bildhauer Etienne Maurice Falconet geschaffen hat, und das 1782 eingeweiht worden ist

117 Der Pferdekopf ist 140 cm lang, der Kopf des Reiters 60 cm. Der Legende nach hat Marie Collot, die Schwiegertochter Falconets, den Kopf des Reiters innerhalb einer einzigen Nacht modelliert.

118 Die Gobelin-Fabrik war das Herzstück der von Peter I. im Jahre 1717 begründeten »Petersburger Manufaktur«. Hier wurden vor allem Portraits gewirkt: am Hohen Stuht (Haut-lis) oder am Flachstuhl (Bas.lis). Unter dem Begriff »Façonnerie« verstand man das Herstellen kunstvoller Bordüren.

119 Die Wassiljewinsel ist die größte Insel im Newa-Delta.

120 Das Akademiegebäude ist in den Jahren zwischen 1765 und 1788 errichtet worden.

121 An dieser Stelle fügte Anton von Ziegesar wieder eine kleine Skizze ein, die den Grundriß des Gebäudes wiedergab. Die Zeichnung miß 0,4 x 0,4 cm.

122 Alexander Labjin übersetzte zahlreiche Werke abendländischer Mystiker in die russische Sprache. Er stand den Quäkern und dem Philosophen Jung-Stilling nahe. Er gehörte zu den Persönlichkeiten, die Kaiser Alexander I. stark im mystischen Denken beeinflußten.

123 Melchior Peronard galt um die Wende zum 19. Jh. als bedeutender Pariser Bildnis-, Genre- und Historienmaler; Laurant Mosnier lebte seit 1802 als Portrait- und Miniaturenmaler in Petersburg. Er war Hofmaler der Kaiserinwitwe Maria Fjodorowna. Graf Fjodor Petrowitsch Tolstoi wirkte als Bildhauer, Maler, Graphiker und Medailleur.

124 Das »Adlige Armee-Kadettenkorps« war im Jahre 1731 durch die Kaiserin Anna I. Iwanowna gegründet worden.

125 Friedrich Maximilian Klinger, der Dichter des »Sturm und Drang«, diente seit 1780 als Vorleser des späteren Kaisers Paul I. In den Jahren 1801 – 1818 war Klinger Direktor der Kadetten-Anstalt.

126 Die Akademie wurde 1724 gegründet. Eines der Gebäude der Akademie, die Kunstkammer, entstand in den Jahren 1718 – 1734.

127 Peter I. maß 2,07 m Körperlänge. Demzufolge muß Anton von Ziegesar nach eigenen Angaben etwa 2 m groß gewesen sein.

128 Die Werkstadt der Kunstschreiner Abraham und David Roentgen aus Neuwied lieferte an nahezu alle europäische Höfe kunstvoll gestaltete Möbel.

129 Friedrich Theodor von Schubert war seit 1785 Mitglied der Petersburger Akademie der Wissenschaften. Seit dem Jahre 1803 leitete er die Akademische Sternwarte.

130 Rubel (das »Abgehauene«). Im 13. Jahrhundert dienten Silberbarren mit einem Gewicht von 200 g in Nowgorod als Zahlungsmittel. Rubel-Münzen erschienen erst im 15. Jahrhundert. Die Rubel-Währung wurde im Moskauer Staat 1534 eingeführt.

131 Das Observatorium war in dem Turmbau der Kunstkammer untergebracht.

132 Der 1664 für das Schloß Gottorp, Sitz der Herzöge von Holstein in Schleswig, angefertigte Globus kam 1713 als Staatsgeschenk zu Peter I. Der doppelwandige Globus besteht aus Kupferblech und besitzt einen Durchmesser von 3,5 m.

133 Die Börse wurde auf der »Strelka« (Landzunge) der Wassiljewinsel zwischen 1804 und 1811 im klassizistischen Stil erbaut und 1816 offiziell eröffnet

134 Kaiserin Katharina II. hatte das Findelhaus 1770 gegründet und aus Mitteln finanziert, die aus dem Spielkarten-Monopol des Staates flossen.

135 Es gab damals in Petersburg ein Russisches und ein Französisches Theaterensemble, die abwechselnd im »Großen« und im »Kleinen Theater« spielten.

136 Es handelte sich um die erste Baumwollspinnerei Petersburgs, in der auch zahlreiche Findelkinder ausgebildet und beschäftigt wurden. Der amerikanische Präsident John Quincy Adams besichtigte die Fabrik im Jahre 1810 und registrierte den schlechten Gesundheitszustand der in der Fabrik arbeitenden Kinder.

137 Die erste Kaiserliche Porzellan-Manufaktur wurde 1744 gegründet, die Glashütte und Spiegelfabrik entstand 1792 am Ufer der Newa.

138 Privatschloß Kaiser Alexanders I. auf der Stein-Insel (Kamenny-Ostrow).

139 Kleines (Maly) Theater auf dem Newski-Prospekt, in der Nähe der Fontanka gelegen.

140 Die Wortabkürzung »verd.« ist schwer interpretierbar.

141 Der Schriftsteller und russische Beamte August von Kotzebue aus Weimar.

142 Dieser Satz enthält einen ersten verschlüsselten Hinweis auf die Vorbereitungen zu dem für den September 1808 nach Erfurt einberufenen Fürstentag und den Unwillen des russischen Kaiserhauses, Maria Pawlowna an diesem Treffen teilnehmen zu lassen.

143 Ziegesar hatte zunächst »Sonntag« geschrieben, das Wort jedoch durchgestrichen und »Sonnabend« darüber geschrieben.

144 Der Georg-Saal liegt in der oberen Etage des Winterpalais und diente als großer Thronsaal für offizielle Empfänge durch den Kaiser.

145 Ein Bild Raffaels »St. Georg und der Drache«. Das Bild entstand 1505 im Auftrag des Herzogs Guido von Urbino als Geschenk für König Heinrich VII. von England aus Dankbarkeit für die Verleihung des Hosenband-Ordens an den Herzog. Das Gemälde hängt heute in der National Galery of Art in Washington/USA.

146 Das Theater wurde 1775-1784 errichtet und ist mit der Alten Eremitage durch eine Galeriebrücke verbunden.

147 Damit sind Schloß und Kirche Tschesme an der Poststraße von Petersburg nach Zarskoje selo gemeint, die 1780 zur Erinnerung an den russischen Seesieg über die türkische Flotte bei Tschesme im Jahre 1770 errichtet wurden.

148 Schottischer Tanz, ursprünglich im ¾ -Takt, später als Kontertanz im 2/4-Takt.

149 Schwester des Erbprinzen Carl Friedrich von Sachsen-Weimar-Eisenach.

150 Ziegesar meint hier die Gemahlin Alexanders I., Kaiserin Elisabeth Alexejewna, und verwechselt sie im Namen offensichtlich mit der Schwester Alexanders I., Katharina Pawlowna – falls es sich nicht überhaupt nur um eine gedankenlose Verwechslung handelt.

151 Ziegesar meint den Reichsfürsten Grigori Alexandrowitsch Potjomkin, einen der begabtesten und erfolgreichsten Staatsmänner Rußlands im 18. Jahrhundert.

152 Demidow gehörte zu einer der damals reichsten Familien Rußlands, die ihren Aufstieg der Eisengewinnung und -verarbeitung im Ural und in Tula verdankte.

153 Die Inschrift könnte in der Übersetzung lauten:

Hier starb Zemire, und die trauernden Gefilde
sollen Blumen auf ihr Grab legen.
Ausdauernd in ihrer Freude am leichtfüßigen Lauf,
wie Tom, ihr Großvater, wie Lady, ihre Mutter,
bestand ihr einziger Fehler in ihrer launenhaftigkeit;
dieser Fehler rührte jedoch aus einem sehr guten Herzen.
Wenn man liebt, zweifelt man so sehr!
Zemire liebte jene, die alle Welt liebt!
Glaubt Ihr, man liebt den Frieden,
wenn man hundert Völker zu Rivalen hat?
Götter, Zeugen ihrer Zärtlichkeit,
schulden der Treue die Gabe der Unsterblichkeit,
damit sie immer ihrer Herrin nahe sei.

154 Bruder Kaiser Alexanders I. und damals nach diesem erster Anwärter auf den Thron.

155 Leonore von Stein, eine der älteren Schwestern Luise von Ziegesars war Pröbstin im Stift Weizenbach, nahe Gemünden.

156 Anton von Ziegesar war am 26. Juni 25 Jahre alt geworden.

157 Der Kammerdiener Anton von Ziegesars.

158 Johann Christian Stark d.Ä. war Professor für Chirurgie und Gynäkologie an der Universität Jena, außerdem Herzoglicher Leibarzt und Hofrat. Für die Versorgung französischer Verwundeter nach der Schlacht von Jena im Oktober 1806 verlieh ihm Napoleon das Kreuz der Ehrenlegion.

159 In einer der drei Zahlen muß sich Ziegesar geirrt haben.

160 Die berühmte Tragödin Mademoiselle George aus Bayeux.

161 Die Tragödie »Phèdre« von Jean Baptiste Racine, die 1677 in Paris uraufgeführt worden war.

162 Englischer Frack mit breitem Kragen und Revers, auf der Brust zugeknöpft, schmale Schöße und Kniehose.

163 N.P. Scheremetjew zählte zu dem alten und reichen Bojarengeschlecht der Scheremetjews. Er war mit einer Fürstin aus dem Geschlecht der Tscherkasskis verheiratet. Sein Grundbesitz überstieg 1,2 Millionen ha mit 186.000 Leibeigenen in 17 russischen Gouvernements.

164 Ziegesar meint das hölzerne Blockhaus, in dem Peter I. in den Jahren 1703-1708 wohnte, und das bis heute erhalten geblieben ist.

165 Peter-Pauls-Festung.

166 Möglicherweise ist damit der »Gostiny dvor« (Handelshof) auf dem Newski-Prospekt gemeint.

167 Mitglied des Senats, der durch Peter I. 1711 geschaffenen höchsten Regierungsbehörde.

168 Sommerschloß des Herzogs von Sachsen-Weimar-Eisenach nahe Eisenach, erbaut zwischen 1710 und 1715. In den Jahren 1805 und 1843 nahm man Umbauten vor.

169 Einschub Ziegesars am unteren Seitenrand.

170 Anton von Ziegesar wußte noch immer nicht, daß seine Gemahlin Luise am 17. Juli niedergekommen war.

171 Tatsächlich fuhr Carl Friedrich mit seiner Begleitung erst am 1. September 1808 nach Weimar zurück, während Maria Pawlowna bis zum Juni 1809 in Rußland blieb.

172 Das Bild »Madonna mit dem Kind« von Peter Paul Rubens hängt heute noch in der Petersburger Eremitage.

173 Ein Schiff der Smely-Klasse, ebenfalls ein Dreidecker, das kleiner als ein Linienschiff war. Die Länge betrug 60,4 m; die Breite 15,4 m; der Tiefgang 5,9 m. Das Schiff befand sich bis 1819 im Dienst und wurde dann abgewrackt.

174 Das Schloß von Gatschina, im Vorfeld St. Petersburgs gelegen, ist 1781 für den Fürsten Grigori Orlow, einem Favoriten Katharinas II., erbaut worden. Nach dessen Tod erhielt der Thronfolger Großfürst Paul Petrowitsch den Besitz und richtete dort seinen eigenen Hof ein, ehe er 1796 selbst den Kaiserthron bestieg.

175 Russische Hornblasorchester bestanden aus bis zu 80 Musikern. Jedes Horn blies nur einen bestimmten Ton, so daß die Musiker einander ständig abwechselten. Auch in Weimar gab es zu Ehren der Großfürstin Maria Pawlowna bei Opernaufführungen zwischen den einzelnen Akten Darbietungen von Hornbläsern.

176 Damit ist ein Elch gemeint.

177 Nach russischer Zeitrechnung fand dieses Fest am 3. August statt. In Deutschland wurde Marias Himmelfahrt damals am 15. August begangen.

178 Wilhelm Ernst Friedrich Freiherr von Wolzogen hatte zwischen 1799 und 1804 alle Verhandlungen über die Verheiratung Carl Friedrichs mit Maria Pawlowna in Petersburg geführt. Dafür hatte ihn Herzog Carl August mit dem Rang eines Außerordentlichen Gesandten und bevollmächtigten Ministers ausgestattet. Er leitete in Weimar als Oberhofmeister den Hofstaat Maria Pawlownas, wurde in der gleichen Zeit jedoch auch als Weimarer Gesandter nach Paris geschickt. Eine offizielle Gesandtschaft Sachsen-Weimar-Eisenachs gab es in St. Petersburg jedoch nicht.

179 Frau von Fritsch, die Hofdame Maria Pawlownas.

180 D.h. unter Einschub eines Pferdewechsels. Die Wagen des Hofs wurden in der Regel mit den berühmten Orlow-Trabern bespannt.

181 Nach dieser Berechnung fuhren die Kutschen mit ca. 18 ½ Stundenkilometern.

182 Peterhof und besonders Peterdworez (Peter-Palast) zählen – ca. 30 Kilometer von St. Petersburg entfernt – mit ihren Schlössern, Parks und Wasserspielen zu den schönsten architektonischen Ensembles der Welt.

183 Moritz August von Thümmel war sächsisch-coburgischer Minister und zugleich Schriftsteller. Sein literarisches Hauptwerk »Reise in die mittäglichen Provinzen von Frankreich« entstand in den Jahren 1791 bis 1805.

184 Der Weimarer Arzt Friedrich Wilhelm Schwabe begleitete die Reisenden.

185 Gemahlin des Stallmeisters Friedrich Johann Christian Heinrich von Seebach und Schwester Luise von Ziegesars.

186 Beim Einbinden der Briefe in einen festen Umschlag sind beim Brief N. 15. Seiten vertauscht worden. Der Brief wird hier in seiner richtigen Reihenfolge der Seiten wiedergegeben.

187 Anton und Luise von Ziegesar sind am 26. Oktober 1807 in Gotha getraut worden.

188 Ziegesars Tochter wurde am 10. August 1808 in Drackendorf auf den Namen Luise Caroline getauft. Im Kirchenbuch sind 28 Personen als Taufzeugen aufgeführt.

189 Katharina und Anna Pawlowna.

190 Drackendorf bei Jena. Das Griesheimsche Gut, seit 1745 im Besitz der Familie von Ziegesar, gehörte damals zum Herzogtum Sachsen-Altenburg.

191 Henriette von Seebach; Frau von Spiegel, Gemahlin des Regierungsassessors Carl Emil Freiherr von Spiegel von und zu Peckelsheim; Frau Geheimrat Loder.

192 Die Geburtsanzeige.

193 Prinz Bernhard von Sachsen-Weimar-Eisenach war der Bruder Carl Friedrichs.
194 Alexander Naryschkin, Oberkammerherr am Kaiserlichen Hof in St. Petersburg.
195 Etwa 10 Kilometer westlich Peterhofs am südlichen Ufer des Finnischen Meerbusens gelegen. Seit 1725 eine der Sommerresidenzen der Kaiserlichen Familie.
196 Dem Leiter des Marine-Ministeriums.
197 Das Große Theater war 1783 am Theaterplatz errichtet worden, ist jedoch 1811 durch Feuer zerstört worden.
198 Ziegesar meint mit der »Jagd« erneut eine Segeljacht.
199 Ein kunstvolles Gewebe aus der Wolle der Kaschmir- bzw. der Tibetziege.
200 Ziegesar hat an dieser Stelle zunächst als Herkunftsort Peterhof geschrieben, diesen Ortsnamen dann aber durchgestrichen und durch Pawlowsk ersetzt.
201 Ziegesar meint das Gutshaus in Drackendorf bei Jena, das 1949 abgetragen worden ist.
202 Fanchon La Vielleuse – Die Leierkastenfrau – Burleskes Singspiel von Bouilly und Pain, 1800 in Paris uraufgeführt.
203 Etwa 8 Kilometer von Peterhof entfernt gelegen.
204 Direktorin des Katharinen-Instituts in St. Petersburg. An diesem Institut war Marie von Berg, die Gemahlin Friedrich von Ziegesars erzogen worden, bevor sie als Hofdame der Großfürstin Maria Pawlowna nach Weimar kam.
205 Es ist nicht eindeutig erklärbar, warum an dieser Stelle die Abkürzung Mr. – die normal für »Mister« steht, gebraucht wird. Sie kann auch für »Monsieur« verwandt worden sein, obwohl es um einen Deutschen ging.
206 Es ist unklar, um welche Gesandtschaft es sich handelte, denn Weimar besaß zu jener Zeit keine offizielle Gesandtschaft in Petersburg.
207 Wilhelmine Karoline Eleonore von Günderode war die ältere Schwester Luise von Ziegesars. Sie war mit dem Kurfürstlich Hessischen Geheimrat Philipp von Günderode verheiratet.
208 Bei denen es sich vermutlich eher um Saatkrähen gehandelt haben dürfte.
209 Die Gräfin Liven wirkte als Oberhofmeisterin der kaiserlichen Familie großen Einfluß auf die Erziehung der Töchter des Kaisers aus.
210 Peter Friedrich Georg Prinz von Oldenburg-Holstein heiratete die Großfürstin Katharina Pawlowna und wurde Generalgouverneur von Estland und von Twer.
211 Der Ballsaal im oberen Stock des Winter-Palais.
212 Peter Friedrich Georg von Oldenburg-Holstein legte den Amtseid vor den Senatsmitgliedern in der Issak-Kathedrale ab.
213 Hier ist Kamenny-Ostrow, die Stein-Insel, gemeint.
214 Kaiserin Elisabeth Alexejewna.
215 Das in den Jahren 1792 – 1796 erbaute Alexander-Palais.

216 Mit diesem Datum irrte sich Ziegesar, der Donnerstag war erst der 25. August.

217 Eine liebenswürdige Person.

Die direkten verwandtschaftlichen Bindungen Anton von Ziegesars – Ein Auszug aus der Stammestafel des Adelsgeschlechts der Familie von Ziegesar:

Anton von Ziegesar wurde am 26. Juni 1783 in Gotha geboren. Nach seinen Diensten an den Höfen Anna Amalias und Carl Friedrichs wirkte er als Appellationsgerichtspräsident und Kurator der Universität in Jena. Er starb am 5. November 1843 auf dem Familiengut in Drakkendorf bei Jena.

Die **Eltern** Anton von Ziegesars waren:

August Friedrich Carl Freiherr von Ziegesar, Herzoglich Sachsen Gothaischer und Altenburgischer Minister, Herzoglich Weimarischer Generallandschaftsdirektor. Geboren am 5. April 1746 in Drackendorf. Gestorben am 19. Dezember 1813 in Weimar.

Magdalene Auguste Freifrau von Ziegesar, geborene von Wangenheim. Geboren zu Sonnenborn am 3. Oktober 1751. Gestorben in Jena am 24. März 1809.

Die Ehe war am 29. März 1769 in Gotha geschlossen worden.

Anton von Ziegesar hatte sechs **Geschwister:**

Friederike Amalie Charlotte Ernestine Auguste. Geboren in Gotha am 13. Dezember 1769. Gestorben in Carlsbad am 23. August 1825. Verheiratet: 1. seit 10. Juli 1801 mit Carl Julius von Scheliha (1766 - 1814); 2. seit 4. November 1816 mit Friedrich-Alexander von Seebach (1769 - 1835). Aus der ersten Ehe gingen zwei Kinder hervor.

Ernst Carl. Geboren am 9. März 1771 in Gotha. Gestorben am 28. Dezember 1796 in Paramaribo.

Luise Juliane Cäcilie. Geboren am 19. September 1773. Gestorben am 12. September 1831 in Großneuhausen. Verheiratet: Seit 14. Januar 1789 mit Christian Ferdinand Georg Freiherr und Herr von Werthern (1738 - 1800). Aus der Ehe gingen zwei Kinder hervor.

Charlotte Luise Auguste. Geboren am 12. Juni 1775 in Gotha. Gestorben am 8. November 1837 in Gotha. Verheiratet: Seit 26. April 1796 mit Adam Carl Friedrich von Wangenheim-Winterstein (1770 - 1846). Aus der Ehe gingen sechs Kinder hervor.

Friedrich. Geboren am 15. November 1779 in Gotha. Gestorben am 30. Oktober 1832 in Hummelshain. Verheiratet: 1. seit 10. Juni 1801 mit Elisabeth Charlotte Marie von Kamptz (1774 - 1803); 2. seit 16. September 1806 mit Anna Eleonore Marie von Berg, geborene zu Eisekülll (1786 - 1821); 3. seit 28. August 1824 mit Eleonore von Berg, geborene zu Eiseküll (1795 - ?). Aus den ersten beiden Ehen gingen drei Kinder hervor.

Agnes Sylvia Dorothea. Geboren am 21. Juni 1785 in Gotha. Gestorben am 13. Februar 1858 in Großneuhausen. Verheiratet: Seit 21. Juni 1814 mit Friedrich August Köthe (1781 - 1850). Aus der Ehe gingen vier Kinder hervor.

Anton von Ziegesar heiratete am 26. Oktober 1807 in Gotha als **Gemahlin:**

Luise Auguste Friederike Amalie von Stein. Geboren am 12. September 1781 in Nordheim. Gestorben 1855.

Aus der Ehe Antons und Luises von Ziegesar gingen sechs **Kinder** hervor:

Marie Luise Caroline. Geboren am 17. Juli 1808 in Drackendorf. Gestorben am 28. Februar 1842. Verheiratet: Seit 12. September 1831 mit Carl Friedrich Christian Wilhelm von Fritsch (1804 - ?). Aus der Ehe gingen fünf Kinder hervor.

Florie. Geboren am 18. Juli 1810 in Weimar. Gestorben am 2. Dezember 1810 in Weimar.

Ferdinand. Geboren am 4. Januar 1812 in Weimar. Gestorben am 14. September 1854 in Illenau. Verheiratet: Seit 5. Januar 1854 mit Ida Armgarth Gräfin von Gersdorff (1819 - 1854). Aus der Ehe gingen drei Kinder hervor.

Clara. Geboren am 28. April 1813 in Weimar. Gestorben am 29. März 1876 in Jena. Verheiratet: Seit 24. August 1835 mit Ferdinand Heinrich von Helldorff (1806 - 1873). Aus der Ehe gingen drei Kinder hervor.

Elisabeth. Geboren am 2. August 1817 in Drackendorf. Gestorben am 28. Mai 1818 in Jena.

Marie. Geboren am 30. Juli 1824 in Drackendorf. Gestorben: ? Verheiratet: Seit 8. Juni 1847 mit Ernst Georg Johann Heinrich Carl von Plüskow (1820 - 1876). Aus der Ehe gingen vier Kinder hervor.

Die ausführliche Übersicht über alle Familienmitglieder im 19. Jahrhundert: Werthern-Beichlingen, Ottobald Hans Carl Graf von, Des Geheimen Rathes und Kanzlers August Friedrich Carl Freiherr von Ziegesar Nachkommenschaft bis zum Jahre 1890, Weimar 1891.

Quellen- und Literaturverzeichnis

Quellen

Thüringisches Hauptstaatsarchiv Weimar (ThHStAW) – Großherzogliches Hausarchiv XXV – Bestände A, B und E, Hofmarschallamt, Fürstenhaus, Akten Maria Pawlowna, Patriotisches Institut der Frauenvereine, sowie weitere Akten und Materialien aus dem schriftlichen Nachlaß Maria Pawlownas.

Literatur

Alekseev, M.P., Zur Geschichte russisch – europäischer Literatur-Traditionen, Berlin 1974.

Alma mater Jenensis. Geschichte der Universität Jena, Hrsg. v. Siegfried Schmidt in Verbindung mit Ludwig Elm und Günter Steiger, Weimar 1983.

Andreä, Fr. W., Maria Paulowna. Ein Lebensbild, Weimar 1860.

Barth, Ilse-Marie, Literarisches Weimar. Kultur/Literatur/Sozialstruktur im 16. – 20. Jahrhundert, Stuttgart 1971.

Bater, James H., St. Petersburg. Industrialisation and Change, London 1976.

Benndorf, P., Weimars denkwürdige Grabstätten, Leipzig 1924.

Berkov, Pavel N., Literarische Wechselbeziehungen zwischen Rußland und Westeuropa im 18. Jahrhundert, Berlin (Ost) 1968.

Biedermann, K., Die Universität Jena nach ihrer Stellung und Bedeutung in der Geschichte des deutschen Geisteslebens, Jena 1858.

Bojanowski, Eleonore von, Großherzogin Maria Paulowna und die Tätigkeit der Frauen in der Wohlfahrtspflege, in: Deutsche Rundschau, Jg. 31, H. 2, S. 195 - 216.

Bojanowski, Eleonore von, Louise – Großherzogin von Sachsen-Weimar, Stuttgart/Berlin 1905.

Bornhak, Friederike, Aus Alt-Weimar. Die Großherzoginnen Luise und Maria Paulowna, Breslau – Leipzig 1908.

Bornhak, Friederike: Maria Pawlowna, Großherzogin von Sachsen-Weimar-Eisenach, Breslau Leipzig Langewort 1905.

Burkhardt, C.A.H.. Aus Weimars Kulturgeschichte, in: Der Grenzbote, Jahrgänge 1871 und 1872.

Careubijstvo 11 marta 1801 goda, St. Petersburg 1907.

Deetjen, W., Schloß Belvedere, Leipzig 1926.

Donnert, Erich, Katharina die Große und ihre Zeit. Rußland im Zeitalter der Aufklärung, Leipzig 1996.

Doroschinskaja, J., Krutschina-Bogdanow, W., Leningrad und Umgebung, Moskau 1980.

Ernst, H., Rede bei der Gedächtnisfeier für Ihre Kaiserliche Hoheit die Großherzogin Maria Paulowna, gehalten in der Stadtkirche in Weimar am 9. November 1904, Weimar 1904.

Die Feierlichkeiten in St. Petersburg und Weimar, bei Gelegenheit der Vermählung und des Einzugs Sr. Herzogl. Durchlaucht des Herrn Erbprinzen Karl Friedrich zu S. Weimar und Eisenach etc. und Ihro Kaiserl. Hoheit der Frau Erbprinzessin Maria Pawlowna geborne Großfürstin von Rußland, in: Taschenbuch für Weimar aufs Jahr 1805, Weimar 1805, S. 3 – 40.

Die ersten hundert Jahre. 1774 – 1873. Zur Geschichte der Weimarer Mal- und Zeichenschule. Katalog zur Ausstellung, Weimar 1996.

Dmitrieva, Ekaterina, Mudrec i princessa – esce raz o "novom" i "starom" wejmarskich archivov, in: Novoe literaturnoe obozrenie, Nr. 23, 1997, S. 174 – 185.

Donnert, Erich, Katharina die Grosse und ihre Zeit. Russland im Zeitalter der Aufklärung, Leipzig 1996.

Eberhardt, Hans, Weimar zur Goethezeit. Gesellschafts- und Wirtschaftsstruktur, Weimar 1980.

Egloffstein, H. Frhr. v., Maria Ludovica von Österreich und Maria Paulowna, Leipzig 1909.

Geschichte Thüringens, hrsg.v. Hans Patze und Walter Schlesinger: 4. Band: Kirche und Kultur in der Neuzeit, Köln Wien 1971; 5. Band: Politische Geschichte in der Neuzeit: 1. Teil, 1. Teilband, Köln Wien 1982: 1. Teil, 2. Teilband, Köln Wien 1984; 2. Teil, Köln Wien 1978; 6. Band: Kunstgeschichte und Numismatik in der Neuzeit, Köln Wien 1979.

Geschichte der Stadt Weimar, Weimar 1976.

Geyger, Ludwig, Aus Alt-Weimar. Mitteilungen von Zeitgenossen nebst Skizzen und Ausführungen, Berlin 1897.

Goethe-Schiller-Archiv Weimar, Bestand Schiller, Wilhelm von Wolzogen, Geschäftliche Unterlagen: Reisen nach Rußland zu Verhandlungen über die Heirat des Erbprinzen Karl-Friedrich von Sachsen-Weimar mit der Großfürstin Maria Pawlowna, Signatur: GSA 83/2647.

Häder, Ulf, Das gemeinschaftliche Oberappellationsgericht thüringischer Staaten. Ein Beitrag zur Entwicklung des Gerichtswesens im 19. Jahrhundert, Jena 1993 (Magisterarbeit, Ms.).

Hand, Ferdinand, Kunst und Alterthum in St. Petersburg, Weimar 1827.

Hartung, Fritz, Das Großherzogtum Sachsen unter der Regierung Carl Augusts 1775 – 1828, Weimar 1923.

Hess, Ulrich, Geschichte Thüringens 1866 – 1914, Weimar 1991.

Hochfürstlicher S. Weimar- und Eisenachischer Hof- und Adreßkalender, Jena 1804 – 1813.

Hüerlimann, Martin, Leningrad, Zürich 1972.

Huschke, Wolfram, Musik im klassischen und nachklassischen Weimar 1756 – 1861, Weimar 1982.

Ignasiak, Detlef, Regenten-Tafeln Thüringischer Fürstenhäuser. Mit einer Einführung in die Geschichte der Dynastien in Thüringen, Jena 1996.

Igumen Makarij (Petr Ivanovic Veretennikov), Die Kirche der apostelgleichen Maria Magdalena zu Weimar. Studien zu ihrer Geschichte, Theol. Diss., Halle/Saale 1988 (Ms.).

Im Spiegel jugendlicher Einfalt (Aus einem unveröffentlichten Brief Maria Pawlownas), in: Goethe-Jahrbuch, Bd. 97, Weimar 1980, S. 236 – 238.

Jäger, Jürgen, Der Russische Garten im Schloßpark Belvedere bei Weimar, in: Impulse – Aufsätze, Quellen, Berichte zur deutschen Klassik und Romantik, Folge 5, Berlin Weimar 1982, S. 389 – 398.

Jena, Detlef, Die russischen Zaren in Lebensbildern, Unter Mitarbeit von Rainer Lindner, Graz Wien Köln 1996.

Jena, Detlef: Die Zarinnen Rußlands 1547 – 1918, Regensburg 1999.

Jena, Detlef: Maria Pawlowna. Großherzogin an Weimars Musenhof, Graz Wien Köln 1999.

John,Jürgen/Jonscher, Reinhard/Stelzner, Axel, Geschichte in Daten Thüringen, München Berlin 1995.

Jonscher, Reinhard, Kleine thüringische Geschichte. Vom Thüringer Reich bis 1945, Jena 1993.

Journal des Luxus und der Moden, Weimar, Jahrgänge 1804 bis 1827.

Kann, Pawel, Die Umgebung Leningrads, Moskau 1981.

Kann, P., Drei Tage in Leningrad, Moskau 1978.

Karamsin, N. M., Briefe eines russischen Reisenden, Berlin 1981.

Keysers Kunst- und Antiquitätenbuch, Teil I, Heidelberg/München 1957.

Klauss, Jochen: Alltag im "klassischen" Weimar 1750 – 1850, Weimar 1990.

Klauß, Jochen, Carl August von Sachsen-Weimar-Eisenach. Fürst und Mensch. Sieben Versuche einer Annäherung, Weimar 1991.

Kleinhans, Toni Peter, Leningrad, Pforzheim 1980.

Knebels literarischer Nachlaß und Briefwechsel, 3 Bände, Leipzig 1835-1836.

Köthe, Friedrich August, August Friedrich Karl Freiherr von Ziegesar, in: Zeitgenossen. Biographien und Charakterbilder, Neue Folge, 2. Bd., Leipzig 1822, S. 69-119.

Kröll. Christian: Maria Pawlowna – die Zarentochter am Weimarer Hof, Ausstellungskatalog, Düsseldorf 1984.

Kügelgen, Wilhelm von: Jugenderinnerungen eines alten Mannes, Leipzig 1971.

Lehmann, Ulf: Zu den Rußlandbeziehungen des klassischen Weimar (Herder Wolzogen, Maria Pawlowna), in: Studien zur Geschichte der russischen Literatur des 18. Jahrhunderts, hrsg.v. Helmut Graßhoff und Ulf Lehmann, Bd. 3, Berlin (Ost) 1968, S. 426 – 442.

Leningrad – Merian-Heft 10/XXIV, Hamburg 1971.

Literarische Zustände und Zeitgenossen. In Schilderungen aus Carl Aug. Böttiger's handschriftlichem Nachlasse. Hrsg. v. K. W. Böttiger, Hofrath und Professor in Erlangen, Erstes Bändchen, Leipzig 1838.

Lotmann, Jurij M., Rußlands Adel. Eine Kulturgeschichte von Peter I. bis Nikolaus I., Köln Weimar Wien 1997.

Lyncker, Carl Wilhelm Heinrich, Ich diente am Weimarer Hof. Aufzeichnungen aus der Goethezeit, Köln Weimar Wien 1997.
Lyncker, Karl von, Am Weimarischen Hofe unter Amalien und Karl August, hrsg. v. Marie Scheller, Berlin 1912.
Madariaga, Isabel de, Russia in the age of Catherine the Grat, London 1981.
Massie, Robert, Peter der Grosse und seine Zeit,, Königstein 1982.
Mast, Peter, Thüringen. Die Fürsten und ihre Länder, Graz Wien Köln 1992.
Milde, Natalie von, Maria Pawlowna. Ein Gedenkblatt zum 9. November 1904, Hamburg 1904.
Morgenstern, Lina, Augusta. Deutsche Kaiserin, Königin von Preußen, Prinzessin von Sachsen-Weimar, in: Die Frauen des 19. Jahrhunderts. Biographische und kulturhistorische Zeit- und Charaktergemälde, II. Folge, Berlin 1889, S. 185 – 288.
Morgenstern, Lina, Maria Pawlowna. Großherzogin von Sachsen-Weimar-Eisenach. Großfürstin von Rußland, in: Die Frauen des 19. Jahrhunderts. Biographische und kulturhistorische Zeit- und Charaktergemälde, Berlin 1888, S. 35 – 67.
Morgenstern, Lina, Zum Gedächtnis ihrer hochseligen Majestät der Kaiserin Mutter, Maria Feodorowna, Riga 1829.
Müller, Friedrich von, Erinnerungen aus den Kriegszeiten von 1806 – 1813, Braunschweig 1851.
Müller, Kanzler von. Unterhaltungen mit Goethe, Mit Anmerkungen versehen und hrsg. v. Renate Grumbach, Weimar 1982.
Müller, Gerhard, Heinrich Luden als Parlamentarier. Ein Beitrag zur frühen Parlamentsgeschichte Sachsen-Weimar-Eisenachs 1816-1832, in: Schriften zur Geschichte des Parlamentarismus in Thüringen, Heft 10, Weimar 1998, S. 11-177.
Müller, Gerhard, Landesständische Repräsentation und früher Konstitutionalismus in Sachsen-Weimar-Eisenach. Die Landschaftsdeputation 1809-1817, in: Blätter des Vereins für Thüringische Geschichte e.V., Jg. 4 (1994), H. 2, S. 20-35.
Palmer, Alan, Alexander I. Der rätselhafte Zar,, Frankfurt am Main 1994.
Patze, Hans, Bibliographie zur Thüringischen Geschichte, Köln Graz 1965.
Parlamente und Parlamentarier Thüringens in der Revolution von 1848/49, in: Schriften zur Geschichte des Parlamentarismus in Thüringen, Heft 11, Weimar 1998.
Politischer Briefwechsel des Herzogs und Großherzogs Carl August von Weimar, hrsg. v. Willy Andreas, bearb. v. Hans Tümmler, Bd. 3: Von der Rheinbundzeit bis zum Ende der Regierung 1808-1828, in: Deutsche Geschichtsquellen des 19. und 20. Jahrhunderts, hrsg. v. d. Historischen Kommission der Bayrischen Akademie der Wissenschaften, Bd. 39, Göttingen 1973.
Preller, Ludwig: Ein fürstliches Leben. Zur Erinnerung an die verewigte Großherzogin von Sachsen-Weimar-Eisenach, Maria Pawlowna, Großfürstin von Rußland, Weimar 1859.

Propper, Maximilian von, Miscellen, Alt-Weimar im Spiegel jugendlicher Einfalt. Aus einem unveröffentlichten Brief Maria Pawlownas, in: Goethe Jahrbuch. Im Auftrage des Vorstandes der Goethe-Gesellschaft hrsg.v. Karl-Heinz Hahn, 97. Band der Gesamtfolge, Weimar 1980, S. 236 – 239.
Queck, Gustav, Ferdinand Gotthelf Hand nach seinem Leben und Wirken dargestellt, Jena 1852.
Raeff, Marc, Michael Speransky, Statesman of Imperial Russia, 1772-1839, The Hague 1957.
Ranke, Leopold von, Zur eigenen Lebensgeschichte, hrsg. v. Alfred Dove, Leipzig 1890.
Russisch-orthodoxe Kirche in Weimar, Weimar 1984.
Schillers Briefwechsel mit Körner, 4 Teile, Berlin 1847.
Schillers Briefe, hrsg. und mit Anmerkungen versehen von Fritz Jonas, 7 Bände, Stuttgart Leipzig Berlin Wien o. J.
Schillers Werke. Nationalausgabe, Weimar 1943 ff.
Schorn, Adelheid von, Das nachklassische Weimar unter der Regierungszeit Karl Friedrichs und Maria Paulownas, Weimar 1911.
Schorn, Adelheit von, Das nachklassische Weimar. Zweiter Teil: Unter der Regierungszeit von Karl Alexander und Sophie, Weimar 1912.
Schorn, Adelheit von, Zwei Menschenalter. Erinnerungen und Briefe aus Weimar und Rom. Eingel. v. F. Lienhard, Stuttgart 1920.
Schuster, Wolf-Jörg, Man lädt uns ein zum Stelldichein. Napoleon in Thüringen 1806, Jena 1993.
Seume, Mein Sommer 1805, Berlin 1968.
Speramskij, M.M., Proekty i zapiski, Moskau Leningrad 1961.
Starnes, Thomas C., Christoph Martin Wieland. Leben und Werk. Aus zeitgenössischen Quellen chronologisch dargestellt, 3 Bände, Sigmaringen 1987.
Stichling, Gottfried Theodor, Aus dreiundfünfzig Dienstjahren, Weimar 1891.
Stökl, Günther, Russische Geschichte. Von den Anfängen bis zur Gegenwart, Stuttgart 1990.
Stubenvoll, Willi (Bearb.), Schlösser in Thüringen. Schlösser, Burgen, Gärten, Klöster und historische Anlagen der Stiftung Thüringer Schlösser und Gärten, o.O. 1997.
Taschenbuch für Weimar aufs Jahr 1805.
Tobien, Alexander von, Die Livländische Ritterschaft, 2 Bände, Berlin 1930.
Torke, Hans-Joachim (Hrsg.), Die russischen Zaren 1547 – 1917, München 1995.
Tron, Karl, Goethe und Maria Pavlovna, in: Beilage zur Allgemeinen Zeitung München vom 9. Juli 1898, Nr. 150.
Urzidil, Johannes, Goethe in Böhmen, Zürich 1962.
Varnhagen von Ense, Karl August, Denkwürdigkeiten des eigenen Lebens, 2 Bände, Berlin 1971.
Vollert, Max, Geschichte der Kuratel der Universität Jena. Nach den Kuratelakten bearbeitet, Jena 1921.

Weber, E.W.: Maria Pawlowna. Rede zur Vorfeier des 16. Februars in der Loge Amalia zu Weimar, Weimar 1854.

Weimar. Lexikon zur Stadtgeschichte, Weimar 1993.

Weimar von unten betrachtet. Bruchstücke einer Chronik zwischen 1806 und 1835, aufgezeichnet von Franz David Gesky, hrsg. v. Hubert Erzmann u. Rainer Wagner, Jena 1997.

Weimarische Berichte in Briefen aus den Freiheitskriegen 1806 – 1815, hrsg. v. Friedrich Schulze, Leipzig 1913.

Weimarische Wöchentliche Frag- und Anzeigen, ab 1801.

Weimarische Zeitung, ab 1804.

Werthern-Beichlingen, Ottobald Hans Carl Graf von, Des Geheimen Rathes und Kanzlers August Friedrich Carl Freiherr von Ziegesar Nachkommenschaft bis zum Jahre 1890, Weimar 1891.

West-östliche Spiegelungen, hrsg. v. Lew Kopelew, Russen und Rußland aus deutscher Sicht, Reihe A, Band 2, hrsg.v. Mechthild Keller, München 1987.

Wielands Briefwechsel, hrsg. v. d. Akademie der Wissenschaften der DDR (bis 1991) und der Berlin-Brandenburgischen Akademie der Wissenschaften, Bände 1 – 12, Berlin 1963 – 1995.

Ziegésar, Anton Freiherr von, Kurzgefaßte Familiengeschichte der Familie von Ziegésar, Frankfurt am Main 1991 (unveröffentlichtes Manuskript).

Ziesar – 948-1998. 1050 Jahre Ziesar, Ziesar 1998.

Zum 24. Juni 1898. Goethe und Maria Paulowna, Urkunden, hrsg. im Auftrage des Großherzogs Wilhelm Ernst von Sachsen, Weimar 1898.

Personenregister